中国东北土地变化丛书

张树文　主编

东北地区土地利用/覆被变化的区域气候效应

于灵雪　刘廷祥　等　著

科学出版社

北　京

内 容 简 介

　　本书是中国东北土地变化丛书之一。本书在明确中国东北地区土地利用/覆被变化特征的基础上，系统地总结东北地区不同土地利用/覆被变化对局地乃至区域气候的反馈作用及其影响机制。本书主要研究了东北地区典型的土地利用/覆被变化如森林砍伐、湿地萎缩、水田扩张、积雪变化、城市化等对区域气候的影响。

　　本书可作为国土资源和环境保护机构工作人员及资源、环境、生态、遥感与地理信息系统等领域的研究人员和相关专业的高校师生的参考用书。

审图号：GS（2019）2814 号

图书在版编目(CIP)数据

东北地区土地利用/覆被变化的区域气候效应/于灵雪等著. —北京：科学出版社，2019.7

（中国东北土地变化丛书/张树文主编）

ISBN 978-7-03-061724-8

Ⅰ. ①东… Ⅱ. ①于… Ⅲ. ①土地利用-关系-气候效应-研究-东北地区　Ⅳ. ①F321.1 ②P467

中国版本图书馆 CIP 数据核字(2019)第 121259 号

责任编辑：张　震　孟莹莹　常友丽 / 责任校对：韩　杨
责任印制：师艳茹 / 封面设计：无极书装

科 学 出 版 社 出版
北京东黄城根北街 16 号
邮政编码：100717
http://www.sciencep.com

天津文林印务有限公司 印刷
科学出版社发行　各地新华书店经销
*

2019 年 7 月第 一 版　开本：720×1000　1/16
2019 年 7 月第一次印刷　印张：15 1/4　插页：8
字数：304 000

定价：119.00 元
（如有印装质量问题，我社负责调换）

作 者 名 单

于灵雪　刘廷祥　杨朝斌　颜凤芹

卜　坤　杨久春　张树文　王让虎

王　晴　蒲罗曼　陈　单　白舒婷

宁　佳　常丽萍　贯　丛　娄利娇

序

随着全球变化研究的深入，人们越来越认识到人类活动作为主导因素所导致的土地系统变化在地球环境演化中占据着重要地位。自第一次工业革命以来，以土地利用/覆被为核心要素的土地系统正发生快速变化，并对人类和环境子系统的协同性表现出局地特有的响应，增加了地球表层生态系统的脆弱性。特别地，20世纪的后50年是人类历史上人地关系的快速转型期，土地系统变化的高强度化和多样化及人类生产技术的先进化已经使地表生物地球化学循环、水文过程和景观动态发生更显著的变化。为加强对人类活动如何影响陆地表层自然过程的理解，科学地应对人类活动和气候变化带来的挑战，我们需要从长时间尺度研究中探索土地系统变化时空特征及其带来的生态环境效应。

陆地表层是气候系统中的重要组成部分，它不仅是大气热量最直接的来源，而且是大气水分的重要来源之一。土地利用/覆被变化直接改变地表的生物地球物理性质，影响地表和大气之间的相互作用，进而改变大气的热力学和动力学特征，对局地、区域以及全球的气候特征产生影响。在区域尺度上，土地利用/覆被变化将会直接影响地表净短波辐射和湍流热交换，进而影响地表净辐射在感热和潜热中的分配；影响降水在土壤水分、蒸散和径流间的分配，对该尺度的气候系统的热量和水分格局产生显著的影响。

作为全国重要的工业基地、商品粮基地、林业基地和畜牧业基地，我国东北地区在新中国成立后经历了超强度开发，资源环境发生了巨大的变化，从资源丰富、山川秀美的地区，变成资源过量消耗、生态环境恶化明显的地区，成为全球范围内具有短时限人地关系高强度作用特征的典型地区之一。东北地区土地利用的超强度开发主要集中于20世纪50年代之后的二三十年。进入21世纪以后，受环境保护政策的影响，东北地区的土地利用趋势开始向有利于生态环境的方向转变。

该书针对东北地区20世纪50年代以来的土地利用变化进程，分阶段分类型地剖析了东北地区典型的土地利用/覆被变化对区域气候的影响；这些典型的土地利用/覆被变化类型主要包括森林砍伐、湿地开垦、城市化、水田开发和积雪覆盖变化。研究结果揭示了每一特定历史阶段人类活动的扰动对区域气候环境的影响，提高了对东北地区人地关系演化过程及效应的理解，并有针对性地提出了资源环境安全保障对策及调控措施。该书是作者对近年来相关研究工作的总结，集成了多样的研究方法和案例分析，希望对相关领域研究人员和政策制定者提供有益的参考。

张树文

2019 年 2 月

前　言

　　土地是人类赖以生存与发展的物质基础。随着人口的急剧增长和科学技术水平的不断提高，土地利用/覆被变化（land use and land cover changes，LUCC）的速率明显加快，土地利用/覆被格局发生了巨大变化，对气候、生态环境产生了显著的影响，从而加剧了全球环境的变化。东北地区是全球范围内短时间经历人类活动高强度作用的区域之一，特别是中华人民共和国成立以来，国内面积最大的大小兴安岭林区经历了大规模森林砍伐和农垦，已经转型到育林、丰产的新阶段；呼伦贝尔和辽西的草原牧场经历了长期游牧、农垦、撂荒逐渐走向定居、圈养到退耕还林还草的新局面；东北地区的三大省会城市哈尔滨、长春、沈阳经历了快速城市化与城市扩张；三江平原的草甸湿地、西辽河上游的盐淤湿地、渤海湾海岸的海滩湿地也都经过开垦，用做后备耕地。近年来，随着灌溉条件的优化、农业政策的调整，人们追求更高的经济效益导致的水稻田的扩张是东北地区典型的土地利用/覆被变化过程。这些土地利用/覆被的变化以及优化过程使东北地区成为土地利用/覆被变化区域气候效应研究的典型和重点区。

　　土地利用/覆被变化直接改变地表的生物地球物理性质，对局地、区域以及全球的气候特征产生影响。无论是森林砍伐、城市扩张、湿地开垦，还是水田扩张都使土地覆被状态发生了显著的变化，地表状态的变化又通过改变地表生物物理参数如反照率、粗糙度、蒸散等对区域气候系统要素及地表和大气之间的相互作用产生了重要的影响，进而改变了区域降水、温度等的分布格局。对东北地区典型土地利用/覆被变化格局和过程的区域气候效应研究体现了不同学科的融合与交叉，在区域土地利用/覆被变化和气候变化领域具有代表性，可为更大尺度的全球变化研究提供典型案例，并且服务于东北区域发展。

　　本书在总结和评述国内外土地利用/覆被变化研究及其气候效应研究的基础上，以东北地区典型的土地利用/覆被变化（森林砍伐、湿地退化、城市化等）为研究对象，获取包括 20 世纪 50 年代、70 年代以及 2010 年以及 2015 年的东北土地利用时空数据序列，并选择森林砍伐、湿地变化和城市扩张的典型研究区，从基于区域气候的天气研究与预报（weather research forecast，WRF）模式数值模拟和基于多源遥感数据与能量平衡模型两个方面定量评估东北地区典型土地利用/覆被变化对区域气候的影响。

　　本书共 9 章：第 1 章，绪论，由刘廷祥、于灵雪、张树文、常丽萍撰写；第

2 章，研究区概况与数据获取，由刘廷祥撰写；第 3 章，区域气候模式本地化与尺度分析，由刘廷祥、卜坤、杨久春、宁佳、王让虎撰写；第 4 章，嫩江流域农林交错带土地覆被变化的区域气温效应模拟研究，由刘廷祥撰写；第 5 章，东北地区森林砍伐对区域气温的影响，由刘廷祥、于灵雪撰写；第 6 章，基于 WRF 模式的积雪覆盖变化对区域地表热通量的影响研究，由于灵雪、贯丛撰写；第 7 章，基于遥感与观测数据的水田扩张对局地地表温度的影响，由刘廷祥、于灵雪、娄利娇撰写；第 8 章，三江平原沼泽湿地变化对区域气候的影响研究，由于灵雪、刘廷祥、颜凤芹、白舒婷、陈单、蒲罗曼、王晴撰写；第 9 章，城市热岛效应时空异质性分布研究——以长春市为例，由杨朝斌撰写。

本书的研究方案和写作纲要由于灵雪主持，于灵雪、刘廷祥、卜坤、杨朝斌、颜凤芹共同确定。初稿完成后，由于灵雪和刘廷祥进行修改、订正和统稿。

感谢中国科学院东北地理与农业生态研究所各级领导的支持与信任，良好的科研环境为本书成果的产出奠定了扎实的基础。感谢兄弟院所和本所同行专家给予的帮助和指导。感谢国家科技基础资源调查专项"中蒙俄国际经济走廊多学科联合考察"（2017FY101301）、国家自然科学基金"不同湿润条件的温带森林开垦对区域温度影响的空间趋势研究"（41601093）和"耦合遥感信息与 WRF 模式的三江平原沼泽湿地变化对区域气候的影响研究"（41701493）、吉林省科技发展项目"吉林省中西部旱改水对区域气候的影响研究"（20180520096JH）以及中国科学院东北地理与农业生态研究所特色研究所项目（IGA-135-05）的资助与支持。

本书数据量大、内容丰富，主要将东北地区典型土地利用/覆被变化对区域气候影响方面的研究成果呈现给读者，受作者专业水平和写作能力的限制，不当之处在所难免，敬请批评指正。

作 者
2018 年 12 月

目　录

彩图

1 绪 论

1993 年，国际地圈-生物圈计划（International Geosphere-Biosphere Program，IGBP）和国际全球环境变化人文因素计划（International Human Dimensions Programme on Global Environmental Change，IHDP）两大国际项目共同制订了土地利用/覆被变化科学研究计划（Turner et al.，1995，1993），该计划的实施促进了"土地变化科学"的形成与发展（Gutman et al.，2004），共同探讨解决有关土地利用/覆被变化以及这种变化对人类和环境影响的相关问题。在 IGBP 研究的第二阶段框架中，IGBP 与 IHDP 联合提出全球土地计划（Global Land Project，GLP）（GLP，2005），将土地利用/覆被变化研究推进到人类-环境耦合系统的全新研究阶段，通过综合监测、集成与模拟，深入理解土地利用/覆被变化与生态系统的耦合关系成为土地变化科学研究的新动向（Rindfuss et al.，2004）。

近年来国际土地利用/覆被变化研究取得了重要进展，但是以土地利用/覆被变化科学研究计划和 GLP 为代表的国际土地利用与土地覆被变化研究主要侧重于土地利用与土地覆被变化规律和驱动机制，以及土地利用/覆被变化和生态系统相互关系的研究。然而，有关土地利用/覆被变化对气候变化的影响至今尚未得到全面充分的关注，土地利用/覆被变化通过陆地生态系统生物地球物理过程影响全球气候变化的研究没有得到足够重视（刘纪远等，2011）。不同的土地利用方式改变了陆地表面的覆被状况，进而改变了陆地表层物质和能量循环过程，导致生态系统结构和群落组成发生变化，直接表现为下垫面反照率、粗糙度及植被覆盖比例的变化，使近地层温度、湿度、风速等发生变化，从而影响地表蒸散（Paeth et al.，2009；李秀彬，1996）。通过辨识土地利用/覆被变化改变下垫面，影响陆地表层水热分配格局与能量平衡，从而影响生态系统与气候变化的机理与效应，实现土地利用/覆被变化过程对气候与生态系统影响的定量参数化分析，是科学认识人类活动对气候变化的影响必须解决的核心科学问题之一（刘纪远等，2011）。

1.1 LUCC 区域气候效应研究背景与意义

从提出全球变化研究以来，人们逐渐认识到在不同时空尺度上全球变化的复杂性和变异性，越来越重视区域分异和时空变化规律及其对区域自然环境与社会经济可持续发展的影响。通过探讨、分析与解决典型区域问题，不仅可以为全球研究提供案例和素材，也为辨析区域变化与全球变化的差异、研究区域变化对全球变化的反馈机制奠定了基础（陈佑启等，2001，2000；张树文等，2006）。因此，对于全球性的土地利用/覆被变化和气候变化研究，只有通过在不同区域类型和时空尺度上进行大量的案例研究及比较，分析土地利用/覆被变化的时空过程和阶段性特征以及气候的响应，才能更有效地揭示土地利用/覆被变化和气候因素之间的内在影响规律。

在选择研究区域和研究对象时，针对人类活动和全球变化敏感的地区进行研究可以更有效揭示人类活动作用下的土地系统变化和气候系统变化之间的反馈过程与作用规律。由于这类地区对于压力的响应迅速而明显，形成表征各种变化和作用机制的强信号，这在客观上有助于降低研究工作的难度，缩短研究周期；另外，通过与其他典型区进行对比研究得到有代表性的研究成果，引起学术界关注，从而为后续工作开展提供各方面的支持。

东北地区是全球范围内短时限经历人类活动高强度作用的区域，东北地区百余年来经历了清政府的移民实边、全面开禁，俄国、日本等帝国主义野蛮式掠夺开发，以及新中国成立后的超强度开发，环境要素及生态系统发生了巨大变化，使东北地区从资源丰富、山川秀美的原生态地区，成为资源过量消耗、生态环境明显恶化的地区。大范围的农耕土地开发是从 1900 年左右开始，通过砍伐森林、开垦草地、侵占湿地，东北地区成为近百年全国主要的耕地净增长区。森林覆盖率从 20 世纪初的 62% 下降到 2005 年的 41%，耕地和森林之间的分布格局发生了巨大的变化，形成了具有典型特征的农林交错带变化过程和格局。进入 21 世纪以来，人们开始重视生态环境的保护，退耕还林、退耕还草、退耕还湿等一系列政策的实施使得土地利用/覆被状态正在向正向、积极的方向发展。

同时，在过去的 100 年里，东北地区气候要素发生了显著变化，其中增温现象比南方明显，东北北部和内蒙古大部分地区的年降水量有一定程度的增加，而东北南部年降水量出现下降趋势，整体上干旱趋势加重（丁一汇等，2006）。产生这些变化的原因目前尚有不确定性，但土地利用/覆被变化是气候变化的重要驱动因素之一（IPCC，2007；GLP，2005；Feddema et al.，2005a，2005b；Foley et al.，2005）。土地利用/覆被变化影响地表能量收支、波文比以及降水在土壤水、蒸散和径流间的分配，从而对区域气候尤其是降水和温度产生影响（Findell et al.，2007；Foley et al.，2005；周广胜等，1999）。东北地区在过去 100 年中，强烈的土地利用变化使地表覆被状态发生了显著的变化，该过程对区域气候系统要素及其之间的相互影响产生了重要的影响，进而改变了区域降水、温度等的分布格局。对这一格局和过程变化的研究在区域土地利用/覆被变化和气候变化领域具有很好的代表性。

1.2　土地利用/覆被变化气候效应国内外研究进展

土地表层是气候系统中的重要组成部分，它不仅是大气热量最直接的来源，而且是大气水分的重要来源之一。因此土地表层这些性质的改变将直接影响地表和大气之间的相互作用，进而改变大气的热力学和动力学特征，形成不同的气候格局和过程（Roy et al.，2003）。人类的土地利用活动显著改变了区域土地覆被，如城市化、农业土地开发、森林砍伐等，影响了地表能量收支、波文比以及降水在土壤水、蒸散和径流间的分配（Findell et al.，2007），对区域尺度的气候系统，包括温度、蒸散、降水、风场、气压等因素产生了显著的影响（IPCC，2007，2001；Foley et al.，2005；Kanae et al.，2001；Bonan，2001；周广胜等，1999），尤其是温度和降水。

1.2.1　土地利用/覆被变化对气候影响的机制研究

土地利用/覆被变化主要通过生物地球物理过程和生物地球化学过程影响气候条件（Davin et al.，2010）。其中生物物理过程指的是地表物理性质的变化引起的地表和大气之间辐射、水、热的交换过程，主要的生物物理参数包括地面反照率、地表粗糙度等，典型生物物理过程如蒸散等；生物化学过程指的是土地覆被变化导致的温室气体排放，改变大气圈的气体组成，进而影响气候。森林砍伐是当前重要的土地利用/覆被变化之一，全球范围内不同区域与森林砍伐相关的土地利用/覆被变化一直被作为气候变化研究的典型案例。在此，我们以森林砍伐为例具体阐明其内在的影响机制。

1.2.1.1　生物地球物理参数和过程的影响

各种气候模型的模拟研究表明，土地利用/覆被变化能够影响生物地球物理过程，进而影响全球或者区域气候。影响生物地球物理过程的参数主要包括地面反照率、蒸散和地表粗糙度等。

地面反照率直接影响地表对太阳辐射的吸收量，进而改变近地表的能量。较低的地面反照率意味着地表具有较低的反射和较高的短波吸收，而森林的反照率一般比裸土和其他植被类型低（Alton，2009）。例如，由于地面反照率的相应增加，历史上中纬度的森林砍伐可能会使北半球变冷，尤其是冬季，因为冬季降雪会使地面反照率显著增加导致地表反射掉更多的太阳辐射，造成冷效应（Brovkin et al.，2006；Feddema et al.，2005c；Bounoua et al.，2002；Govindasamy et al.，2001；Betts，2001）。

另外，森林砍伐会引起蒸散的减少（Claussen et al.，2001），而潜热通量的降低将导致近地表温度升高，并导致较高的显热通量（Davin et al.，2010）。而热带森林中蒸散较强，由于蒸发率的降低，未来热带雨林的砍伐可能会导致局部气候变暖、变干（Feddema et al.，2005c；DeFries et al.，2002；Henderson-Sellers et al.，1993）。此外，蒸散的变化还影响了大气中水汽的含量，较少的水汽降低了温室效应，导致降温，而云量的减少导致太阳辐射的增加，进而形成增温效应（Dessler，2010），受大量参数的影响，这两种反馈之间数量的对比具有很强的不确定性（Dessler，2010；Stocker et al.，2001）。

地表粗糙度影响地表和大气之间的湍流，进而影响局地的扩散通量。如果这种扩散通量比较高，而且没有受到其他反馈机制的影响，将会导致近地表气温的降低（Bathiany et al.，2010）。森林砍伐造成了地表粗糙度和湍流的降低，从理论上会产生增温效应。然而，较低的湍流导致的热量和水汽传输的减少又会增加地表和大气之间温度和含水量的梯度，反过来削弱这种增温效应（Sud et al.，1988）。Davin 等（2010）对森林向草地转变中地表粗糙度的敏感性分析表明，仅粗糙度的变化会使全球气温升高 0.29℃，其中热带地区的效应更明显，原因是具有更大的叶面积指数（leaf area index，LAI）和植被高度的变化。

从这些不同类型的实验可以看出一个矛盾：不同纬度的森林砍伐会产生不同的影响。在更多的概念性实验对比不同纬度范围内森林砍伐的影响时，这种矛盾变得更加明显（Bala et al.，2007；Gibbard et al.，2005；Snyder et al.，2004；Claussen et al.，2001）。例如，Claussen 等（2001）用气候系统模型调查在 $50°N \sim 60°N$ 和 $0°S \sim 10°S$ 森林砍伐的生物地球物理影响。他们发现，寒带森林砍伐会导致地表变冷，相反，热带森林砍伐会导致砍伐区的温度升高，其他地方略微的降温。研究表明，辐射的变化（通过反照率的变化）在高纬度地区占主要作用，而水文循环（如蒸散）在热带区占主要作用。然而，这些不同过程的相对重要性却没有被定量化，所以阻碍了人们对不同纬度森林砍伐的生物地球物理影响的理解。

1.2.1.2 生物地球化学过程的影响

除了强调土地利用/覆被变化对气候的生物地球物理影响的研究以外，生物地球化学变化，特别是土地变化导致的直接的二氧化碳排放，影响大气圈的气体组成，也会因此影响气候。因为土地利用变化导致的历史累积碳损失为 $180 \sim 200PgC$（House et al.，2002）。$10\% \sim 30\%$ 的人为碳排放量是土地利用变化导致的（Prentice et al.，2001）。植被生产量和土壤分解量影响大气二氧化碳的变化和气候格局，进而影响陆地碳储量。

当光合作用速率大于呼吸率、生物源挥发性有机化合物（biogenic volatile

organic compounds，BVOC）的排放速率和有机碳分解速率时，森林扮演碳汇角色（Heimann et al.，2008）。全球总碳排放量中除了海洋吸收和大气中浓度增加的剩余部分，34%被陆地生物圈吸收，森林砍伐会导致潜在的碳吸收的减少（House et al.，2002）。由于这些碳排放的辐射强迫作用，较高的温度会使呼吸速率增加，从而导致一个正向反馈，有机质会分解得更快（Friedlingstein et al.，2006）。较高的温度和二氧化碳浓度的增加都会使净初级生产力（net primary productivity，NPP）增加（可用的水资源对 NPP 也很关键），这会导致负反馈，使大气中更多的二氧化碳被固定。例如气候-碳循环中的一个极端反馈案例：当温度升高、降雨减少时，亚马孙热带雨林将逐渐自然演替为其他植被（Cox et al.，2004）。

大量的 BVOC 由植物产生，然后释放到大气中。因为这些化合物的数量较大，并且对大气的物理和化学特征有显著影响，为地球陆地生物圈、大气圈和气候之间提供了紧密的联系（Laothawornkitkul et al.，2009）。尽管 BVOC 不直接影响大气的辐射平衡，但是影响大气中甲烷的寿命，而且在臭氧和二次有机气溶胶（secondary organic aerosols，SOAs）的形成中发挥了重要作用。SOAs 对气候有直接影响，因为它们对太阳辐射的散射或吸收会导致变冷或者变暖（Spracklen et al.，2008）。目前 SOAs 对气候系统的整体影响没有被很好地定量化，可能以降温效应为主（Chung et al.，2002）。SOAs 对气候的另一个重要的间接影响是它们在形成云凝结核（cloud condensation nuclei，CCN）时发挥的作用（Spracklen et al.，2008）。事实上，北方森林释放出大量的 BVOC 使当地的 CCN 数量增加了 100%（Spracklen et al.，2008）。这反过来会影响云中水滴的数目，然后增加 3%～8%的大气反照率。因为 BVOC 的间接影响导致反照率增加，会在北半球 60°N～90°N 的地区产生 $-6.7\sim-1.8W/m^2$ 的辐射强迫。这意味着由于 BVOC 排放，SOAs、CCN 和地面反照率之间的反馈，北方森林会使当地的气候变冷。BVOC 对 CCN 的影响在北方森林中的作用被认为是最重要的，因为这些区域的大气污染程度低（Spracklen et al.，2008）。

森林砍伐导致的碳净释放量取决于转变为何种土地利用类型或者森林的再生、时间尺度和上述的反馈机制。根据只考虑生物化学影响的模拟研究，在 50°N～60°N 和 0°S～10°S 的森林砍伐分别导致全球温度增加 0.09℃和 0.19℃（Claussen et al.，2001）。这是因为热带有较高的生物量储备，还取决于不同森林类型的总量。

土地覆被变化对温度的影响是上述所有过程的综合效应，土地覆被变化影响区域气温的生物地球物理机制与生物地球化学机制都已相对明晰。值得一提的是，所有的影响过程都具有一定的时间和空间尺度，例如中纬度土地覆被变化通过地面反照率的影响在短期和中期内影响区域温度，而对地球化学过程的影响所导致的温度变化则具有更大的时间和空间尺度。

1.2.2 模式模拟土地利用/覆被变化的气候效应

1.2.2.1 气候模式与陆面模式

气候模式是根据基本的物理定律，如牛顿运动定律、能量守恒定律、质量守恒定律等来确定气候系统中各个成分的性状及其演变的数学方程组，将上述数学方程组在计算机上实现程序化后构成的。气候模式不仅可以用于模拟当前气候，而且可用于模拟边界条件改变所引起的气候变化。因此，如果说人类能够用实验方法来研究气候及其变化，那么最重要的实验工具就是气候模式（丁一汇等，2006）。

目前用于气候模拟研究的主要有大气环流模式（global climate model，GCM）、海气耦合模式（coupled general circulation model，CGCM）以及区域气候模式（regional climate model，RCM）（王绍武，1994）。大气环流模式正广泛应用于气候变化的研究，在大尺度上模拟土地利用/覆被变化对全球温度和降水的影响、大气痕量气体的气候效应问题等方面展开了卓有成效的工作。但由于受到分辨率的影响，难以较细致地模拟出空间尺度较小的区域气候的具体特征。在大气环流模式的基础上，区域气候模式应运而生，与大气环流模式相比，区域气候模式的分辨率有了很大的提高，模式能够模拟出更为合理的区域性强迫作用，如地形、土地覆被、河流/湖泊、城市建筑等。目前大部分区域气候模式都基于中尺度数值模式结合描述主要气候物理过程的参数化方案，采用了数值天气预报模式的动力框架。目前区域气候模式的应用已经十分广泛，模式也越来越多，其中 RegCM 是目前应用较广的区域气候模式之一，第一代区域气候模式 RegCM1 是在中尺度非流体静力模式 MM4 的基础上发展起来的，目前已经发展到 RegCM3（Pal et al.，2007）。

应用 RegCM 进行区域地表状态与气候变化关系的研究也在气候模拟中占有重要地位。例如，Shekhar 等（2005）通过敏感性实验研究了西藏雪盖对印度夏季风降水的影响，在边界条件中人为加深雪盖厚度对 1994 年和 1995 年夏季降水进行模拟，并与正常边界下的结果进行对比，结果表明印度夏季风降水与前期的欧亚雪盖间存在相反的关系。Gomboluude 等（2004）就沙漠化对蒙古气候的影响进行了模拟评估，分别针对典型湿年 1994 年、正常年 1998 年、典型干年 2000 年的蒙古气候用 RegCM3 模式进行了地表覆盖状况改为将来可能出现的沙漠化状况的敏感性实验。实验结果表明，草原沙漠化不仅会影响气候，还会进一步影响水循环和地表能量收支，水汽蒸发的减少主要在沙漠地区，同时使降水减少、地表温度升高。宋帅等（2005）针对 RegCM3 对叶面积指数描述的不足，用一个较详细描述叶面积指数变化的生态模式 SU2CROS 与 RegCM3 进行双向耦合，耦合后的模式详细考虑了下垫面植被与大气的相互作用，真实地反映了下垫面在整个积分期间的变化，更贴近实际情况。

随着区域气候模式不断发展，已经有相当一部分研究者采用耦合的区域-陆面模式来研究不同的物理过程以及其对区域气候、降水和能量收支的影响，陆气、大气之间的相互作用等（郑益群等，2002a，2002b；Xue et al.，2001）。20 世纪 70 年代以来，陆面过程在气候学、天气和短期气候预报以及地球生物化学等方面的重要性逐渐得到认识。随着陆面过程模式的发展，植被生物物理过程被引入，建立了复杂的关于植被覆盖表面上空的辐射、水分、热量和动量交换等过程的参数化方案，较为真实地考虑了植被在陆面过程中的作用，特别是细致地考虑了植被对陆面水分和能量收支所起的作用。本质上它们都属于土壤、植被与大气间的输运模型，即大叶模型。20 世纪 90 年代以来，根据光合作用和植物水分的关系，研究者逐渐考虑了植物的水汽吸收并考虑将植物吸收二氧化碳进行光合作用的生物化学模式引入陆面模式中，对地表碳通量和二氧化碳浓度的日循环和季节循环具有较好的模拟能力，可用于模拟因大气中二氧化碳浓度增加而增强的温室效应。常见陆面模式有一般的陆面模式（land surface model，LSM）（Bonan，1996）、改进的简单生物圈模式（simple biopshere model varion 2，SiB2）（Sellers et al.，1996a，1996b）、公用陆面模式（community land model，CLM）（Dai et al.，2003；Bonan et al.，2002）等。

与气候模式相比，陆面模式更侧重于地表和大气之间的相互作用，主要提供近地面与地球、大气之间能量、动量和水汽等的交换计算。这方面的研究主要是提出或发展不同的土壤-植被-大气作用方案，例如，Bonan 等（2002）将 CLM 模型与公用气候模型（community climate model，CCM）进行了耦合，研究了地表的物候特征，并对生物通量进行了描述；Dai 等（2003）综合了 LSM（Bonan，1996）等陆面模式的优点，发展了 CLM，考虑了网格内的地表特征差异、不同植被类型下的生态学差异，以及不同土壤类型的水力学和热力学特征差异等，对典型下垫面陆气相互作用特征具有良好的模拟能力；季劲钧等（1999）发展了大气-植被相互作用方案，采用较多的土壤湿度分层（10 层），对中国不同气候带的模拟均有较好的效果；林朝晖（1995）通过改进 GCM 中的地面反照率参数化方案，成功地模拟出旬时间尺度上东亚夏季风降水带的突跳现象。而最新的陆面模式更加侧重于生物地球化学过程，如 Niyogi 等（2009）使用贾维斯型气孔阻抗代表植被的蒸腾过程，将一个光合过程耦合到中尺度数值预报模式中，对于不同的地表状况（如不同的土壤湿度和叶面指数）具有显著的有效性。

1.2.2.2 中尺度数值预报模式

区域气候模式是全球气候模式与中尺度气象模式相结合的产物，因此中尺度的气象数值模拟对区域中尺度气象气候研究具有显著的优势，例如 MM5（Georg et al.，1995）、WRF（Skamarock et al.，2008）等。MM5 模式是由美国宾夕法尼亚州立大学和美国大气研究中心（National Center for Atmospheric Research，NCAR）共同开发的第五代中尺度大气数值模式，是包含了多个显式可分辨率尺度微物理参数化方案的非静力中尺度模式，近年来中尺度数值模拟逐渐转向 WRF 模式。WRF 模式具有比 MM5 更优的数值和动力核心，物理方案除了对原来 MM5 的部分方案进行了移植，还在不断增加考虑更为周全的物理方案。WRF 模式现在具有所有 MM5 模式的模拟能力，最近几年国内外大部分研究结果表明：WRF 模式模拟的各气象要素准确性优于 MM5 模式。

作为新一代中尺度模式，WRF 模式已被证明具备模拟气候的能力，并应用于气候变化研究，比如，北美区域气候变化评估计划（North American Regional Climate Change Assessment Program，NARCCAP）（Zhang et al.，2010；Leung et al.，2009；史小康等，2009）。目前研究者对 WRF 模式的研究，绝大多数仍然侧重于大气过程，对陆面过程的相关研究仍然较少，一方面由于 WRF 模式本身的定位；另一方面由于 WRF 模式开发历史较短，对陆面过程刻画的潜力没有被充分挖掘。

尽管如此，由于 WRF 模式支持高空间分辨率，并且具有最新的动力框架和参数化方案，也有许多研究者利用 WRF 模式进行地表特征和气候间关系的研究。Tewari 等（2004）利用两个时期 9 个国际水项目（International H_2O Project，IHOP）/NCAR 地面土壤和生态站的资料对 WRF 模式中的 Noah 陆面方案进行了检验，结果表明 WRF 模式能够较好地捕捉到地面不均匀特征，土壤湿度和适当初始值能够进一步改善结果。由于 WRF 模式中 Noah 陆面方案对城市土地利用参数化的逐渐优化，对地表显热和潜热通量刻画能力的提高，利用 WRF 模式分析城市热岛效应和城市化对区域气候的影响的研究已经比较广泛。例如 Chen 等（2011）利用耦合了 WRF 模式中的 Noah 方案和城市冠层模型（urban canopy model，UCM）的模拟系统分析了详细的城市土地利用类型对城市热岛效应的模拟能力，得到的结果与观测值具有较好的一致性，该耦合模型结合多种城市土地利用分类，可以提高城市长期气象模拟能力。Ma 等（2009）利用 WRF 模式分析了北京在 1993~2002 年城市扩展对夏季热浪的影响，结果表明，城市化显著增加了城市热岛效应，尤其是夜晚。曾新民等（2011）利用 WRF 模式中不同的陆面方案，分析了短期高温天气的敏感性，认为改进陆面方案对提高地面气温的数值模拟能力具有重要意义。

此外，遥感技术的发展对 WRF 模式中地面参数的精确描述使两者之间的结合更加密切，一方面高精度的空间化数据为 WRF 模式中的参数化方案提供了数据支持；另一方面对于连续变化的参数，较高时间分辨率的遥感数据进一步提高了模式对陆面过程变化的描述精度。Lakshmi 等（2011）利用基于 MODIS 和

AMSR-E 传感器数据得到的归一化植被指数（normalized difference vegetation index，NDVI）、叶面积指数、地表温度和植被含水量等参数以及 WRF 模式，对区域水文气象和生态过程进行了模拟。Sertel 等（2010）以土耳其为研究区，首先利用 Landsat ETM+影像获取了研究区高分辨率的土地覆被数据，并将其与 WRF 模式中的全球土地覆被变化（global land cover and change，GLCC）土地覆被数据进行了对比，认为高分辨率的 Landsat 数据可以提高区域温度模拟能力。而且 Sertel 等（2011）还获取了 1975 年的土地覆被数据，并基于 1975 年和 2005 年的土地覆被变化对区域平均气温在 WRF 模式中进行了模拟，结果表明城市化和森林到裸地的土地覆被变化使平均温度升高了 0.5～1.5℃。张学珍等（2011）利用实时更新的 MODIS BRDF/Albedo 产品，将 WRF 模式中 CAM3 辐射方案的四项反照率进行了差别化处理，将其作为输入参数与 WRF 模式中的原有反照率参数对中国大陆温度模拟结果进行了对比，结果表明，地面反照率的改变能够显著影响 WRF 模式模拟的温度，即改进地面反照率参数化方案是提高 WRF 模式的模拟效果的有效途径之一。

参 考 文 献

陈佑启, Verburg P H, 徐斌, 2000. 中国土地利用变化及其影响的空间建模分析. 地理科学进展, 19(2): 116-127.

陈佑启, 杨鹏, 2001. 国际上土地利用/覆被变化研究的新进展. 经济地理, 21(1): 95-100.

丁一汇, 任国玉, 石广玉, 等, 2006. 气候变化国家评估报告（I）: 中国气候变化的历史和未来趋势. 气候变化研究进展, (1): 1-5.

季劲钧, 余莉, 1999. 地表面物理过程与生物地球化学过程耦合反馈机理的模拟研究. 大气科学, 23(4): 439-448.

李秀彬, 1996. 全球环境变化研究的核心领域——土地利用/土地覆被变化的国际研究动向. 地理学报, 51(6): 553-558.

林朝晖, 1995. 气候模式中的反馈机制及模式改进的研究. 北京: 中国科学院大气物理研究所: 224-241.

刘纪远, 邵全琴, 延晓冬, 等, 2011. 土地利用变化对全球气候影响的研究进展与方法初探. 地球科学进展, 26(10): 1015-1022.

史小康, 文军, 田辉, 等, 2009. MODIS 反照率产品在模拟黄河源区陆面过程和降水中的应用. 大气科学, 33(6): 1187-1200.

宋帅, 卜敏, 杜鹏辉, 等, 2005. 西北干旱区区域气候模式气候——生态双向耦合试验研究//中国气象学会. 中国气象学会 2005 年年会论文集. 北京: 气象出版社: 90291.

王绍武, 1994. 气候模拟研究进展. 气象, 20(12): 9-18.

曾新民, 吴志皇, 熊仕焱, 等, 2011. WRF 模式短期高温天气模拟对陆面方案的敏感性. 中国科学: 地球科学, 41(9): 1375-1384.

张树文, 张养贞, 李颖, 等, 2006. 东北地区土地利用/覆被时空特征分析. 北京: 科学出版社: 180-208.

张学珍, 郑景云, 何凡能, 等, 2011. MODIS BRDF/Albedo 数据在中国温度模拟中的应用. 地理学报, 66(3): 356-366.

郑益群, 钱永甫, 苗曼倩, 等, 2002a. 植被变化对中国区域气候的影响 I: 初步模拟结果. 气象学报, 60(1): 1-16.

郑益群, 钱永甫, 苗曼倩, 等, 2002b. 植被变化对中国区域气候的影响 II: 机理分析. 气象学报, 60(1): 17-30.

周广胜, 王玉辉, 1999. 土地利用/覆盖变化对气候的反馈作用. 自然资源学报, 14(4): 318-322.

Alton P, 2009. A simple retrieval of ground albedo and vegetation absorptance from MODIS satellite data for parameterization of global Land-Surface Models. Agricultural and Forest Meteorology, 149(10): 1769-1775.

Bala G, Caldeira K, Wickett M, et al., 2007. Combined climate and carbon-cycle effects of large-scale deforestation. Proceedings of the National Academy of Sciences of the United States of America, 104(16): 9911-9911.

Bathiany S, Claussen M, Brovkin V, et al., 2010. Combined biogeophysical and biogeochemical effects of large-scale forest cover changes in the MPI earth system model. Biogeosciences, 7(5): 1383-1399.

Betts R A, 2001. Biogeophysical impacts of land use on present-day climate: near-surface temperature change and radiative forcing. Atmospheric Science Letters, 2(1/2/3/4): 39-51.

Bonan G B, 1996. A Land Surface Model (LSM Version 1.0) for Ecological, Hydrological and Atmospheric Studies: Technical Description and Users Guide. NCAR Technical Note, NCAR/TN-417-STR, Boulder, Colorado.

Bonan G B, 2001. Observational evidence for reduction of daily maximum temperature by croplands in the Midwest United States, Journal of Climate, 14(11): 2430- 2442.

Bonan G B, 2008. Forests and climate change: Forcings, feedbacks and the climate benefits of forests. Science, 320(5882): 1444-1449.

Bonan G B, Oleson K W, Vertenstein M, et al., 2002. The land surface climatology of the Community Land Model coupled to the NCAR Community Climate Model. Journal of Climate, 15(15): 3123-3149.

Bounoua L, DeFries R, Collatz G J, et al., 2002. Effects of land cover conversion on surface climate. Climatic Change, 52(1/2): 29-64.

Brovkin V, Claussen M, Driesschaert E, et al., 2006. Biogeophysical effects of historical land cover changes simulated by six earth system models of intermediate complexity. Climate Dynamics, 26(6): 587-600.

Chen F, Kusaka H, Bornstein R, et al., 2011. The integrated WRF/urban modelling system: development, evaluation and applications to urban environmental problems. International Journal of Climatology, 31(2): 273-288.

Chung S H, Seinfeld J H, 2002. Global distribution and climate forcing of carbonaceous aerosols. Journal of Geophysical Research Atmospheres, 107(D19): 19-33.

Claussen M, Brovkin V, Ganopolski A, 2001. Biogeophysical versus biogeochemical feedbacks of large-scale land cover change. Geophysical Research Letters, 28(6): 1011-1014.

Cox P M, Betts R A, Collins M, et al., 2004. Amazonian forest dieback under climate-carbon cycle projections for the 21st century. Theoretical and Applied Climatology, 78(1): 137-156.

Dai Y J, Zeng X B, Dickinson R E, et al., 2003. Common Land Model(CLM). Bulletin of the American Meteorological Society, 84(8): 1013-1023.

Davin E L, de Noblet-Ducoudré N, 2010. Climatic impact of global-scale deforestation: radiative versus nonradiative processes. Journal of Climate, 23(1), 97-112.

DeFries R S, Bounoua L, Collatz G J, 2002. Human modification of the landscape and surface climate in the next fifty years. Global Change Biology, 8(5): 438-458.

Dessler A E, 2010. A determination of the cloud feedback from climate variations over the past decade. Science, 330(6010): 1523-1527.

Feddema J, Oleson K, Bonan G, et al., 2005a. How important is land cover change for simulating future climates? Science, 310(5754): 1674-1678.

Feddema J, Oleson K, Bonan G, et al., 2005b. A comparison of a GCM response to historical anthropogenic land cover change and model sensitivity to uncertainty in present-day land cover representations. Climate Dynamics, 25(6): 581-609.

Feddema, J, Oleson, K, Bonan G, et al., 2005c. The importance of land-cover change in simulating future climates. Science, 310(5754): 1674-1678.

Findell K L, Shevliakova E, Milly P C D, et al., 2007. Modeled impact of anthropogenic land cover change on climate.

Journal of Climate, 20(14): 3621-3634.

Foley J, DeFries R, Asner G, et al., 2005. Global consequences of land use. Science, 309(5734): 570-574.

Friedlingstein P, Cox P, Betts R, et al., 2006. Climate-carbon cycle feedback analysis: results from the C4MIP model intercomparison. Journal of Climate. 19(14): 3337-3353.

Georg A, Grell J D, David R S, 1995. A Description of the Fifth Generation Penn State/NCAR Mesoscale Model (MMS). NCAR/NT 39+STRNCAR TECHNICALNOTE.

Gibbard S, Caldeira K, Bala G, et al., 2005. Climate effects of global land cover change. Geophysical Research Letters, 32(23): L23705.

GLP, 2005. Global Science Plan and Implementation Strategy. IGBP Report 53 /IHDP Report 19.

Gomboluude P, Luvsan N S, 2004. The impact of desertification on Mongolian climate and its numerical study using regional climate model (RegCM3) // Proceedings of the 3rd International Workshop on Terrestrial Change in Mongolia2Joint Workshop of AMPEX, IORGC and RAISE Projects. TERC, University of Tsukuba : 1122113.

Govindasamy B, Duffy P B, Caldeira K, 2001. Land use changes and northern hemisphere cooling. Geophysical Research Letters, 28(2): 291-294.

Gutman G, Janetos A C, Justice C O, et al., 2004. Land Change Science: Observing, Monitoring and Understanding Trajectories of Change on the Earth's Surface. Dordrecht: Kluwer Academic Publishers.

Heimann M, Reichstein M, 2008. Terrestrial ecosystem carbon dynamics and climate feedbacks. Nature, 451(7176): 289-292.

Henderson-Sellers A, Dickinson R E, Durbidge T B, et al., 1993. Tropical deforestation-modeling local-scale to regional-scale climate change. Journal of Geophysical Research-Atmospheres, 98(D4): 7289-7315.

House J I, Prentice I C, LeQuere C, 2002. Maximum impacts of future reforestation or deforestation on atmospheric CO_2. Global Change Biology, 8(11): 1047-1052.

IPCC, 2001. Climate Change 2001. New York: Cambridge Univercity Press.

IPCC, 2007. IPCC Fourth Assessment Report: Climate Change 2007(AR4). Geneva, Switzerland.

Kanae S, Oki T, Musiake K, 2001. Impact of deforestation on regional precipitation over the Indochina peninsula. Journal of Hydrometeorology, 2(1): 51-70.

Lakshmi V, Hong S, Small E E, et al., 2011. The influence of the land surface on hydrometeorology and ecology: new advances from modeling and satellite remote sensing. Hydrology Research, 42(2/3): 95-112.

Laothawornkitkul J, Taylor J E, Paul N D, et al., 2009. Biogenic volatile organic compounds in the earth system. New Phytologist, 183(1): 27-51.

Leung L R, Qian Y, 2009. Atmospheric Rivers induced heavy precipitation and flooding in the western U. S. simulated by the WRF regional climate model. Geophysical Research Letters, 36: L03820.

Ma H Y, Song J, Guo P, et al., 2009. Impact of urban expansion on summer heat wave in Beijing//2009 3rd International Conference on Bioinformatics and Biomedical Engineering: 4140-4143.

Niyogi D, Alapaty K, Raman S, et al., 2009. Development and evaluation of a coupled photosynthesis-based gas exchange evapotranspiration model (GEM)for mesoscale weather forecasting applications. Journal of Applied Meteorology and Climatology, 48(2): 349-368.

Paeth H, Born K, Girmes R, et al., 2009. Regional climate change in tropical and Northern Africa due to greenhouse forcing and land use changes. Journal of Climate, 22(1): 114-132.

Pal J S, Ciorgi F, Bi X, 2007. Regional climate modeling for the developing world: the ICTP RegCM3 and RegCNET. Bulletin of the American Meteorological Society, 88(9): 1395-1409.

Prentice I C, Farquhar G D, Fasham M J R, et al., 2001. The carbon cycle and atmospheric carbon dioxide//Houghton J T. Climate Change 2001: The Scientific Basis. New York: Cambridge University Press.

Rindfuss R, Walsh S J, Turner B L, et al., 2004. Developing a science of land change: challenges and methodological issues. PNAS, 101(39): 13976-13981.

Roy S B, Hurtt G C, Weaver C P, et al., 2003. Impact of historical land cover change on the July climate of the United States. Journal of Geophysical Research, 108(D24): 4793.

Sellers P J, Randall D A, Collat Z G J, et al., 1996a. A revised land surface parameterization (SiB2) for atmospheric GCMs. Part I: Model Formulation. Journal of Climate, 9(4): 676-705.

Sellers P J, Los S O, Tucker C J, et al., 1996b. A revised land surface parameterization (SiB2) for atmospheric GCMs. Part II: The generation of global fields of terrestrial biophysical parameters from satellite data. Journal of Climate, 9(4): 706-737.

Sertel E, Ormeci C, Robock A, 2011. Modelling land cover change impact on the summer climate of the Marmara Region, Turkey. International Journal of Global Warming, 3(1/2): 194-202.

Sertel E, Robock A, Ormeci C, 2010. Impacts of land cover data quality on regional climate simulations. International Journal of Climatology, 30(13): 1942-1953.

Shekhar M S, Dash S K, 2005. Effect of Tibetan snow on Indian summer monsoon rainfall using RegCM2.5. Current Science, 88 (11): 1840-1844.

Skamarock W C, Klemp J B, Dudhia J, et al., 2008. A description of the advanced research WRF Version 3. Ncar Technical Note, NCAR/TN-475 + STR.

Spracklen D V, Bonn B, Carslaw K S, 2008. Boreal forests, aerosols and the impacts on clouds and climate. Philosophical Transactions of the Royal Society A: Mathematical, Physical and Engineering Sciences, 366(1885): 4613-4626.

Stocker T F, Clarke G K C, Treut H L, et al., 2001. Physical climate processes and feedbacks, in Climate Change 2001: The scientific basis//Houghton J T, et al. Contriguration of Working Group 1 to the Third Assessment Report of the Intergovernmental Panel on Climate Change. Cambridge, United Kingdom and New York, USA: Cambridge University Press: 881.

Sud Y C, Shukla J, Mintz Y, 1988. Influence of land surface roughness on atmospheric circulation and precipitation: a sensitivity study with a general circulation model. Journal of Applied Meteorology, 52 (90): 133-180.

Snyder P K, Delire C, Foley J A, 2004. Evaluating the influence of different vegetation biomes on the global climate. Climate Dynamics, 23 (3/4): 279-302.

Tewari M, Chen F, Wang W, et al., 2004. Implementation and verification of the unified Noah land surface model in the WRF model//20th Conference on Weather Analysis and Forecasting/16th Conference on Numerical Weather Prediction. Seattle, Washington.

Turner B L, Ross, R H, Skole D L, et al., 1993. Relating Land Use and Global Land Cover Change. IGBP Report No.24 and HDP Report No.5. International Geosphere-Biosphere Programme, Stockholm, Sweden: 132.

Turner B L, David S, Sanderson S, et al., 1995. Land-Use and Land-Cover Change Science/Research Plan. IGBP Report, No.35 and HDP Report 7. IGBP of the ICSU and HDP of the ISSC, Stockholm and Geneva.

Xue Y, Zeng F J, Mitchell K, et al., 2001. The impact of land surface processes on the simulation of the U. S. hydrological cycle: a case study of 1993 US flood using the Eta/ SSiB regional model. Monthly Weather Review, 129 (12): 2833-2860.

Zhang N, Gao Z, Wang X, et al., 2010. Modeling the impact of urbanization on the local and regional climate in Yangtze River Delta, China. Theological and Applied Climatology, 102 (3/4): 331-342.

2 研究区概况与数据获取

本章主要介绍研究区概况和本书中主要数据的获取。这些数据包括土地利用/覆被数据、地面参数遥感数据、WRF 模式输入的地表数据和大气数据、气象站验证数据。

2.1 研究区概况

东北地区位于中国大陆东北部，北面和东面隔黑龙江和乌苏里江与俄罗斯相望，东南隔图们江和鸭绿江与朝鲜为邻，西与蒙古国交界，西南与内蒙古自治区锡林郭勒盟和河北省接壤，南临渤海与黄海，是一个比较完整而又相对独立的自然地理区域。地理位置为东经 115°05′～135°02′、北纬 38°40′～53°34′，土地总面积约 124 万 km^2。行政辖区包括黑龙江、吉林、辽宁三省和内蒙古自治区的呼伦贝尔市、兴安盟、通辽市和赤峰市，如图 2-1 所示，东北地区是中国重要的农业、林业、牧业和工业生产基地。

图 2-1 东北地区简图

2.1.1 土地利用的自然地理概况

1. 地形地貌

东北地区的东、北、西三面为低山、中山所环绕，中部是一大片广阔的平原。全区山脉走向大多为北东、北北东向，次为北西或东西向，海拔高度一般在 800～1200m。东有长白山脉，其中白头山的白云峰海拔 2691m，是东北的最高峰；西有大兴安岭和辽西山地；北为小兴安岭。三面群山呈马蹄形环抱着东北平原，包括三江平原、松嫩平原和辽河平原，东北平原是我国最大的平原。平原与山地过渡带是山麓冲积洪积平原和台地。大兴安岭以西地面海拔高度在 800m 以上，属于内蒙古高原的一部分。南部的辽东半岛深入黄海和渤海之间，沿海平原狭窄。全区总计平原面积占29%，高原占8.3%，丘陵占26.9%，低山占21.4%，中山占14.4%。

东北地区山地地貌一般相对高度较低，缺少高大的山岭，导致土壤垂直地带性分布比较简单。但东北山地和平原面积广大，大大增加了土壤水平分布的复杂性。并且，东北地区位于亚洲大陆的东岸，受大陆性季风气候的影响，山脉走向几乎与季风风向垂直，夏季风带来的大量水汽因北东向山脉的屏障，降水量自东、东南向西、西北方向递减，进而影响了土壤、植被的发育，使之呈明显的有规律的经向变化（张树文等，2006）。

2. 气候

东北地区属温带季风气候。冬季中国整个东部地区几乎都在冬季风的控制之下，同时东北地区还直接受蒙古高压的控制，位于高压的前部，盛行西北风。由于冷空气经常南下，东北地区冬季气温很低，形成冬季寒冷而漫长的气候特征。1月份平均最低气温都在-20℃以下。春季由于地表温度升高，蒙古高压向北引退，导致南北气流的融合，形成了多风而且干燥少雨的特征，地表蒸发强烈，容易发生春旱。夏季气温较高，7月份平均气温为18～20℃，本区成为南北气流交汇区，产生大量降水，大部分地区降水量为400～700mm，占全年降水量的50%～70%，其集中程度从东南向西北逐渐增大。秋季被西来行动缓慢的高压脊所控制，多晴朗天气，盛行西南风，降水比春季稍多，东南部气温高于春季，西北部则相反。东北地区因所处纬度较高，是中国气候最寒冷的地区，与同纬度的地区相比，冬季气温较低，夏季温度较高，气温年较差很大，大陆性特点比较显著。全年平均温度稳定在 10℃ 以上的时期，始于 4 月下旬至 5 月上旬，终于 9 月下旬至 10月上旬，持续期为 120～170 天，无霜期较短，为 100～150 天，绝大部分地区可以满足一年一熟作物的需求（候光良等，1993）。

东北地区纬度跨度较大，从北到南可以分为寒温带、温带和暖温带三个气候带；受经度地带性的影响，从东到西依次又划分为东部山地与三江平原湿润气候区、小兴安岭湿润气候区、大兴安岭半湿润气候区、松辽平原半湿润气候区、西辽河平原与蒙东半干旱气候区。

3. 植被与土壤

东北地区植被具有一定的过渡特征，是亚欧大陆草原的最东端，寒温带针叶林最南端，温带夏绿林的最北缘。这些植被类型交汇于此，组成成分相互渗透。受夏季风的影响，植被经向地带性非常显著。东北地区的植被主要分为四大部分，分别对应着针叶林、针阔混交林、草原和夏绿林。其中针叶林主要分布于大兴安岭北段，以兴安落叶松为主，是西伯利亚泰加林向南延伸的部分。小兴安岭的东南段和张广才岭以东的长白山地是温带针阔混交林的主要分布区。针阔混交林是长白山的代表植被，也是东北地区温带的典型地带性植被。张广才岭以西的长白山地逐渐转入森林草原，山间的盆地或谷地中发育着草甸或沼泽植被。草甸草原是松嫩平原的地带性植被，而内蒙古高原的地带性植被是干草原。辽东半岛和辽西山地主要以温带夏绿林为主，其他则主要是草甸草原。目前东北平原绝大部分地区以及长白山山间盆谷地和山前台地区已经开垦为耕地，是东北地区的主要农业区，其代价就是原生森林和草地的消失。

东北地区土壤类型复杂，分布较广的地带性土壤类型有棕色针叶林土、暗棕壤、棕壤、黑土、黑钙土、栗钙土，非地带性土壤有草甸土、沼泽土、白浆土和盐碱土等，这些土壤腐殖质含量丰富，土壤肥沃。东北地区土壤的形成和发育与植被有直接的关系，并且具有明显的纬向和经向分布特征。棕色针叶林土分布于大兴安岭，是寒温带针叶林下的地带性土壤；暗棕壤主要分布于大兴安岭东坡、小兴安岭和整个长白山地，是温带针阔混交林的地带性土壤；在小兴安岭和长白山地地形平坦且成土母质黏重的地方常发育白浆土；暗棕壤的南部为棕壤，属于温带湿润地区落叶阔叶林下发育的淋溶性土壤；黑土属于森林草原地带的土壤，主要分布于松嫩平原东部和北部的山前台地；黑钙土和栗钙土分布于黑土区西南，松嫩平原的中西部，是草甸草原和半干旱草原发育的土壤。非地带性土壤受地形、水分等条件控制，分布于各种地带性土壤之中。

2.1.2 农林业概况

1. 农业概况

东北地区是中国发展粮食生产最优地区，发展潜力巨大，是国家粮食安全保障的重要基地。2018 年，东北三省粮食产量达 13332 万 t，约占全国粮食总产量的

20.26%，其中黑龙江省粮食产量 7507 万 t，吉林省粮食产量 3633 万 t，辽宁省粮食产量 2192 万 t。而黑龙江省以全国 1/10 的耕地面积，生产了全国 1/4 的商品粮。东北地区粮食规模化生产程度较高，粮食生产主要以单作玉米、大豆、水稻等为主，作物种类及种植模式较为单一。种植作物中，玉米生产仍处于绝对优势地位。在辽阔的松辽平原，形成了世界著名的玉米带，这是中国乃至东北亚最大的玉米生产基地和出口基地。吉林省的玉米种植面积约占全省粮食作物播种面积的 60%，而产量约占粮食总产量的 80%，已连续多年名列全国玉米出口量和商品率的首位，形成了玉米专业化的大规模生产优势。

近年来东北地区大豆产量有所下降，但在国内仍具有明显优势。水稻虽然在全国绝对份额不是很大，但近年来随着种植面积的不断扩大，在全国水稻生产中的地位也在不断增强。

东北地区农业发展具有多种优势条件：人均耕地面积 0.309hm^2，是全国人均耕地面积的三倍（2002 年）；具有丰沛水量的河流、湖泊以及地下水资源为区域粮食生产提供了基础条件；此外，与全国其他地区相比，东北地区的农业机械化水平较高，是全国机械化发展较早、基础条件较好的地区之一，为粮食集约、高效生产提供保障。

东北农业外向型经济特色十分显著，吉林、黑龙江两省一直是中国最大的粮食调出地和出口基地。除个别灾年外，吉林省和黑龙江省的粮食商品率均在 60% 以上，而且粮食增产仍有较大的潜力。提供的商品粮约可满足全国新增人口对粮食需求的 50%，成为保障国家粮食安全的重要基地。

2. 林业概况

东北地区森林资源面积为 $6×10^{11}$hm^2，占全国森林总面积的 28.1%，有林地面积为 $3.34×10^7$hm^2，是全国最大的林区。森林资源主要分布在黑龙江省大部分、吉林省东部、辽宁省北部和内蒙古自治区境内的大兴安岭林区。东北林区的树种主要是针叶林，以落叶松居多，红松次之；阔叶树约占 40%，以杨、桦、栎为主。其中大兴安岭和小兴安岭北坡是针叶林区，小兴安岭南坡和长白山是针阔混交林区。东北林区森林资源大多集中连片，谷宽坡缓，有利于机械化作业，林区距铁路干线较近，大小河流多，冬季还可以利用冰道运输。经过 40 多年的开发建设，东北林区已成为中国林业企业最多、采伐规模最大、机械化程度高、林区运材道路最长的林区，木材产量居各大林区之首。但由于长期过量采伐，林分质量日趋下降，国有林区 60% 以上为幼中龄林，20% 为低质低效林。目前每年采伐的木材有 70% 是采自中龄林，现行采伐量仍远远超过资源承载力。

随着林业的进一步发展，天然林保护、退耕还林、三北防护林、速生丰产林及野生动植物保护等林业重点工程基本覆盖了整个东北地区，东北的林业建设在全国林业建设的全局中有举足轻重的地位。到 2000 年，共完成人工造林和飞播造林 1566.7 万 hm^2，封山育林总面积达到 1033.3 万 hm^2，重点国有林区完成采伐更新 470 万 hm^2。2001～2003 年，东北三省年均造林比"九五"期间年均造林增加 7.67 万 hm^2。天然林保护工程实施以来，木材产量已按工程规划调减到位，1998～2003 年累计减少消耗森林资源 5200 万 m^3；2753.3 万 hm^2 森林资源得到有效管护（周生贤，2003）。林区呈现森林资源消耗减少、森林面积和蓄积量增加的良好趋势。

2.1.3 土地开发过程概况

东北地区大规模的土地开发只有一百多年的历史。清朝中期以前，东北地区的"封禁"政策使得大部分地区没有进行开发，广大地区基本上还是森林广布和草原辽阔的土地利用/覆被格局。其后，大范围的土地开发大体可以分为以下几个阶段（张树文等，2006；陈建军，2005）。

（1）清代后期（1860～1911 年），清朝政府对东北地区全面开禁后，宽松的土地开发政策、关内巨大的人口压力和关内北方连年大灾荒，导致大量人口流向东北，大规模的土地开发就此开始（李为等，2005）。

（2）民国时期（1912～1931 年），关内频繁的自然灾害和连年的军阀混战，导致大量移民进入东北，森林和草地进一步大面积减少。从清代后期到 1931 年"九一八"事变以前，日本、俄国在东北地区修建铁路、建立林场，对森林资源进行了掠夺式的开发，大面积的原始森林消失，其中仅俄国在中东铁路沿线租借的林场面积就有 159 多万 hm^2。

（3）伪满时期（1931～1945 年），日本全面控制东北地区，对土地、农产品和森林等资源进一步采取疯狂的掠夺式开发，林地面积大量减少，资源环境受到巨大破坏。1931～1942 年，森林面积减少 569 万 hm^2，森林的蓄积量降低更多。

（4）20 世纪 40 年代中期至 80 年代初（1946～1980 年），有组织的大量人口迁入，大面积开荒导致森林、草地、湿地面积锐减，资源枯竭和生态环境问题开始显现。

（5）20 世纪 80 年代初以后（1980 年以后），人口净迁入和大面积的土地开荒停止，剩余可被开发的耕地适宜区面积越来越少，局部的开垦导致耕地小面积增长，生态环境问题日渐突出。国家的政策和发展观开始转变，同时加强了东北粮食基地的建设与保护，实施可持续发展战略，退耕还林在局部地区相继开展。农业与林业基本处于动态平衡状态。

2.2 土地利用/覆被数据获取

基于土地利用/覆被数据，本书的研究时间从 20 世纪 50 年代到 2015 年，包括多期土地利用/覆被数据，本章以 20 世纪 50 年代、70 年代和 2010 年为例进行数据说明。其中土地利用数据获取方式有两种：以遥感影像为数据源的年代分别是 20 世纪 70 年代和 2010 年；而 20 世纪 50 年代由于缺少相应的数据源，采用基于历史地形图的方法提取土地利用数据。相应的土地覆被数据是在土地利用数据的基础上，从基于 MODIS 影像提取的 2005 年东北地区土地覆被图中得到。本书所用的东北地区土地利用数据是课题组多个项目的部分成果，下面论述数据提取方法，以及本书在此基础上的工作。

2.2.1 基于历史地形图的土地利用数据获取

20 世纪 50 年代的土地利用数据重建以中国人民解放军总参谋部测绘局 1954 年编制的第一代 1∶100000 地形图为主要数据源，以同期的统计资料和专题图为参考。20 世纪 50 年代地形图的纠正是以一级控制点层为基础，采用矢量对图像的方法进行纠正。分类系统参考"中国科学院资源环境数据库"土地利用遥感分类体系，最终结果达到一级土地利用分类精度，部分类型达到二级类水平。

在地形图上可以直接获取的土地利用/覆被数据只有居民地、水系和林地等少数几种，其他如耕地、草地等信息很难在地形图上直接获得。因此本书中基于地形图的土地利用数据获取采用数学模型结合不同时期社会经济数据、遥感数据进行反演的方法，如图 2-2 所示。

在地形图提取的土地利用信息基础上，采用模型分析方法重建土地利用数据。重建模型包括敏感区分析子模型、空间分析子模型、土地利用分布概率子模型、空间布局子模型四个部分。敏感区分析子模型相当于土地利用动态变化监测子模型，为土地利用分布概率判断子模型提供基础数据，同时为土地利用空间布局子模型产生约束条件。空间分析子模型主要利用地理信息系统（geographic information system，GIS）空间统计分析功能，分析各种土地利用类型及其变化，以及它们与自然、社会、经济等因素之间的相互作用关系及其空间表现形式。土地利用分布概率子模型生成土地利用分布的概率，为空间布局子模型提供空间约束条件。空间布局子模型是整个模型的核心部分。该子模型利用空间分析子模型的分析结果、敏感区分析所确定的土地利用变化的敏感性、土地利用分布概率判断子模型所判断的土地利用分布概率，在空间上对各种土地利用类型进行布局。利用空间约束条件，首先对耕地空间分布进行布局，然后在耕地布局结果的图层中对其他土地利用类型进行布局。数据重建的精度通过典型区的航片来进行评价，并根据数据源的数量和质量以及模型结构对重建结果的确定性水平进行评估（白淑英等，2007）。具体流程见图 2-2。

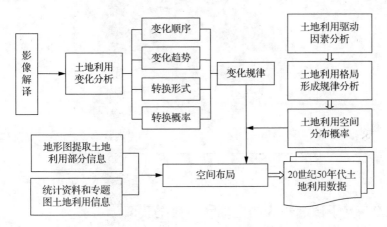

图 2-2　基于地形图的土地利用数据重建技术流程（白淑英等，2007）

借助于 20 世纪 50 年代航空遥感相片对 20 世纪 50 年代土地利用数据进行抽样比较，结果如下。

（1）整体判对率达到 93%。其中居民地和水域判对率最高，为 97% 以上；沼泽地、盐碱地、沙地等类型判对率为 87%～91%；草地、耕地由于不同类型镶嵌分布的情况较多，所以精度偏低，判对率在 83%～88%；灌木林地、疏林地等在 75% 以下。

（2）面积整体误差小于 10%。从各类型的总面积看，误差较大的有草地、灌木林地和疏林地，误差分别为 23%、26%、27%，耕地为 11%，水域为 4%，居民地为 6%，有林地为 12%。

整体来讲，根据 20 世纪 50 年代地形图提取的土地利用数据能够达到 1∶25 万的精度要求，如图 2-3 所示。

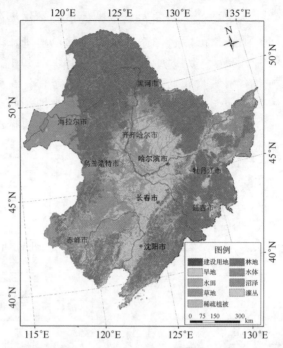

图 2-3　基于地形图的 20 世纪 50 年代土地利用数据（见书后彩图）

2.2.2　基于遥感影像的土地利用数据获取

遥感数据为美国 Landsat 卫星获取的专题制图仪（thematic mapper，TM）和多光谱扫描仪（multispectral scanner，MSS）影像，其中 20 世纪 70 年代的信息源为 1977～1979 年的 MSS 影像，空间分辨率为 80m×80m；2010 年信息源为 TM 影像，空间分辨率为 30m×30m。在遥感影像的季相选择上，既要注意图像覆盖区域内遥感信息获取瞬间图像本身的质量，如含云量<10%等技术指标，又必须顾及不同区域的时效性季相差异选择，以满足瞬时状态下最大限度地使图像上尽可能丰富地反映地表信息的要求。为此，东北地区土地利用变化研究应选择 5 月下旬至 6 月中旬或 8 月下旬至 9 月中旬的图像，对部分边远地区和数据获取困难的地区可以适当放宽时段限制。

本书中的土地利用数据是"东北地区百年 LUCC 数据库"的子集，该数据库中基于遥感影像获取的土地利用数据包括了 20 世纪 70 年代、80 年代、90 年代以及 2000 年、2010 年的数据。其土地利用信息提取方法为基于遥感影像的人机交互，侧重于专家知识的参与。为了提高解译精度，首先根据影像光谱特征，结合野外实测资料，同时参照有关地理图件，对地物的几何形状、光谱特征、纹理特征和空间分布格局进行分析，并在综合专家知识后，建立判读标志。根据判读标志，勾绘地类界，并判断地类属性。

对于使用长时间序列土地利用数据的研究，需要不断对现有的土地利用数据进行更新或追溯。原有的土地利用更新工作有巨大的工作量，并产生了大量的冗余数据，既降低了工作效率，也不利于空间数据库的集成和后续相关研究工作的开展。东北地区土地利用数据库中的土地利用数据获取采用了增量更新的方法。增量更新是一种高效率的土地利用更新方式，它可以减少更新时的工作量，减少最终数据的冗余，便于更新后快速实施空间数据集成。土地利用变化增量更新方法可以在某年份数据更新时自动查找满足条件的数据库，以较小的工作量实现时间序列数据的更新，并对更新数据进行了属性和拓扑错误检查，生成标识层，保证了数据的一致性、无冗余性。

对于东北地区，首先提取的是 2000 年的土地利用数据，然后基于增量更新方法，对比其他年代影像和 2000 年土地利用矢量数据，调整地类发生变化的图斑，以线表示图斑边界，以点表示图斑属性。通过对属性数据和拓扑数据的检查，生成其他年代的土地利用数据。该方法的参照数据根据目标数据不同而变化，例如为了获取 20 世纪 90 年代数据，需要以 2000 年土地利用数据为基础；而 20 世纪 80 年代的数据则应该以 20 世纪 90 年代的数据为基础，并逐年代向前递推。2000 年以后的土地利用数据获取方法相同，并逐年代向后递推。

本书中基于遥感影像的数据主要采用了 20 世纪 70 年代和 2010 年的土地利用数据（图 2-4）。

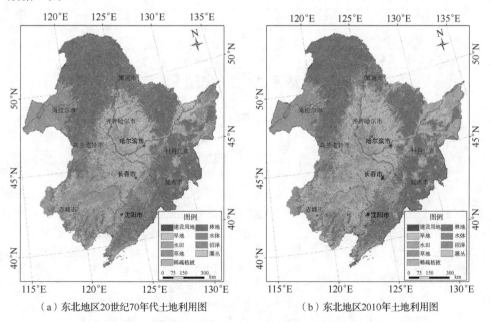

（a）东北地区20世纪70年代土地利用图　　　（b）东北地区2010年土地利用图

图 2-4　基于遥感影像的 20 世纪 70 年代和 2010 年土地利用数据（见书后彩图）

2.2.3 土地利用数据转换为土地覆被数据

基于前期研究工作，本书获取了东北地区 20 世纪 50 年代、70 年代和 2010 年的土地利用数据。但是相比于土地利用信息，以土地覆被信息反映地表和大气之间的相互作用过程更合适。在 WRF 等模式中，地表状态也是基于土地覆被类型的分类系统，因此需要将各期土地利用数据转换为土地覆被数据。

在前期的研究中，课题组已经以 2005 年时间序列的 MODIS 遥感影像为主要数据源提取了物候特征，结合自然要素数据，应用决策树监督分类方法，生成 2005 年土地覆被遥感分类结果，该分类结果总体精度为 80%～88%（蔡红艳，2010）。分类系统如表 2-1 所示。

表 2-1 东北地区土地覆被数据分类系统

一级类型	二级类型	编码	含义
森林	常绿针叶林	11	郁闭度>30%，高度>2m 的常绿针叶天然林和人工林
	常绿阔叶林	12	郁闭度>30%，高度>2m 的常绿阔叶天然林和人工林
	落叶针叶林	13	郁闭度>30%，高度>2m 的落叶针叶天然林和人工林
	落叶阔叶林	14	郁闭度>30%，高度>2m 的落叶阔叶天然林和人工林
	针阔混交林	15	郁闭度>30%，高度>2m 的针阔混交天然林和人工林
	灌丛	16	郁密度>40%，高度>2m 的灌丛和矮林
草地	草甸草地	21	覆盖度>30%，以草本植物为主的各类草地
	典型草地	22	覆盖度在 10%～30%，以旱生草本为主的草地
	荒漠草地	23	覆盖度在 5%～10%，以强旱生植物为主的草地
	高寒草甸	24	覆盖度>20%，以高海拔寒生植物为主的草地
	高寒草原	25	覆盖度>20%，以高海拔旱生植物为主的草地
	灌丛草地	26	草地中灌丛覆盖度<40%，灌丛高度<2m
农田	水田	31	有水源保证和灌溉设施，在一般年景下能正常灌溉，用以种植水稻、莲藕等水生农作物的耕地，包括实行水稻和旱地作物轮种的耕地
	水浇地	32	有水源和灌溉设施，在一般年景下能正常灌溉的耕地；以种菜为主的耕地；正常轮作的休闲地和轮歇地
	旱地	33	无灌溉水源及设施，靠天然降水生长作物的耕地
聚落	城镇建设用地	41	包括城镇、工矿、交通和其他建设用地
	农村聚落	42	包括农村居民点、定居放牧点等
湿地、水体	沼泽	51	植被覆盖度高的湿生草地以及地势平坦低洼、排水不畅、长期潮湿多积水且表层生长湿生草本植被的土地
	近海湿地	52	各种近海及海岸的海涂、珊瑚礁、红树林沼泽等
	内陆水体	53	陆地上各种淡水湖、咸水湖、水库及坑塘、河流

一级类型	二级类型	编码	含义
湿地、水体	河湖滩地	54	河流沿岸或湖泊周边的滩地,包括边滩、心滩等
	冰雪	55	冰川、永久积雪(雪被)
荒漠	裸岩	61	地表以岩石或石砾为主、植被覆盖度在 5%以下的荒漠及戈壁、裸露石山等无植被地段
	裸地	62	地表为土质、植被覆盖度在 5%以下的裸土地、盐碱地等无植被地段
	沙漠	63	植被覆盖度在 5%以下的沙地、流动沙丘

注:东北地区土地覆被分类是全国土地覆被遥感制图工作的一部分,因此分类系统一致。全国土地覆被遥感制图见参考文献(张增祥等,2009)

为了发挥已有的高分辨率高精度土地利用数据的作用,本书以 2005 年东北地区土地覆被数据为基础底图,结合 20 世纪 50 年代、70 年代和 2010 年土地利用数据对其进行修订和综合,进一步形成 20 世纪 50 年代、70 年代和 2010 年土地覆被数据,分类系统与表 2-1 相同。

以 20 世纪 70 年代为例,将 20 世纪 70 年代的土地利用数据与 2005 年的土地覆被数据合并,然后在表中新建字段,将 20 世纪 70 年代土地利用数据中类型字段值赋给新建字段,最后主要调整新建字段的属性值。

(1)沼泽湿地、沙地、耕地、水体、灌木林地等类型值,直接按照土地覆被分类系统中相应的类型值替换。

(2)主要处理有林地、疏林地、其他林地和高、中、低覆盖度草地斑块的属性值。以林地为例,将两种数据中空间对应的斑块直接赋给土地覆被类型,空间不匹配的采取就近原则。

2.3 其他数据获取

2.3.1 WRF 模式输入数据获取

WRF 模式的输入数据包括两种:一种是气候场驱动数据,另一种是地面静态数据。其中气候场驱动数据选择国家环境预报中心(National Centers for Environmental Prediction,NCEP)全球再分析产品;地面静态数据是 WRF 模式提供的全球地表静态数据(Geog Data)。

2.3.1.1 气候场驱动数据

由于本书研究的土地利用/覆被变化涉及不同时间阶段,因此相应的 WRF 模式模拟也分为不同的时期。WRF 模式的驱动需要相应时间的气候场数据作为驱动,近期的气候场数据具有较高的精度,但更早的数据在精度上无法与近期数据相比。为了获得最高的数据精度和最优的变化分析结果,本书根据不同的研究内容选取不同的气候场数据来驱动 WRF 模式。对于土地利用/覆被变化的敏感性模拟,选择精度较高的 NCEP/FNL(最终全球业务分析数据)资料;而对于土地利用/覆被变化和气候变化的时间序列综合模拟则选择 NCEP/NCAR 再分析资料。这些资料都是再分析产品,再分析就是将全球各类资料包括地基观测、船舶观测、气球观测、无线电探空测风观测、飞机观测、卫星观测及其他一些资料用统一完备的数据同化系统进行质量控制和同化,生成一种新的、长期而连续的、具有更高时空分辨率产品的过程。

NCEP/FNL 资料的时间序列最早可追溯到 1976 年,其空间分辨率为 2.5°×2.5°,时间分辨率为 12 小时。1999 年 7 月 30 日 18 时以后,NCEP/FNL 资料的空间分辨率由 2.5°×2.5° 变为 1°×1°,时间分辨率为 6 小时(世界时 0 时、6 时、12 时、18 时)。该资料包含了地表 26 个标准等压面(1000~10hPa)、地表边界层和对流层顶的要素信息具有较高的空间分辨率和时间分辨率。

尽管 NCEP/FNL 资料具有较高的空间分辨率,但其时间序列长度的限制使本书的研究难以追溯到 20 世纪 50 年代。因此本书对土地利用/覆被变化和气候变化的时间序列综合模拟中,采用 NCEP/NCAR 全球再分析产品(Kistler et al.,2001;Kalnay et al.,1996),该产品目前已经回溯到 1948 年,并继续回溯,其中 1957 年至今的数据时间分辨率为 6 小时,1948~1957 年的数据为月平均。当下一代模型完成之后,将会再一次模拟整个时间段的数据。该数据产品的生产模型精度为 T62(209km),具有 28 个垂直 sigma 层。在不同的坐标系中,数据集有超过 80 个变量(包括重力势、温度、相对湿度、U 向和 V 向风速组成等)。在文档中,数据被组成不同的子集。以该数据作为 WRF 模式的输入数据时,需要有 pgb.f00 和 grb2d 两类数据,其中 grb2d 数据时间需要比 pgb.f00 早 6 小时的相位。

由于受各个时期资料来源的限制,NCEP/NCAR 全球再分析产品各个时期同化所选用的资料不同,这就使不同时期的 NCEP 资料相对于实测值的误差不一致。当应用于中国气候变化研究时,1979 年以后的数据可信度较高,而使用该数据进行长期气候变化趋势的研究存在一定的问题与不确定性(徐影等,2001)。但该数据具有资料时间长的特点,并汇总了非常广泛的观测资料,目前包括了 1949~1999 年尽可能收集到的资料,是目前进行长期气候变化研究时较理想的数据源。1997 年 10 月召开的第一次世界气候研究计划(World Climate Research Project,WCRP)国际会议对 NCEP 再分析资料的使用给予了承认和赞同,指出再分析资料已被用在气候研究的许多方面,尤其在年际变率和模式及预测研究中(徐影等,2001)。因此本书选择该资料作为 WRF 模式的初始场和边界场进行时间变化分析具有可行性。

以上两种数据下载自 NCAR 网站,本书获取了 NCEP/FNL 资料中世界时 2010 年 6 月 30 日 0 时～2010 年 8 月 1 日 0 时的数据；而 NCEP/NCAR 资料则是世界时 1951 年、1978 年和 2010 年 6 月 30 日 0 时～2010 年 8 月 1 日 0 时的数据。

2.3.1.2 地面静态数据

WRF 模式输入数据中的静态数据包括网格定义信息,如经纬度,以及短期内地表不发生变化的参量,包括地形、土壤类型、土地覆被类型、植被覆盖度等信息,经纬度分辨率有 10′、5′、2′ 和 30″,分别对应大约 110km、55km、20km 和 1km。静态数据下载自 WRF 官网。

本书关注的是土地利用/覆被变化引起的气候效应,因此侧重于静态数据中的土地覆被类型数据。在地表静态数据中有两类土地覆被数据,分别是基于 USGS 的土地覆被数据和 MODIS 的土地覆被数据。其中 USGS 土地覆被数据是美国地质测量局提供的 24 类土地覆被类型,主要利用 1992 年、1993 年的先进的超高分辨率辐射计(advanced very high resolution radiometer,AVHRR)遥感资料处理得到,空间分辨率为 30″；而 MODIS 土地覆被数据是基于 IGBP 组织的 MODIS 土地覆被分类系统,经过 Noah 地表模型修正得到的,包括 20 个土地覆被类型,源自于 2001 年 MODIS/Terra Land Cover Type Yearly L3 Global 1km SIN Grid V004 (MOD12Q1),该产品实际包括 5 种地表形态分类方式,但 WRF 模式只使用了其中的 IGBP 方案,为全球 30″ 网格上的单一土地利用类型。MODIS 土地分类系统并非 USGS 的子集,在不同的参数化方案中,可以选择不同的土地分类数据,两种数据的分类系统和比较如表 2-2 所示。表 2-2 为 WRF 模式静态数据中土地覆被数据的分类表,左侧为 USGS24 类,右侧为 MODIS20 类,中间为两者之间的转换对照表。

表 2-2 WRF 模式中的土地覆被数据分类系统及其转换(蔡佳伶等,2010)

序号	USGS 土地覆被类型	转换	序号	MODIS 土地覆被类型
1	城市和建设用地	14<1	1	常绿针叶林
2	非灌溉耕地/牧草地	13<2	2	常绿阔叶林
3	灌溉耕地/牧场	12<3	3	落叶针叶林
4	灌溉/非灌溉混合耕地/牧草地	11<4	4	落叶阔叶林
5	耕地/草地混合	15<5	5	混交林
6	草地/林地混合	8<6	6	封闭灌丛
7	草地	9<7	7	开放灌丛
8	灌丛	8<8	8	木本萨瓦纳

序号	USGS 土地覆被类型	转换	序号	MODIS 土地覆被类型
9	灌丛/草地混合	10<9	9	萨瓦纳
10	萨瓦纳	7<10	10	草地
11	落叶阔叶林	17<11	11	永久湿地
12	落叶针叶林	2<12	12	耕地
13	常绿阔叶林	1<13	13	城市和建设用地
14	常绿针叶林	5<14	14	耕地与自然植被混合
15	混交林	24<15	15	永久冰雪
16	水体	19<16	16	裸地和稀疏植被
17	草本湿地	16<17	17	水体
18	木本湿地	21<18	18	木本苔原
19	裸地和稀疏植被	22<19	19	混合苔原
20	草本苔原	23<20	20	裸地苔原
21	木本苔原	—	—	—
22	混合苔原	—	—	—
23	裸地苔原	—	—	—
24	冰雪	—	—	—

除了土地覆被数据，静态数据中还包括了与土地覆被相关的其他重要变量，如植被覆盖度。植被覆盖度数据来源于 Gutman 利用像元二分模型在 1985～1990 年的 NDVI 数据基础上建立的全球逐月植被覆盖图。本书未根据模拟时间对植被覆盖度等数据进行修改，在此不论述这些数据。

2.3.2   基于 MODIS 产品的地面参数数据获取

为了优化 WRF 模式中与土地覆被相关的地面参数，针对东北地区特征，本节引入 MODIS 产品数据更新 WRF 模式中的某些地面参数，包括地面反照率和叶面积指数。其中地面反照率采用的是 MODIS 数据中 MCD43B3 产品，叶面积指数采用的是 MODIS 数据中的 MOD15A2 产品。

MOD15A2 是 MODIS 陆地四级全球产品数据，每 8 天合成，空间分辨率为 1km，采用正弦曲线投影方式，每年 46 景影像。而 MCD43B3 是三级产品，每 16 天合成，空间分辨率为 1km，该产品的生产结合了 Terra 和 Aqua 数据，提供了最高的数据质量，本节选择 MCD43B3 产品中的短波数据。本节获取的数据为 2010 年 7 月份，包括 h25v03、h25v04、h26v03、h26v04、h27v04 和 h27v05 六景数据，并在 MODIS Reprojection Tool 中进行坐标投影转换。

2.3.3 地面气象数据搜集

搜集东北地区 1951 年以来 60 年逐日气象观测数据，数据来源于中国国家气象科学数据服务中心（China Meteorological Data Service Center, CMDC），以这些数据为真值，检验 WRF 模式输出结果的精度与分布趋势。CMDC 提供的站点逐日气象数据包含了平均温度、平均相对湿度、20～20 时累计降水量、平均风速等气象要素。其中东北地区的气象观测站点有 102 个，空间位置分布如图 2-5 所示。

图 2-5   东北地区气象观测站点分布图

2.4   本 章 小 结

本章首先从自然环境和农业、林业特征及土地开发历史三个方面介绍了东北地区的基本概况，而后详细介绍了本书采用的土地利用数据和 WRF 模式输入数据的获取。

本书获取的 20 世纪 50 年代土地利用数据是以 1954 年编绘的 1∶10 万地形图为主要数据源重建的。重建采用数学模型结合不同时期社会经济数据、遥感数据进行反演的方法。整体来讲，根据 20 世纪 50 年代地形图提取的土地利用数据能够达到 1∶25 万的精度要求。基于遥感影像提取 20 世纪 70 年代和 2010 年的信息源分别为美国 Landsat 卫星获取的 MSS 影像和 TM 影像，土地利用信息提取方法为基于遥感影像的人机交互，侧重于专家知识的参与。为了提高工作效率，不同时期土地利用数据获取采用了增量更新的方法。在 WRF 模式运行时，需要输入的是土地覆被数据，本章结合基于 MODIS 数据获取的 2005 年东北地区土地覆被图，将获取的不同时期土地利用数据转换为土地覆被数据。除了土地利用/覆被数据以外，本章还获取了 NCEP/FNL 和 NCEP/NCAR 数据作为 WRF 模式的初始场和边界场数据，获取了 Geog Data 作为 WRF 模式地面静态数据。同时，为了调整 WRF 模式中的地面反照率、叶面积指数，搜集了东北地区 2010 年 7 月的 MODIS MCD43B3 和 MOD15A2 产品。最后本章搜集了东北地区气象观测站数据作为 WRF 模式的验证数据。

参 考 文 献

白淑英, 张树文, 张养贞, 2007. 土地利用/土地覆被时空分布 100 年数字重建——以大庆市杜尔伯特蒙古族自治县为例. 地理学报, 62(4): 427-436.

蔡红艳, 2010. 基于 MODIS 物候特征的黑龙江流域植被动态编绘研究. 长春: 中国科学院东北地理与农业生态研究所.

蔡佳伶, 洪景山, 2010. WRF 模式东亚地区土地利用资料库之更新与个案研究. 天气分析与预报研讨会: 130-133.

陈建军, 2005. 东北地区土地利用变化研究中的尺度问题. 长春: 中国科学院东北地理与农业生态研究所.

侯光良, 李继由, 张谊光, 1993. 中国农业气候资源. 北京: 中国人民大学出版社: 130-131.

李为, 张平宇, 宋玉祥, 2005. 清代东北地区土地开发及其动因分析. 地理科学, 25(1): 7-16.

徐影, 丁一汇, 赵宗慈, 2001. 美国 NCEP/NCAR 近 50 年全球再分析资料在我国气候编绘研究中的可信度的初步分析. 应用气象学报, 12(3): 337-347.

张树文, 张养贞, 李颖, 等, 2006. 东北地区土地利用/覆被时空特征分析. 北京: 科学出版社: 180-208.

张增祥, 汪潇, 王长耀, 等, 2009. 基于框架数据控制的全国土地覆盖遥感制图研究. 地球信息科学学报, 11(2): 216-224.

周生贤, 2003. 加快东北林业发展深化国有林区改革促进东北老工业基地振兴和社会全面进步. 林业经济(12): 4-8.

Kalnay E, Kanamitsu M, Kistler R, et al., 1996. The NCEP/NCAR 40-year reanalysis project. Bulletin of the American Meteorological Society, 77(3): 437-471.

Kistler R, Kalnay E, Collins W, et al., 2001. The NCEP-NCAR 50-year reanalysis: monthly means CD-ROM and documentation. Bulletin of the American Meteorological Society, 82(2): 247-267.

3　区域气候模式本地化与尺度分析

WRF 模式是新一代的大气模式，对大气过程和地表-大气过程都具有较精确的模拟能力。本章首先根据 WRF 模式中的各种参数方案，选择 Noah 陆面模式，设计四重尺度嵌套的模拟方案。其次，对比 WRF 模式地面静态数据中基于 MODIS cover 土地覆被数据和本书获取的 Landsat cover 土地覆被数据，将土地覆被数据进行本地化，并基于 MODIS 遥感产品对 WRF 模式中的两个地面参量进行调整。然后根据气象观测站点数据对 WRF 模式输出的气温进行验证。最后在 WRF 模式输出结果的基础上，对不同空间分辨率尺度上的气温分布进行探讨。

3.1　WRF 模式模拟方案设计与模式本地化

3.1.1　WRF 模式模拟方案设计

WRF 模式系统是由美国研究机构、业务部门及大学的科学家共同参与开发研究的新一代中尺度预报模式和同化系统。WRF 模式系统的开发计划是 1997 年由 NCAR 中小尺度气象处、NCEP 环境模拟中心、预报系统实验室预报研究处和俄克拉何马大学的风暴分析预报中心四个单位联合发起建立的，由美国国家自然科学基金和国家海洋大气局（National Oceanic and Atmospheric Administration，NOAA）共同支持（Skamarock et al.，2008）。

WRF 模式分为高级研究 WRF（advanced research WRF，ARW）和非流体中心尺度模型（the nonhydrostatic mesoscale model，NMM）两种，即研究用和业务用两种形式，分别由 NCEP 和 NCAR 管理（Skamarock et al.，2008），本章采用的是前者，版本 V3.3。WRF 模式具有很高的灵活性，是前沿的大气模拟系统，并且很容易并有效地应用于并行计算平台。WRF 广泛适用于多尺度的应用研究，从几米到几千千米，这些研究包括：理想化模拟，如对流、斜压波（斜压大气基本气流的垂直切边引起的大气波动）等；参数化研究；数据同化研究；预测研究；实时数值天气预报；台风研究；区域气候研究；耦合模型研究等。

WRF 模块包括 WRF 预处理系统（即 WPS）、WRF-DA（可选，用于数据同化和初始条件更新）、WRF 主程序和后处理程序。本章所用的模块主要是 WPS 和 WRF 主程序。其中 WPS 模块用于模式预处理，包括定义模拟范围，将静态的地表数据进行内插以及气象场数据内插，并得到 WRF 主程序运行所需的数据；

WRF 主程序则根据 WPS 得到的结果进行数值模拟，其中包括极具特色的数值化动力框架，以及许多先进的物理参数化方案。

3.1.1.1 陆面参数化方案

由于本章关注的是土地利用变化的气候效应，因此更加侧重于陆面参数方案，而不是其他大气物理方案。WRF 模式中主要包括四个陆面方案，各自从水平衡及能量平衡规律出发，计算出陆面与大气间交换的动量、感热、潜热、辐射等通量，包括 SLAB 陆面方案、Noah 陆面方案、RUC 陆面方案和 Pleim-Xiu 陆面方案。

综合比较各实验结果，Noah 陆面方案的模拟效果较其他方案更为稳定与合理，但该方案也最复杂（Zeng et al.，2011）。因此，本章选择 Noah 陆面方案，它由 OSU 陆面过程方案不断发展得来，并继续发展为多机构合作开发的陆面模式，是一个能模拟四层（10cm、30cm、60cm、100cm 厚）土壤温度和湿度的模式，模式中包含土壤、植被冠层和雪盖等方面能量及水文过程的精细参数化方案。其中土壤 1m 厚度为根区，根区下面 1m 像底层有重力排水系统的水库。根区的深度为植被类型的函数。方案中所需的温度场和湿度场由大尺度信息插值得到。

地表热力分布不均匀是形成大气环流根本的原因之一，因此地表土壤温度的参数化是陆面过程的基本内容之一。Noah 陆面方案热力学过程中的地表温度采用 Mahrt 等（1984）提出的一个简单的线性能量平衡方程计算得到，其中地面和植被在此为一个整体。地表热通量由通用的土壤温度扩散方程计算得到：

$$C(i)\frac{\partial T}{\partial t} = \frac{\partial\left[K_t(i)\frac{\partial T_y}{\partial z}\right]}{\partial z} \qquad (3\text{-}1)$$

式中，C 为土壤的体积热容量；K_t 为土壤导热率。C 和 K_t 都是土壤容积含水量 i 的函数。土壤热容量的大小主要取决于土壤组成中水和空气的比例。K_t 的计算采用 McCumber 等（1981）提出的公式，主要由土壤类型决定，并存在一个最大值。随着土壤深度增加，对公式（3-1）根据土壤层进行积分，并将 3m 深度土壤温度假设为年平均大气温度。

陆面过程模式的最终目的是得到地表感热通量和潜热通量，而潜热通量则与陆面水文过程密切相关。根据土壤容积含水量，可以计算土壤水扩散率和导水率，但这两个参数和土壤湿度的关系都是高度非线性的，并对土壤湿度高度敏感。此外，陆面模式与水文模式的耦合计算地表径流，由降水和入渗决定，并与土壤类型有关。总蒸发量 E 由三部分组成：①表层土壤的直接蒸发率；②植被冠层截取的降水蒸发率；③植被冠层和根区的蒸腾作用。其中直接蒸发率基于 Penman-based 能量平衡方法和植被覆盖度计算得到。陆面过程模式中较难处理的是植被，而最主要的植被因子是叶子气孔阻抗的作用。气孔阻抗由太阳辐射、地表大气温度、气压、叶面积指数、叶面表面阻抗等参数决定（Jacquemin et al.，1990）。

此外，Noah 陆面模式还需要确定两个主要的变量——植被和土壤类型。其中植被类型包括 USGS 24 类土地覆被类型和 IGBP-Modified MODIS 20 类土地覆被类型，本章采用后者。土壤类型是由分辨率为 1km 的具有多层的 16 种土壤特征数据计算得到的，是 Miller 等（1998）基于美国农业部的土壤地质数据集发展的，这个数据集主要包括土壤类型、总密度、多孔性和有效水容量等信息。将土壤表层的土壤类型分类应用到模式中给定网格上的整层土壤的土壤类型分类。

3.1.1.2 模拟方案设计

本章采用 WRF 模式 V3.3 版本进行土地利用变化的气候数值模拟研究。本章设计了一个四重嵌套方案，模拟区分为四个尺度，范围从大到小分别为 d01、d02、d03 和 d04，其中 d01 包含了整个东北亚地区，中心点位于 123.80°E、47.55°N，d02 为黑龙江流域及其周边地区，d03 为整个东北地区范围，d04 基本包括嫩江流域农林交错带范围。数据投影类型为 Lambert，双纬线分别为 30°N 和 60°N，中央经线为 123.8°E。四个尺度的空间分辨率分别为 27km、9km、3km 和 1km，水平网格数分别为 152×152、322×289、496×571 和 472×565。WPS 模式中的模拟范围和 d04 概况如图 3-1 所示。

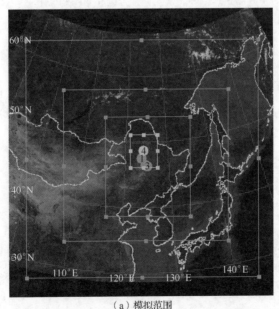

（a）模拟范围

不同大小的方框代表不同的模拟尺度，1～4 表示嵌套 ID

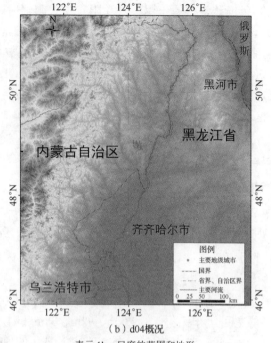

（b）d04概况

表示1km尺度的范围和地形

图3-1　WRF模式模拟范围和d04概况图

主要物理过程参数化方案如下：Noah 陆面过程方案、CAM3 辐射方案（Collins et al.，2004）、WSM 3-class simple ice 微物理方案（Hong et al.，2004）、Grell-Devenyi ensemble 积云对流方案（Grell et al.，2002）和 YSU 边界层方案（Hong et al.，1996）。模式所需要的侧边界强迫数据及土壤数据来自 NCEP/FNL 和 NCEP/NCAR 再分析资料集。在本章的 WRF 模式中，模拟时间为北京时间 7 月 1 日 0 时～8 月 1 日 0 时，包括 1951 年、1978 年和 2010 年。

3.1.2　WRF 模式输入数据预处理与本地化

3.1.2.1　土地覆被数据处理

1. 两种土地覆被数据对比

本节选择 IGBP 分类系统作为模式输入的土地分类系统。在 WRF 模式提供的静态数据中，MODIS20 类土地覆被数据采用的是 IGBP 分类系统，是基于 2001 年 MODIS 数据产品得到的全球数据，空间分辨率为 30s。本节首先对 WRF 模式静态数据中的东北地区 MODIS 分类数据（即 MODIS cover）和本节基于 Landsat

影像的东北地区土地覆被数据（即 Landsat cover，2010 年）进行对比。

首先，对 MODIS cover 和 Landsat cover 两种数据中所包含的土地覆被类型进行对比。在 MODIS cover 数据中，东北地区具有 18 种土地覆被类型，分别是：常绿针叶林（1）；常绿阔叶林（2）；落叶针叶林（3）；落叶阔叶林（4）；混交林（5）；封闭灌丛（6）；开放灌丛（7）；稀树萨瓦纳（8）；萨瓦纳（9）；草地（10）；永久湿地（11）；耕地（12）；建设用地（13）；耕地和自然植被混合（14）；永久冰雪（15）；裸地（16）；水体（17）；混合苔原（19）。在 Landsat cover 数据中，东北地区只具有 12 种土地覆被类型，比 MODIS cover 少的类型有：开放灌丛（7）；稀树萨瓦纳（8）；萨瓦纳（9）；耕地和自然植被混合（14）；永久冰雪（15）；混合苔原（19）。由于 MODIS cover 数据为全球尺度，区域性的 Landsat cover 数据比 MODIS cover 数据更加符合东北地区实际情况，但具体类别划分上，MODIS cover 数据更详细。实际上，8、9、15 和 19 并非东北地区所拥有的土地覆被类型，这是 MODIS cover 数据以全球光谱特征为标准分类得到的结果，但不一定符合区域条件。由于 MODIS cover 数据是计算机分类得到，因此将灌丛划分为封闭灌丛和开放灌丛，同时 MODIS cover 数据还拥有耕地和自然植被混合类型，在千米级空间分辨率尺度上，该类型具有一定的意义。

其次，将 MODIS cover 和 Landsat cover 两种数据中各土地覆被类型的面积比例累加，比较两种数据中主要土地覆被类型种类和相对数量的差异。由于两种数据中包含的类型数量不一致，因此本节在进行比较时只考虑面积最大的前十类，其面积累加曲线如图 3-2 所示。

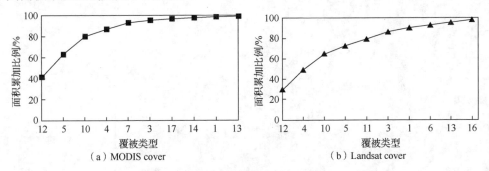

图 3-2 MODIS cover 和 Landsat cover 数据中各土地覆被类型的面积累加比例比较

从图 3-2 中可以看出，两种数据类型和面积累加比例之间的差异非常显著。在类型上，位于两种数据面积累加比例前十位的土地覆被类型中，有 7 种类型是共同拥有的，MODIS cover 数据中开放灌丛（7）、水体（17）、耕地和自然植被混合（14）是特有的；Landsat cover 数据中永久湿地（11）、封闭灌丛（6）、裸地（16）是特有的。分析其原因，主要是由于 MODIS cover 分类时在东北地区中出现了 7 和 14，而且面积较大；而 Landsat cover 数据中将灌丛归并为一类，本节都将其归并为封闭灌丛（6）。从相对数量上说，两种数据中相同类型的土地覆被所占的面积比例也各有差异。其中，耕地（12）在两种数据中都占有最大的面积比例，在 MODIS cover 数据中占有 41.67%，而在 Landsat cover 数据中只有 29.76%。草地（10）在两种数据中都位于第三位，在 MODIS cover 数据中占有 17.28%，在 Landsat cover 数据中有 15.73%，差别不大。落叶阔叶林（4）和混交林（5）在两种数据中的面积比例差别较大，MODIS cover 数据中混交林（5）所占面积比例较大，为 21.60%，落叶阔叶林（4）所占面积比例较小，为 6.94%；而 Landsat cover 数据认为落叶阔叶林（4）所占面积比例较大，为 19.58%，混交林（5）所占面积比例较小，为 7.65%。

最后，将 MODIS cover 和 Landsat cover 数据进行空间叠加，得到两种数据之间差异的空间分布。由于两种数据之间类型差别较大，在此只给出类别变化比例最大的五种差别，如图 3-3 所示。从图中可以看出，除主要农业区和呼伦贝尔草原外，对其他地区土地覆被的描述存在较大的差异：主要包括混交林和落叶针叶林、落叶阔叶林之间的差异，耕地和草地、落叶阔叶林之间的差异。

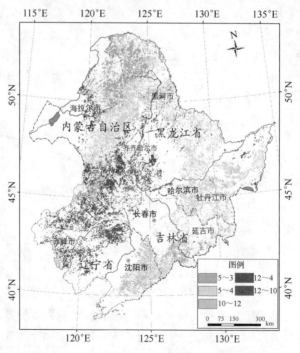

图 3-3　MODIS cover 和 Landsat cover 数据空间对比（见书后彩图）

从前面的比较可以看出，两种土地覆被数据之间具有非常显著的差异，包括类型、数量和空间分布。其中，MODIS cover 数据是根据 MODIS 全球土地覆被产品得到的；而 Landsat cover 数据是根据东北地区土地利用数据和土地覆被信息结合生成的，土地利用数据来源于较高空间分辨率的 Landsat TM 影像，而土地覆被信息则来源于近期 MODIS 物候特征和相关自然要素数据，因此 Landsat cover 数据相对具有更高的精度。由于两者之间具有显著的差异，在 WRF 模式中有必要对土地覆被数据进行本地化，将全球土地覆被数据中覆盖研究区的部分更新为更高精度的 Landsat cover 数据。

2. 本地土地覆被数据输入

基于以上分析，本节用 Landsat cover 数据更新 WRF 模式中的 MODIS cover 数据。同时为了分析其他年代土地利用变化的气候效应，与气候数据对应，将不同时期的土地覆被数据替换为 20 世纪 50 年代、20 世纪 70 年代和 2010 年的静态数据。静态数据中的其他变量基本随时间不发生明显变化，因此在本节中未修改。而目前缺乏东北地区范围以外的 20 世纪 50 年代和 20 世纪 70 年代的土地覆被数据，因此模式中以 MODIS cover 数据代替。

WRF 静态数据中的土地覆被数据有三个变量，分别是 LANDMASK、LANDUSEF 和 LU_INDEX。其中，LANDMASK 变量指的是水体和非水体，1 值代表非水体，0 值代表水体。LANDUSEF 变量是各土地覆被类型在每个水平网格上的比例，最小值 0 代表网格内无该土地覆被类型，最大值 1 代表网格内全部为该土地覆被类型，在 MODIS 土地覆被数据中，该变量有 20 个数据层，分别对应 20 种土地覆被类型。以上两个变量为浮点型数据，而 LU_INDEX 变量为整型数据，代表每个网格中比例最高的那一种土地覆被类型，在 MODIS 土地覆被数据中，该变量的值域为 1～20。

首先，在 WRF 模式设置的投影和坐标系统下，生成覆盖 d01、d02、d03 和 d04 的矢量网格。其中 d01 中心点坐标为 123.80°E、47.55°N，范围包括中心点坐标向东西南北各 76 个网格×27km。d02 左下角的起始网格位于 d01 的第 25×24 网格左下角，并向东、向北分别扩展 322 个网格×9km、289 个网格×9km。d03 左下角的起始网格位于 d02 的第 83×47 网格左下角，并向东、向北各扩展 496 个网格×3km、571 个网格×3km。d04 左下角的起始网格位于 d03 的第 148×280 网格左下角，并向东、向北各扩展 472 个网格×1km、565 个网格×1km。

其次，将东北地区土地覆被数据栅格化为 100m 的 grid 数据，分别与 d01、d02、d03 和 d04 矢量网格进行空间运算，得到每个网格中每种土地覆被类型的比例、每个网格中面积比例最大的类型，并得到水体与非水体的图层。

再次，将静态数据中的 MODIS 土地覆被变量 LANDMASK、LANDUSEF 和 LU_INDEX 分别导出为栅格格式。然后将导出的 MODIS 土地覆被数据与东北地区土地覆被数据进行叠加，更新东北地区范围内的土地覆被数据。

最后，将得到的 d01、d02、d03 和 d04 范围内含有高精度本地数据的土地覆被数据更新原有的 LANDMASK、LANDUSEF 和 LU_INDEX 三个变量，如图 3-4～图 3-6（以 2010 年 d03 为例）所示。其中，图 3-5 中的数据为 MODIS 分类系统中类型 1 的数据，即常绿针叶林。

图 3-4　LANDMASK（d03/2010）

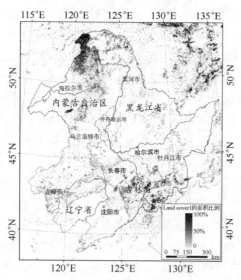

图 3-5　LANDUSEF（land cover1/d03/2010）

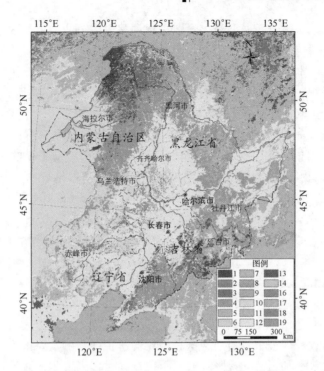

图 3-6　LU-INDEX（d03/2010）（见书后彩图）

3.1.2.2　地面参数值调整

在 WRF 模式中，不同的辐射方案中对辐射过程的设置不同，如本节选择的 CAM3 辐射方案，其中地表对太阳短波辐射的收支包括 4 项：可见光波段（0.3～0.7μm）直射和散射辐射的收支及近红外波段（0.7～5.0μm）直射和散射辐射的收支。此外，辐射过程中对地表状态的描述也不同，这随着地表覆被条件的变化而有所差异。

WRF 模式中不同土地覆被状态下地面参数包括：SHDFAC（绿色植被覆盖度）、NROOT（根深度）、RS（气孔阻抗）、RGL（辐射压力函数中的参数）、HS（饱和水汽压差函数中的参数）、SNUP（雪水当量阈值深度）、MAXALB（深雪最大地面反照率的上限）、LAI（叶面积指数）、EMISS（背景发射率）、ALBEDO（地面反照率）和 Z0（粗糙度长度）。其中 LAI、EMISS、ALBEDO 和 Z0 具有年内最大值和最小值。在 Noah、RUC 陆面方案中，这些参数信息存储于 VEGPARM.TBL 文件中；而在其他方案中，这些参数信息存储于 LANDUSE.TBL 文件中。

在不同的土地覆被状态下，这些参数随之变化，但这些参数变化是全球性的。

由于东北地区区域性，有必要对该设置进行调整。由于我们更关注土地覆被变化的效应，并非侧重于辐射过程研究，因此本节只对与土地覆被相关的植被参数进行调整。在此，本节选择地面反照率和叶面积指数，基于东北地区 MODIS 遥感数据对 WRF 模式中的参数进行修改。之所以选择这两个指数，是因为基于 MODIS 影像可以方便获取该实时参数值。

地面反照率是地表反射的与到达地表的太阳辐射通量密度之比，它表征了地表对太阳辐射的反射能力，是影响地表辐射平衡和能量平衡的关键因子。地面反照率变化直接改变地表吸收的太阳辐射，进而使得地表向大气的长波辐射及感热和潜热发生变化，然后影响温度，并且进一步还能通过大气平流过程影响大气环流下风向地区的温度（张学珍等，2011）。在不考虑平流过程影响的情况下，地面反照率增大（减小）会导致地表吸收的太阳辐射减少（增加），使地表温度下降（上升），进而使得地表向大气的长波辐射及感热和潜热随之减少（增加），产生降温（升温）的潜在效应（Nair et al.，2007；Chapin et al.，2005；Ma，1982）。数值模拟表明：温度模拟结果对地面反照率非常敏感（Myhre et al.，2003）。

叶面积指数是表征植物冠层结构和植物群落生产力的重要指标，直接影响植物对光能的截获和利用，间接影响冠层阻抗，同时作为决定地面反照率的重要参数直接影响地表和大气间的相互作用（Dan et al.，2007）。相关研究表明，叶面积指数与降水、温度、比湿等因素关系密切，而且叶面积指数和气候因子之间还具有一定的滞后效应（邵璞等，2011）。

改进和完善 WRF 模式的地面反照率需要高精度的观测数据，比如 MODIS BRDF/Albedo 和叶面积指数产品。作为 MODIS 陆地产品之一的 BRDF/Albedo 提供了高分辨率的地面反照率数据，其中包括可见光波段（0.3～0.7μm）和近红外波段（0.7～5.0μm）的白空反照率（即对散射光的反照率）及用于计算黑空反照率（即对直射光的反照率）的"核驱动模型"的参数（Gao et al.，2005；Lucht et al.，2000）。并且该数据集对可见光和近红外波段的划分与 WRF 模式中 CAM3 辐射方案的划分标准完全相同，因而这些参数可以直接被 WRF 模式所采用（张学珍等，2011）。而叶面积指数产品则是基于三向传输理论算法从经过大气校正的MOD09 表面反射率产品反演得到的。在众多的卫星遥感数据集中，MODIS 的地面反照率产品和叶面积指数产品具有较高的时间和空间分辨率，并且经过了大量的地面观测数据验证，被认为具有更高的精度（Salomon et al.，2006；Wang et al.，2004；Liang et al.，2002）。

在 WRF 模式中，地面反照率和叶面积指数等与土地覆被变化有关的参量参与 WRF 运算的方法有两类：调用二维空间数据和调用表数据。对于二维的空间数据,主要来源于 WPS 程序中的地面静态数据,即与其他空间数据一起作为 WRF 的输入变量,时间分辨率为 1 个月;对于表数据,则在 WRF 程序中储存一般化的参数值,WRF 模型运行时根据不同的土地覆被类型读取相应的数值,在 WRF 模式的 Noah 方案中,每月的植被覆盖度决定了这几个参数年内最小值和最大值之间的循环,而每月的植被覆盖度则来源于 WPS 中的空间化数据。

在 WRF 模式的设置中,可以修改一定的参数,使 WRF 模式选择调用空间化的地面参量(地面反照率、叶面积指数等),而且这些地面参量还可以具有月变化,或者选择调用 VEGPARM.TBL 表中的参数。对于本节中的 WRF V3.3,WPS 程序所包含的空间变量中只有地面反照率,而没有叶面积指数。对于地面反照率可以采用与土地覆被数据替换方式相同的方法进行更新,而叶面积指数空间数据的导入则需要通过修改相应的程序来实现。

在 WPS 中导入叶面积指数时空数据需要在 WPS 中添加叶面积指数的变量,同时添加命令使 WRF 主程序可以读取新增的叶面积指数数据。具体来讲,首先将叶面积指数数据添加到 WPS 的文件中,添加方式与土地覆被数据更新类似。新增的叶面积指数变量名称为 lai12m,其他参数设置与 albedo12m 类似,如果不考虑月变化,则可以直接改名为 lai。其次,修改 WRF 模型代码。对于 12 个月的时空变化数据,需要在 dyn_em/module_initialize_real.F 中添加如下代码:

```
CALL monthly_interp_to_date ( grid%lai12m, current_date,
grid%lai, ids, ide, jds, jde, kds, kde, ims, ime, jms, jme, kms,
kme, its, ite, jts, jte, kts, kte )
```

并在 Registry.EM 中添加如下代码:

```
state real lai12m imj dyn_em 1 Z i1 "LAI12M" "monthly leaf area
index" "dimensionless"
```

从而使 WRF 从 WPS 输出数据中查找名为 lai12m 的变量。修改完这些设置以后,需要重新编译 WRF。最后在 WRF 的 namelist.input 文件中设置 sst_update=1 和 rdlai2d = .true.,使 WRF 主程序可以调用空间化的数据,并在长期模拟或者跨月模拟中调用时间变化数据。

除了添加或修改空间化的地面参数数据以外,还可以直接修改 VEGPARM.TBL 静态表,并设置使 WRF 程序只调用静态表中的数据。该方法需要根据不同的土地覆被类型对相应的地面参数数据进行统计,得到不同土地覆被类型该参数的典型值。由于不具有空间变化,因此在精度上难以与空间数据进行对比。

不同年代的土地覆被数据具有显著的时空变化,而且时间尺度较大,除 2010

年以外，更早时期的数据限制使其难以通过导入空间数据的方式对地面参数进行量化。因此，本节采用修改 VEGPARM.TBL 的方式对相关地面参数进行本地化。将土地覆被数据和地面反照率、叶面积指数数据进行空间叠加和统计，得到不同土地覆被类型对应的地面反照率和叶面积指数平均值，将其作为本地值代替 VEGPARM.TBL 中的缺省值。由于本节中 WRF 模式运行的时间全部位于 7 月份，不具有月变化，因此本节将 VEGPARM.TBL 表中修改的最小值和最大值设置为相同。空间统计结果如表 3-1 所示。

表 3-1　东北地区土地覆被类型叶面积指数和地面反照率参考值（2010 年 7 月）

土地覆被类型	最小叶面积指数	最大叶面积指数	最小地面反照率	最大地面反照率
常绿针叶林	2.93	2.93	0.13	0.13
常绿阔叶林	1.59	1.59	0.14	0.14
落叶针叶林	3.21	3.21	0.14	0.14
落叶阔叶林	3.28	3.28	0.15	0.15
混交林	3.27	3.27	0.14	0.14
封闭灌丛	1.96	1.96	0.25	0.25
草地	1.56	1.56	0.17	0.17
永久湿地	2.48	2.48	0.15	0.15
耕地	2.10	2.10	0.19	0.19
建设用地	1.00	1.00	0.86	0.86
裸地和稀疏植被	0.83	0.83	0.65	0.65
水体	0.01	0.01	0.10	0.10

注：东北地区缺少的土地覆被类型未进行统计和修改

3.1.3　模拟结果验证

3.1.3.1　基于气象站点的模拟结果验证

本节首先设计两个模拟方案，其一采用 WRF 模式提供的静态数据，其二采用前面将东北地区土地覆被数据更新为 Landsat cover 数据后的静态数据。目的是分析本地化高精度的土地覆被数据在区域气候模拟中的作用。为了减少较长时间数据平均对模拟精度的平滑作用，本节在精度验证时以一天的结果为例。模拟时间为北京时间 2010 年 7 月 1 日 0 时～7 月 2 日 0 时，以 7 月 1 日 0 时为初始场，每隔 6 小时输入一个边界场。由于 WRF 模式中的时间设置为世界时间，为了与北京时间一致，本节对 WRF 模式中的模拟时间进行了调整。同时为了与气象站

数据进行对比，本节输出了 7 月 1 日四个时期的气温值，分别为北京时间 2 时、8
时、14 时和 20 时，将这四个时间的数据进行算术平均，得到 2010 年 7 月 1 日的
日平均气温。

模拟方案一：选择前面的参数化方案，陆面模式为 Noah 方案；静态数据为
WRF 模式中的全球静态数据，其中的土地覆被数据为 MODIS cover 数据，其他
地面参量保持不变；气候场数据为 NCEP/FNL 数据。

模拟方案二：选择前面的参数化方案，陆面模式为 Noah 方案；静态数据中
采用 Landsat cover 数据替换的土地覆被数据，地面参量中的地面反照率和叶面积
指数根据表 3-1 进行了调整；气候场数据为 NCEP/FNL 数据。

两种方案的输出结果如图 3-7 所示，为地面 2m 高度的气温。为了分析东北
全区气温分布格局的差异，在此以 3km 分辨率的结果进行对比和验证。

针对 WRF 模式输出的结果，本节选择气象观测站点数据作为验证数据。验
证方法首先采用点对点，即气象站点数据与 WRF 输出数据中气象站所在的栅格
对比。将搜集到的气象站点数据空间化，形成点位分布图，然后与 WRF 模式的
输出结果作差值，得到如图 3-8 所示的结果。

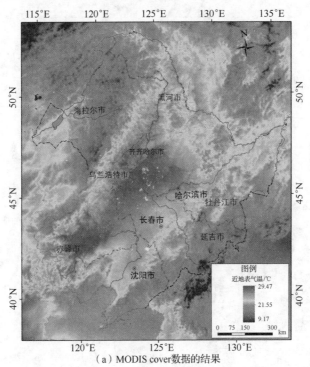

（a）MODIS cover数据的结果

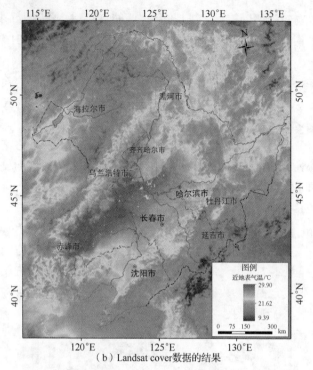

（b）Landsat cover数据的结果

图 3-7　WRF 输出的东北地区近地表平均气温（2010 年 7 月 1 日）（见书后彩图）

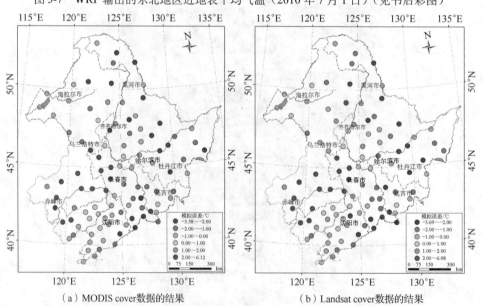

（a）MODIS cover数据的结果　　　　　　（b）Landsat cover数据的结果

图 3-8　WRF 模拟结果与气象站观测数据差值（见书后彩图）

负值代表模拟结果小于观测值，正值代表模拟结果大于观测值，区间范围左闭右开从图 3-8 中我们可以看出，WRF 模式对日平均气温的模拟整体上精度较好。以 MODIS cover 数据结果为例，在 101 个站点中，有 68 个站点的误差小于 2℃，占所有站点的 67.33%；有 41 个站点的误差小于 1℃，占所有站点的 40.59%。对于 Landsat cover 数据的结果，有 69 个站点的误差小于 2℃，占所有站点的 68.32%；有 41 个站点的误差小于 1℃，占所有站点的 40.59%。因此，从点对点的验证结果来看，WRF 模式对东北地区夏季气温的整体模拟精度可以接受。

对比 MODIS cover 数据和 Landsat cover 数据的结果，Landsat cover 数据比 MODIS cover 数据稍有提高。其中，模拟误差小于 2℃的站点增加了 1 个，模拟误差小于 1℃的站点没有变化。同时，均方根误差（root mean square error，RMSE）从 2.03 减小到 1.98。

从图 3-8 中可以看出，WRF 模式结果与站点数据的对比具有显著的区域差异性。总的来说，在松嫩平原模拟结果一般比站点实测数据偏高，而在大兴安岭、小兴安岭、长白山和三江平原地区则比站点实测值偏低。其中，在松嫩平原中部和西南部，包括辽西山地，模拟值与站点实测值之间的偏差较大。在内蒙古自治区的翁牛特旗、赤峰、巴林左旗、开鲁、扎赉特旗、通辽和吉林省的白城这些站点上，模拟值比实测值偏高 3℃以上。在小兴安岭和长白山海拔较高的站点上，模拟值与实测值之间的偏差较大，其中黑龙江省的伊春、齐齐哈尔和通河三个站点上，模拟值比实测值偏低 3℃以上。而在大兴安岭、小兴安岭和长白山向松嫩平原过渡的山前台地和平原地区，WRF 模式的模拟值与站点实测值之间差别较小。

3.1.3.2 空间插值验证

1. 气象站点数据插值方法

为了更精确地分析 WRF 模式模拟结果空间变化的精度，我们需要进一步将气象站点数据进行空间插值，进而分析 WRF 模型结果的空间可信度。在此对东北地区 2010 年 7 月 1 日平均气温进行空间插值。

本节选取的空间插值方法为局部薄盘光滑样条法，插值软件为 ANUSPLIN。该软件是澳大利亚科学家 Hutchinson（2004）基于薄盘样条理论编写的专门针对气候数据且兼顾准确性、方便性与时间序列性的空间插值系统。ANUSPLIN 允许引进多元协变量线性子模型，模型系数可根据数据自动确定，因此可以平稳地处理二维以上的样条，这就为引入多个影响因子作为协变量进行气象要素空间插值提供了可能（刘志红等，2008）。现已广泛应用于澳大利亚和欧美国家的各类气候研究（Hijmans et al.，2005；Price et al.，2004；Hutchinson，1991）。

局部薄盘光滑样条的理论统计模型表述如下：

$$z_i = f(x_i) + b^{\mathrm{T}} y_i + e_i (i = 1, \cdots, N) \tag{3-2}$$

式中，z_i 是位于空间 i 点的因变量；x_i 为 d 维样条独立变量；f 是要估算的关于 x_i 的未知光滑函数；y_i 为 p 维独立协变量；b^{T} 为 y_i 的 p 维系数；e_i 为具有期望值为 0 且方差为 $w_i\sigma^2$ 的自变量随机误差，w_i 是作为权重的已知局部相对变异系数，σ^2 为误差方差，在所有数据点上为常数，但通常未知。函数 f 和系数 b 通过最小二乘估计来确定。

薄盘光滑样条插值事实上可以看成广义的标准多变量线性回归，但是参数模型被一个适用的光滑非参数函数所替代。拟合函数的光滑度或与之相对的复杂度通常会根据数据拟合表面的最小预测误差通过广义交叉验证自动计算。

本节以日平均气温作为输出表面，以经纬度为自变量，以高程为协变量，对 2010 年 7 月 1 日东北地区日平均气温进行空间插值。在东北地区的 101 个气象站点数据中，选择 91 个作为插值样点，剩余 10 个作为检验样本。检验样本的选择考虑了气温分布和空间分布的随机性。插值结果如图 3-9 所示。

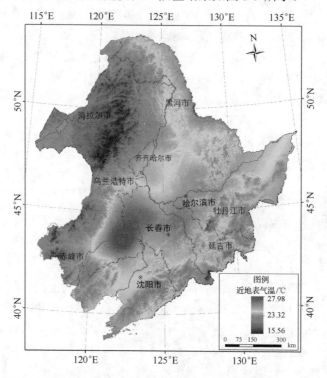

图 3-9　基于局部薄盘光滑样条法的气象站点日平均气温空间插值（见书后彩图）

在这 10 个验证气象站点中，内蒙古自治区和吉林省各有两个，辽宁省和黑龙江省各有 3 个。这 10 个站点的站点数据和插值数据对比如表 3-2 所示。从表 3-2 可以看出，薄盘光滑样条插值对东北地区气温的插值精度较高，除个别站点外，观测值和插值结果之间的误差较小，空间插值的结果表明其可以代表东北地区的气温分布。因此，可以采用该空间插值结果与 WRF 模式结果进行空间对比。

表3-2 气象站气温数据插值验证

站名	纬度/(°)	经度/(°)	海拔/m	观测值/℃	插值/℃	误差/℃
图里河	50.483	121.683	732.60	21.90	20.84	−1.06
赤峰	42.267	118.933	568.00	22.70	23.45	0.75
开原	42.533	124.050	98.20	24.40	24.53	0.13
新民	41.983	122.833	30.70	23.50	24.29	0.79
沈阳	41.733	123.450	44.70	23.90	24.09	0.19
双辽	43.500	123.533	114.90	23.10	25.27	2.17
汪清	43.300	129.783	244.80	21.40	25.16	3.76
佳木斯	46.817	130.283	81.20	24.90	25.05	0.15
哈尔滨	45.750	126.767	142.30	27.00	25.41	−1.59
尚志	45.217	127.967	189.70	25.30	25.19	−0.11

2. WRF 模拟结果与气象站插值数据对比

WRF 模拟结果是根据基本气候场，在地形、土壤、植被等地面特征参数的控制下进行气象因素变化综合模拟得到的。因此 WRF 输出结果与天气系统、地形、植被等因素都具有相关关系。而使用气象站观测数据进行空间插值时，普通的空间插值方法（如反距离权重、普通克吕格插值等）只考虑了气象站点的数据及站点间的空间关系。当加入高程等变量作为协变量时，插值结果有了随海拔变化的特征。但在空间分布的详细程度上，仍然无法与 WRF 模式得到的结果相比。直接对比图 3-7 和图 3-9 可以看出，WRF 模拟结果的空间异质性更加明显。由于气温的空间分布受多种要素时空格局的综合影响，特别是复杂地形条件下气温的分布规律比较复杂，从这一点出发，本节认为 WRF 模式输出的结果在空间分配上比空间插值结果更加合理。

为了更精确地比较 WRF 模拟结果与空间插值结果，本节将两种气温数据进行了空间运算，得到两种结果之间的差值。由于空间插值方法并未考虑其他因素，因此两种结果之间差值的空间变化对评价 WRF 模拟结果空间分布具有一定的针对性。WRF 模拟结果与空间插值对比见图 3-10（以 Landsat cover 结果为例）。

根据图 3-10，我们可以清晰地看出 WRF 模拟结果与气象站插值结果的空间差异。首先，两种数据之差可以分为正值和负值两大类。其中正值在图 3-10 中为暖色调，主要分布于呼伦贝尔草原、大兴安岭东侧、松嫩平原中西部和辽西山地北部，其中松嫩平原西南部和嫩江沿岸地区 WRF 模拟值偏高。负值在图 3-10 中为冷色调，主要分布于大兴安岭北部、小兴安岭、长白山、三江平原西部和辽河平原，其中小兴安岭和长白山海拔较高的地区 WRF 模拟值偏低。图中黄色和绿色分布的地区，主要位于长白山西侧和大小兴安岭山前台地地区，WRF 模拟值与气象站点插值之间差别不大，而这些地区是东北地区农林交错带的主要分布区。

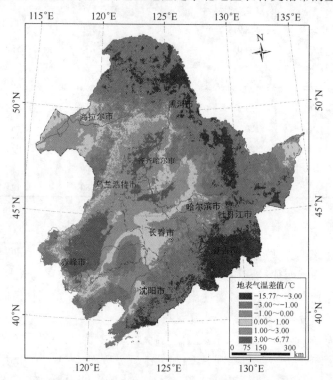

图 3-10　WRF 模拟结果与气象站插值结果的对比（见书后彩图）

负值代表 WRF 模拟结果小于气象站插值结果，正值代表 WRF 模拟结果大于气象站插值结果，
区间范围左闭右开

　　尽管与气象站观测数据插值结果的对比表明 WRF 模拟结果具有一定的误差，但该误差分布具有显著的可解释性。在大兴安岭北部、小兴安岭和长白山地区，森林覆被广布，森林对气温的调节作用使区域气温明显低于附近的居民点，而气象站点则大多位于居民点附近，因此基于气象站点插值得到的气温分布与区域真实值之间偏高。对于模拟值偏高的地区，则可能受到夏季风增温效应和下垫面区域差异的共同影响。

　　总的来说，WRF 模拟结果在气象站点上的模拟精度具有一定的差异，但是

WRF 模式能够根据不同的下垫面条件、不同的气象场和不同的大气物理过程对区域气象条件进行高精度的模拟,同时这种模拟具有空间和时间连续性,具有气象站观测和空间插值不可比拟的特点。因此在对区域气候气象条件的刻画上,具有显著的优势。

3.2   WRF 模式气温模拟的空间尺度分析

本节在 WRF 模式输出结果的基础上,对不同空间分辨率尺度上的气温分布进行探讨。首先分析不同分辨率上气温值与气象站点之间的差异;其次分析气温分布的空间异质性尺度特征,并对不同分辨率尺度之间的尺度转换进行研究;最后利用空间回归方法分析影响区域气温分布的主要因素与气温之间的关系,以及残差分布。

3.2.1   WRF 模式不同嵌套范围结果比较

WRF 模式是新一代高分辨率中尺度大气数值模式,与其他模式相比,WRF 模式支持更高的网格分辨率,可低于千米级。逐渐增加的水平分辨率能够更加细致地描述复杂的地形和土地利用类型,从而更加合理地模拟出受局地因子影响的降水、局地环流和地面气温的分布特征(Tomas et al.,2009)。Heikkila 等(2010)利用 WRF 模式在 30km 和 10km 水平分辨率上模拟挪威 1961~1990 年区域气候特征,结果表明模式从 30km 降尺度到 10km,对地面气象要素特别是降水的模拟能力显著提高。在此,基于本节 WRF 模式的设计,评估气温模拟与水平空间分辨率的敏感性变化。

在 WRF 模式中,不同的嵌套具有不同的空间分辨率。在 3.1 节中已经介绍了模式模拟采用的四重嵌套方案。在这种嵌套下,生成的网格之间具有一定的空间叠加和尺度关系。在 d04 范围内,以 d01 的一个网格为例,其结构如图 3-11 所示。

根据本节设计的嵌套结构,在 d04 范围内,每 9 个 d04 栅格组成一个 d03 栅格,每 9 个 d03 栅格组成一个 d02 栅格,每 9 个 d02 栅格组成一个 d01 栅格。而在 WRF 模式的输出中,d01、d02、d03 和 d04 中每个栅格都输出了模拟结果。为了分析不同尺度的栅格之间的关系,本节首先根据气象观测站点数据对不同尺度的输出结果进行对比。

气象站点数据为点状数据,将其对应到栅格数据中时,无论栅格具有多小的分辨率,仍然存在尺度推绎的问题。在对比过程中,假设气象观测站点的数据即是 d04 中 1km×1km 的栅格的实测值，忽略了该尺度之下的异质性。为了减少短时间模拟结果对不同尺度之间分析不确定性的影响，本节在此采用 2010 年 7 月 1 日～7 月 31 日的模拟结果，对比的参量为该时间内日平均气温的月平均值。在 d04 范围内，共有 19 个气象观测站点，将 WRF 输出栅格数据与观测点数据对比。

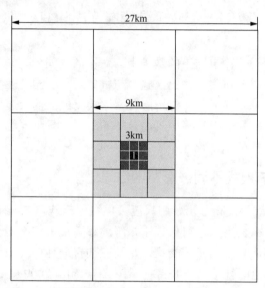

图 3-11 本节 WRF 模式的嵌套结构

图中央栅格大小为 1km×1km

3.2.1.1 绝对值对比

首先对比的是绝对偏差，计算每个气象站点观测值与 WRF 模式不同分辨率栅格值之间的差值，如表 3-3 所示。

表 3-3 WRF 模式不同分辨率近地表气温输出与气象站数据差值

（单位：℃）

省（自治区）	站名	d01	d02	d03	d04
内蒙古	乌兰浩特	-1.9826	-1.9765	-1.5395	-1.5065
内蒙古	索伦	-1.2912	-1.5322	-1.6485	-1.5967
黑龙江	泰来	-0.0462	0.0118	-0.0529	-0.0195
黑龙江	安达	0.6456	0.219	0.9105	0.9446
黑龙江	绥化	-0.587	-0.4279	-0.6588	-0.6696
黑龙江	齐齐哈尔	-1.1212	-0.3632	-0.5982	-0.6033
黑龙江	明水	-0.6505	-0.4596	-0.3885	-0.4369

续表

省（自治区）	站名	d01	d02	d03	d04
内蒙古	扎兰屯	-2.0556	-1.5829	-0.5569	-0.6759
黑龙江	海伦	-0.8127	-0.3527	-0.6079	-0.5801
黑龙江	富裕	-1.1464	-0.9775	-0.2051	-0.2817
黑龙江	克山	-2.2084	-1.7211	-2.4669	-2.4159
内蒙古	博克图	-1.8994	-0.9505	0.4487	0.4372
黑龙江	北安	-1.9979	-1.8628	-2.1842	-2.1632
内蒙古	小二沟	-2.1034	-1.5424	-0.2783	-0.2485
黑龙江	嫩江	-1.9824	-1.7011	-1.569	-1.5829
黑龙江	孙吴	-2.3259	-2.2775	-2.0433	-2.0943
内蒙古	图里河	-1.2283	-1.0777	0.7096	0.6623
黑龙江	加格达奇	-1.4706	-1.495	-1.3239	-1.2836
黑龙江	黑河	-2.2991	-2.023	-0.9418	-0.9404

从表 3-3 中可以看出，在不同分辨率尺度下，与观测值相比，对区域气温模拟的偏差都在整体上呈现为冷偏差。从 3.1.3 节在整个东北地区气温的验证结果来看，该偏差为正值还是负值在东北地区具有显著的区域差异。由于本节中的 d04 范围位于嫩江流域，与之对应的总体偏差为冷偏差。该结果一方面与气象站在区域中的位置和代表性有关，另一方面可能与 WRF 模式中对区域气候场格局和过程描述的系统性误差有关，其过程尚需要进一步深入研究。

3.2.1.2 均方根误差对比

不同尺度的均方根误差如图 3-12 所示。

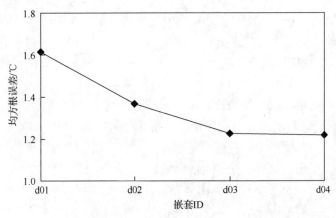

图 3-12 不同尺度 WRF 模式输出与气象站数据的均方根误差

从图 3-12 中可以看出,本章设计的四重嵌套中,随着空间分辨率的增加,模式输出值和气象站点实测值之间的均方根误差呈递减趋势,即模拟精度提高。从 d01 到 d03,均方根误差下降较快,而 d03 和 d04 之间的均方根误差则相差不大。这说明随着水平分辨率的增加,模型在 3km 分辨率和 1km 分辨率上具有相似的精度。

3.2.1.3 空间对比

在 d04 范围内,四个尺度的模拟结果如图 3-13 所示。根据气象站点与栅格之间的验证可以看出,四种分辨率均能够较好地模拟出气温的空间分布。从图 3-13 中可以看出,不同分辨率上气温的空间分布趋势基本一致。不同空间分辨率都能体现出该地区的气温场变化格局,如大兴安岭、小兴安岭与松嫩平原之间的气温渐变,随着海拔的增加,气温呈明显递减趋势。同时在松嫩平原中部,一些水体、沼泽地成为局地冷中心,在 27km 的模拟结果中也能体现出来。

更明显地,较高空间分辨率的模拟结果给出了更多的温度分布细节。由于模拟结果是在完全相同的区域内计算完成的,空间分辨率越高,计算网格对模拟区域的地形、土地利用格局、天气过程刻画得越精细。从 9km 分辨率到 1km 分辨率,区域地形因素对气温分布格局的影响越来越显著,如大兴安岭和小兴安岭海拔、地貌的变化形成了显著异质性的气温场。同时松嫩平原中部不同土地覆被类型所形成的气温异常也越加明显,更高的空间分辨率对其刻画得更细致。

从 27km 分辨率到 3km 分辨率,气温场中的异质性越来越明显,分辨率越高,越能改善受地形影响非常大的气温分布形势的模拟结果。从 3km 分辨率到 1km 分辨率,图 3-13 中可见的气温分布变化详细程度的增加已经不显著。

为了从空间上对比 WRF 模式输出和气象站观测数据空间插值之间的差异,本节首先在 1km、3km、9km 和 27km 空间分辨率上,基于气象站观测数据,在 ANUSPLIN 中利用二次薄盘光滑样条插值对 d04 范围内的气温格局进行插值。与 3.1.3 节中的方法相同,选择高程作为协变量,在每个分辨率上对气温进行插值时,高程数据同样重采样为该分辨率。插值结果如图 3-14 所示。

对比图 3-14 中不同空间分辨率上气温的分布格局。与 WRF 模式输出的结果类似,该空间插值方法得到的结果也随着空间分辨率的增加,气温分布格局越来越细化。27km 的分辨率上仅仅能够分辨出大地势、地形结构带来的气温变化。当分辨率增加到 3km,地形信息的增加所体现的气温分布异质性越来越明显。同时,从 3km 分辨率到 1km 分辨率,气温分布信息量的增加已经难以直接从图上识别。

对比空间插值结果和 WRF 输出结果,可以看出两者之间具有显著的差别。首先,在小兴安岭地区,空间插值的结果明显比 WRF 输出值高;一方面,从 3.1.3 节中 WRF 模拟结果与气象数据空间插值的结果来看,在整个东北地区范围内,

WRF 模式对山区的气温模拟整体偏低；另一方面，空间插值得到的结果在小兴安岭地区所体现的地形效应并不明显，这可能与区域上气象站观测点位有关。其次，根据气象站观测数据的空间插值在方法上注定难以得到较精细的数据。对比图 3-13 和图 3-14，在松嫩平原中部，图 3-13 能够明显识别出一些地方性的冷源、热源，而在图 3-14 中气温变化则非常平滑。之所以出现该差异，是因为空间插值方法的数据来自样本较少的气象站观测值，进行空间插值时只考虑了其他栅格与这些点位之间的空间关系，以及相关的一些协变量，如高程，因此得到的结果难以反映植被、土壤、大气过程等因素的影响。然而，气象站观测数据的插值结果具有一般性特征，能够反映出区域气候要素的整体趋势。对于 WRF 模式模拟的结果，中小尺度上地表异质性对气温分布具有显著的影响，因此气温能够在输出结果上体现这种异质性。

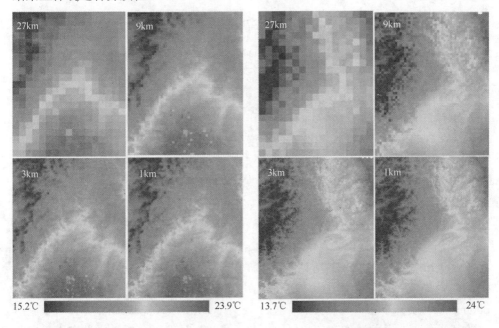

图 3-13　WRF 模式不同分辨率气温模拟结果对比（见书后彩图）　　图 3-14　不同空间分辨率上的气温插值结果（见书后彩图）

　　本节对 WRF 模式输出结果和空间插值结果在相应的空间分辨率上进行了空间相关分析。在 d04 范围内的结果表明，27km 分辨率上的相关系数为 0.663；在 9km 分辨率上的相关系数为 0.005；在 3km 分辨率上的相关系数为 0.004；在 1km 分辨率上的相关系数为 0.002。其中，只有 27km 分辨率上的相关性通过了 99% 的显著性检验。在 27km 分辨率上，WRF 模式输出结果和空间插值结果具有较好的一致性，两者所体现出来的气温变化分布格局都是较大尺度的趋势，因此相关性较高。随着分辨率的增加，两种结果的相关性急剧下降。其原因主要是，WRF 模式输出结果随着分辨率的增加，下垫面各参数对气温的影响越来越显著，更多的气温异质性被揭示。根据气象站点观测数据空间插值得到的结果，随着分辨率的增加信息量也增加，但该信息量是从高程这一单一因素体现出来的。因此随着分辨率的增加，WRF 模式中其他地表参数对气温的影响使两种数据之间相关性减小。同时，WRF 模式中随着输入数据分辨率的增加，物理过程更加复杂，输出结果不只是输入数据信息量的线性增加。

3.2.2 WRF 模式输出结果的尺度关系

影响区域气温空间分布的因素很多，从地带性规律来看，主要是经度、纬度和海拔高度。随着尺度从区域到地方的变化，距离水体的远近、山脉的走向、坡度、坡向、地形遮蔽等小地形因子以及植被覆盖、土壤类型等下垫面性质对小尺度的气温影响越来越重要。对于某特定地区，在其他宏观气候背景条件一致的情况下，地形和土地覆被格局的影响最为显著。如何评价不同尺度上气温要素之间的关系对区域气候研究具有重要意义，然而不同尺度气温分布空间数据的缺乏制约了这方面的研究进展。在 WRF 模式中，不同分辨率下输出的结果对应不同尺度下区域气温的分布，为气温分布的尺度问题研究提供了契机。本节以 d04 范围内模拟的平均气温在 27km、9km、3km 和 1km 四个尺度上的输出数据为基础，选择两个气象站点，分析局地的地形地貌对不同尺度上气温值的影响。

首先，根据表 3-3 和各气象站点在区域上的分布，选择典型站点。兼顾 WRF 模式输出精度和区域地貌条件、土地覆被状况，本节选择两个气象站点：其一为内蒙古自治区博克图站；其二为黑龙江省富裕站。博克图站位于 121.92°E、48.7°N，海拔 739.7m，气象站所在的博克图镇隶属内蒙古自治区牙克石市，地处大兴安岭南麓，附势于岭顶一侧群山环抱的凹隰山地间落成，地势北高南低，平均海拔 800m，森林资源丰富。富裕站位于 124.48°E、47.8°N，海拔 162.7m，气象站所在的富裕县隶属黑龙江省齐齐哈尔市，位于黑龙江省西部，嫩江中游左岸，东北高西南低，以冲积波状平原为主。对应站点上的 27km 栅格范围，两个站点的地形和土地覆被状况如图 3-15 所示。

图 3-15 中红色线为 27km 分辨率尺度上栅格的边界，橙色线为 9km 分辨率尺度上栅格的边界，黄色线为 3km 分辨率尺度上栅格的边界，而蓝色线为 1km 分辨率尺度上栅格的边界。对于两个气象站点来说，不同尺度上 WRF 模式输出的结果即是相应尺度图中位置上的栅格值。从图中两个站点在不同尺度上栅格的位置来看，随着尺度的增大，1km 分辨率上气象站所在的栅格位置具有显著的变化。

例如，博克图站在 1km 分辨率上的栅格位于 3km 分辨率栅格的东部，9km 栅格的南部，27km 栅格的近中央位置；而富裕站在 1km 分辨率上的栅格位于 3km 分辨率栅格的东部，9km 栅格的东部，27km 栅格的中西部。因此，以气象站数据作为验证数据时存在显著的问题，即当栅格的空间分辨率超过了气温分布空间异质性的尺度，或者空间异质性较强时，点与该空间分辨率栅格之间的对比将出现明显的偏差。

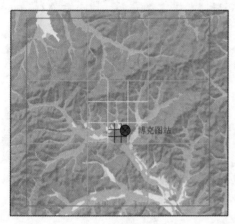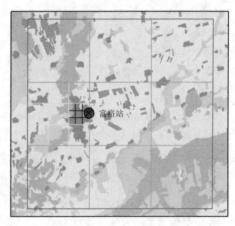

（a）博克图站　　　　　　　　　　　　　　　（a）富裕站

图 3-15　博克图站和富裕站的栅格嵌套结构（见书后彩图）

从图 3-15 中可以看出，无论是地形还是土地覆被状况，博克图站和富裕站之间均具有显著的差异。博克图站位于大兴安岭山区内部，地貌地形复杂，土地覆被以森林为主，在谷地上分布有较多的沼泽和耕地，气象站附近则有居民点分布；而富裕站位于松嫩平原中部，地貌地形相对简单，地势平坦，土地覆被以耕地为主，在河谷中也分布有较多的沼泽和草甸，同时气象站附近也有较大的建设用地斑块分布。这些因素将对局地气温分布造成显著影响。

3.2.2.1　基于地统计方法的气温分布分析

为了探寻利用栅格数据描述不同区域气温分布的合适尺度，本节在此采用地理统计方法对博克图站和富裕站附近 3×3 个 27km 栅格范围内在 1km 分辨率尺度上气温分布进行典型案例分析。

作为区域化变量，气温的空间分布具有不确定性和结构性的双重属性，既反映了气温在区域上的整体变化趋势，又反映出小尺度因素对气温变化造成的随机性影响。基于地统计方法，变量在点 x 与偏离空间距离为 h 的点 $x+h$ 处的观测值 $Z(x)$ 与 $Z(x+h)$ 具有某种程度的自相关，就是空间变量结构性的体现。区域化变量考虑系统属性在所有分离距离上任意两样本间的差异，并将此差异用其方差来表

示，这就是半变异函数。设区域化变量 $Z(x)$ 满足二阶平稳假设和本征假设，则半变异函数 $r(h)$ 定义为

$$r(h) = \frac{1}{2N(h)} \sum_{i=1}^{N(h)} [Z(x_i) - Z(x_i + h)]^2 \qquad (3\text{-}3)$$

式中，$r(h)$ 为变异函数；$Z(x_i)$ 和 $Z(x_i+h)$ 分别为系统某属性 Z 在空间位置 x 和 $x+h$ 处的值；$N(h)$ 为样本对数；h 为空间距离。变异函数的主要参数如块金方差（nugget variance）、基台值（sill）、变程（range）、各向异性可定量地描述各要素空间异质性程度、组成、尺度和格局特征。可见，半变异函数是地理现象分布中的空间依赖性与空间异质性的一个综合性衡量指标。作为典型的空间变量，气温的空间结构也可以用半变异函数方法来描述。

变异函数的各参数含义：块金方差表示区域化变量在小于观测尺度时的非连续性变异；基台值表示变异函数随着间距递增到一定函数后出现的平稳值；变程是指变异函数达到基台值所对应的距离，它表明各要素的空间自相关尺度，当取样距离大于这个尺度时，各要素是随机的，在此尺度之内，各要素的空间分布是自相关的，是空间相关的最大间距。各向异性是指半变异函数和协方差函数不仅随距离发生改变，还会随方向发生改变。

计算博克图站和富裕站附近 1km 气温的半变异函数曲线，如图 3-16 所示。

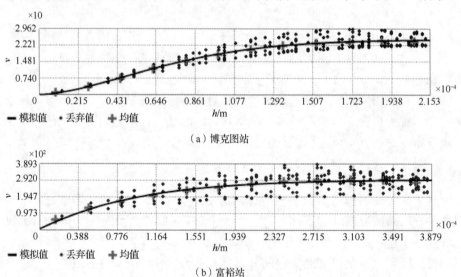

（a）博克图站

（b）富裕站

图 3-16　博克图站和富裕站附近气温的半变异函数曲线

其中，块金方差、基台值和变程统计如表 3-4 所示。

表 3-4　博克图站和富裕站半变异函数参数统计

站点	块金方差	基台值	变程/km
博克图站	0	0.2478	16.060
富裕站	0.0008	0.0291	26.782

从表 3-4 中可以看到，博克图站附近气温分布半变异函数的块金方差为 0，而富裕站的值也很小，即无块金效应。这说明两个区域在 1km 分辨率上的气温分布几乎不存在随机性的变化。这是因为气温的分布是 WRF 模式输出的结果，该结果是在不同尺度的各种大气过程、地表和大气之间相互作用过程控制下基于宏观资料和参数化过程系统模拟得到，一定范围内气温值之间具有明显的相关性。

从基台值的变化来看，博克图站附近气温的变化明显比富裕站更复杂。气温分布半变异函数中的基台值代表气温在空间上开始变化到变化趋于平稳的相对程度。博克图站的基台值为富裕站基台值的 8 倍，说明博克图站附近气温在空间上的变化程度是富裕站附近气温变化程度的 8 倍。该结果与两个站点附近的地形因素有显著的关系。博克图站位于山区，一方面，海拔在局地的显著变化使分析范围内的气温产生了相对剧烈的变化，例如博克图站附近 3×3 个 27km 栅格范围内的最低海拔为 478m，最高海拔为 1472m；而富裕站附近相应范围内最低海拔为 140m，最高海拔为 265m。同时博克图站附近地貌结构复杂，山岭和沟谷相间分布，增加了气温分布的复杂性；而富裕站地貌类型较为单一，气温受地貌结构的影响较小。另一方面，复杂的地形地貌导致地方气候过程的复杂性。博克图站所在的山区受坡度、坡向、土地覆被、局地对流等各种因素的影响，气温分布更加复杂；而富裕站附近的平原地区这些因素的影响作用较弱，气温分布仍然以更大尺度的天气系统影响为主。

对于变程，博克图站和富裕站之间具有显著的差异，博克图站大约为 16km，而富裕站则接近 27km。变程的意义在于，当采样间距小于变程时，样本之间具有空间相关性；当采样间距大于变程时，样本之间不具有空间相关性。因此可以得出以下结论：当忽略 1km 分辨率以下的气温异质性时，博克图站附近气温分布的空间相关尺度为 16km，富裕站附近气温分布的空间相关尺度为 27km；当对气温进行空间采样时，如果小于该尺度，难以根据样本之间的空间关系进行空间插值。对本节来讲，用几个不同的尺度描述 d04 范围内的气温分布时，不同地区因此具有明显的区别。富裕站附近代表了松嫩平原地区，博克图站代表了大兴安岭山区。对于平原地区，由于气温空间分布的变异程度较小，无论是小尺度还是大尺度，都可以较精确地对区域气温进行刻画。例如富裕站附近，在 1km 分辨率上逐像元地采样可以以很高的精度反映区域气温分布，当随着分辨率的增加，即使每隔

27km 进行采样，样本之间仍然具有明显的空间相关性，仍然能够反映地方气温变化的趋势。而在山区，由于气温空间分布的变异程度明显增大，小尺度能够反映的气温分布格局在分辨率大时难以表现出来，不同分辨率的气温分布所表现出来的空间格局具有不同的特征。例如博克图站附近，在 1km 分辨率上逐像元地采样所反映的气温分布结构在采样距离大于 16km 时已经无法体现，在本节 27km 分辨率上所体现出来的气温变化格局表现的是更大尺度上的趋势。

与样点采样不同，WRF 模式输出的结果为栅格数据，同时 WRF 模式在模拟的过程中首先计算了更大分辨率栅格上的结果，该数据反映的是某分辨率栅格上的综合值。尽管在 1km 范围内，气温分布仍然具有空间变化，本节在此假设 1km 分辨率上气温和其他要素都是均质的，3km、9km 和 27km 分辨率上的栅格值对应栅格范围的综合值，是下一级分辨率栅格综合的结果。无论是平原地区还是山区，不同分辨率的气温模拟输出结果都具有空间上的尺度依赖关系，本节将进一步对这种依赖关系进行分析。

3.2.2.2　WRF 模式输出气温分布的尺度转换研究

地理空间中的分辨率是尺度的一个指示器，对于区域气温空间分布数据更是如此。气温分布数据尺度转换是将气温栅格数据从一个水平分辨率转换到另一个分辨率的过程，尺度转换蕴含着变化，是格局空间分布的改变。尺度下推是从粗分辨率到细分辨率的转换，实质是气温信息的再次分配和配置；尺度上推是从细分辨率到粗分辨率的转换，反映气温分布格局信息的综合过程和聚集（刘学军等，2007）。

1. 尺度下推

对于从粗分辨率到细分辨率的尺度转换过程，更多地根据地理环境因子，如地形、植被、土壤等因素在粗分辨率栅格中的异质性对栅格值进行重分配。例如，在气候模式中，每个粗分辨率的原始栅格被划分为 N 个细分辨率的栅格，每个细分辨率的栅格都具有独立的高程、植被类型、土壤类型等信息，并独立计算地表与大气之间的物理过程。在 WRF 模式的双向嵌套中，通过各种过程计算的粗分辨率栅格的大气参量基于某种算法被传递到细分辨率的栅格中，而细分辨率的栅格值则通过综合算法传递回粗分辨率的栅格，并对其进行调整。这种双向的传递过程使不同分辨率或者不同尺度的输出结果之间具有一定的空间关系。

首先，对于从上到下的尺度转换，本节以高程为例，论述粗分辨率栅格数值如何在高程的变化下分配到细分辨率的栅格中。假设一个粗分辨率的栅格中包含 ij 个细分辨率的栅格，那么某细分辨率栅格 (i, j) 的气温可以表示为

$$T_{i,j} = \bar{T} + \Gamma_T(\bar{h} - h_{i,j}) \tag{3-4}$$

式中，$\bar{h}$ 代表粗分辨率栅格的高程；$h_{i,j}$ 表示细分辨率栅格（i, j）的高程；Γ_T 是气温随高程的变化率，一般来讲为常数-6.5℃/km，不同地区在不同季节具有不同的变化率，本节在分析气温与海拔高度之间的关系时得到该地区的变化率为-6.03℃/km，在此采用后者进行尺度下推；$\bar{T}$ 为粗分辨率栅格的气温值，当

$$\bar{h} = \frac{\sum\limits_{i,j} h_{i,j}}{N} \tag{3-5}$$

时，我们可以得出

$$\bar{T} = \frac{\sum\limits_{i,j} T_{i,j}}{N} \tag{3-6}$$

因此，如果不同分辨率尺度之间高程值具有公式（3-5）的关系，那么细分辨率上气温的算术平均即为粗分辨率尺度上的气温值。当气温受海拔高度影响时，细分辨率栅格上的气温值就是粗分辨率栅格气温值的变动值，气温变动范围与粗分辨率栅格内海拔高程的变动范围直接相关。

在 3.2.1 节的分析中我们看到，不同分辨率尺度上的气温变化程度具有明显的差异。本节在此进行尺度下推的时候为了明显地提高数据中的信息量，选择从 9km 下推到 3km 的尺度，典型区选择在博克图站附近 3×3 个 27km 的网格范围，这是因为博克图站附近地貌结构复杂，地形变化显著，导致气温分布与高程之间的相关关系显著。图 3-17 显示了根据高程对博克图站附近 9km 气温分布下推到 3km 分辨率的结果。

可以看出，9km 下推到 3km 气温数据信息量变化非常显著 [图 3-17（a）、图 3-17（c）]，3km 上具有大量更详细的气温变化信息。当根据数字高程模型（digital elevation model，DEM）数据从 9km 尺度的气温分布下推到 3km 尺度时，其分布基本体现了 3km 尺度上的气温分布格局 [图 3-17（b）]。从图 3-17（b）和图 3-17（c）的对比我们可以看到，图 3-17（c）中的气温分布较为平滑，而图 3-17（b）中的气温分布具有明显的马赛克效果。结合区域气温分布的规律可以认为，图 3-17（b）对区域气温的描述更接近实际情况。图 3-17（b）中明显的马赛克效果可能受三方面因素影响：首先，本节在此对 9km 分辨率尺度上的气温进行尺度下推，其依据是 9km 的气温分布和 3km 的高程信息，而在 WRF 模式中得到的 3km 分辨率的气温分布则是根据大气过程、地表状态、地气耦合等各方面综合模拟得到的结果，所考虑的因素远远超过高程这一单一要素。尽管高程是影响该区域气温空间分布的重要因素之一，仅考虑这一种要素的尺度推绎仍然难以跟数值模拟模型得到的结果相比。其次，本节进行尺度下推时所用的数据为 3km 分辨率的 DEM，该数据是根据 90m 分辨率航天飞机雷达地形任务数据（shuttle radar topography mission，SRTM）

进行重采样得到的。受重采样方法的限制，3km 分辨率的 DEM 难以较好地刻画该区域的高程变化趋势，其相邻栅格之间的空间变化较大，同样具有较明显的马赛克效果 [图 3-17（e）]，导致尺度下推得到的 3km 气温分布具有相似的特征。最后，从 9km 到 3km 的尺度下推中还参考了 9km 分辨率上的气温和高程信息，而该信息分辨率较粗，也对结果产生了一定的影响。以上这三种因素的影响可能随着分辨率的增加而有所减弱，尺度下推得到的结果可能更接近实际情况。由此可以推测，即使尺度下推的空间分辨率变化一致，采用同样的尺度下推方法时，不同尺度之间推绎的精度受尺度之间信息量的影响较大，信息量越多，其精度越难以保证。

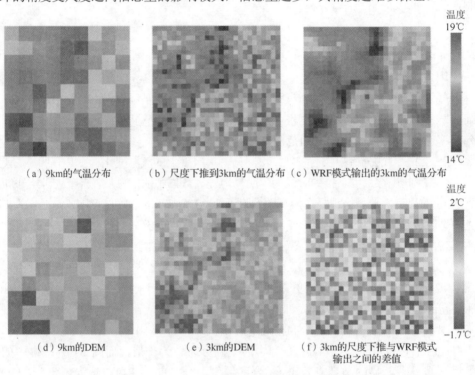

图 3-17　9km 向 3km 的尺度下推（见书后彩图）

图 3-17（f）描述的是 9km 向 3km 尺度下推后与 WRF 模式输出之间的差值，该差值反映了尺度下推中的高程误差以及植被、土壤、坡度、坡向等其他地面参数和局部大气过程对气温的综合影响。可以看出，该差值既表现出随机性，也具有一定的有序性，但与上述单一因素的相关关系不大。

2. 尺度上推

从细分辨率到粗分辨率的尺度转换有多种方法，包括最邻近采样、双线性插值、三次立方卷积等，这些方法也是大多数 GIS 软件所提供的重采样算法。此后研究者提出了多种新算法，如 Mallat（1989）提出了小波的多分辨率分析算法，为网格数据的多分辨率模型的生成提供了重要的理论基础。但各种方法都有其局限性，如小波算法须对原始栅格数据进行延拓处理，使其行列数均为 $2n$ 的倍数，n 为分解级数。但是双线性插值方法基于三次线性插值得到的四个相邻像元值的平均确定像元的新值，既适用于连续数据，其结果又不会超出原栅格值域范围。本节采用双线性差值方法对 WRF 模式输出的气温值进行尺度上推，分析其变化趋势。

首先，对范围内 1km 分辨率的气温进行双线性插值重采样，生成 3km 分辨率的气温分布数据，如图 3-18（a）所示；然后，将插值生成的 3km 气温数据与 WRF 模式输出的 3km 气温数据进行叠加，得到两个数据的差值，如图 3-18（b）所示，其中正值代表 WRF 输出数据大于插值数据。

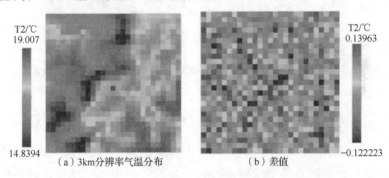

图 3-18　1km 分辨率气温重采样为 3km 分辨率气温分布数据
及其与 WRF 结果差值（见书后彩图）

从图 3-18 中可以看出，1km 分辨率的气温数据重采样为 3km 以后与 WRF 模拟结果对比相差不大，而且两者之间的偏差在空间上分布较为随机，并未出现因地形、土地利用等因素影响而可能具有的规则结构。

根据公式（3-6），当进行尺度下推时，粗分辨率栅格的气温值是栅格范围内细分辨率栅格气温值的平均值，该关系可以考虑包括高程在内的多种因素的尺度下推。从图 3-18 中可以看出，细分辨率尺度上的栅格重采样与粗分辨率栅格值之间还具有一定的差异。因此可以证明：考虑多种因素，从粗分辨率到细分辨率的尺度下推方法只能是对细分辨率尺度信息的一种近似。

另外还计算了 3km 和 9km 两个尺度重采样为更低分辨率后的对比，如图 3-19（a）和图 3-19（b）所示。

对比图 3-18（b）和图 3-19（a）、图 3-19（b）可以看出，随着尺度的增加，更高分辨率的数据重采样以后得到的结果与低分辨率输出结果之间的偏差增大。

在 1km 向 3km 转换时,两者之间的差值在 0.14℃以内;而 3km 向 9km 转换时,两者之间的差值在 0.34℃以内。9km 向 27km 转换时栅格数较小,但仍然能够看出两者之间差值有所增大,而且多数栅格处于绝对值较大的区间。一方面,该趋势与栅格本身的尺度有关,当分辨率较高时,相邻栅格之间空间相关性较大,重采样导致尺度变换前后同一位置上的数值差别较小;而分辨率较低时,相邻栅格之间的空间相关性降低,尺度变换前后同一位置上的数值差别增大。另一方面,可能因为 WRF 模式中气温的模拟在不同分辨率尺度上所考虑的影响因素有所差异。

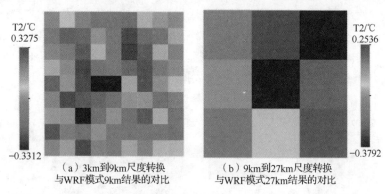

（a）3km到9km尺度转换 （b）9km到27km尺度转换
与WRF模式9km结果的对比 与WRF模式27km结果的对比

图 3-19　3km 到 9km 和 9km 到 27km 尺度转换后的对比(见书后彩图)

此外,不同尺度转换之间偏差的分布并未表现出继承性,即高分辨率的尺度转换中偏差较大或者较小的位置上并未在低分辨率的尺度转换时表现出相应的趋势。

3.2.3　气温分布的空间格局分析

近地表气温要素的空间分布受经纬度、海陆分布、大气环流、地形起伏、大型水体等要素的影响。其中纬度对气温空间分布的影响主要是太阳辐射随纬度的变化引起的,一般来说,气温由低纬度向高纬度递减。在相同的太阳辐射条件下,陆面的增温或冷却都比海洋表面表现得剧烈,因此随着距离海洋和大型水体的远近以及大陆尺度的不同,气温分布还具有显著的经度变化特征。此外,不同地形对气温的影响表现在:由于气温随高程增加的递减效应和大气保温较差,海拔较高的山地和高原气温比平原温度低;盆地地形周围高山环绕,大气相对封闭,热量不易散失,气温偏高。植被对气温的影响一般受生物物理过程和生物化学过程影响,其中生物物理过程的影响在区域上更加明显。植被变化导致的反射率变化直接影响地面得到的热量多寡。地面得到的热量越多,传递给大气更多的热量导致气温越高,反之亦然。此外,植被覆盖格局的影响也较显著,植被覆盖率低的地区和植被覆盖率高的地区的气温变化率有明显差异,如荒漠地区温差较大,而森林地区温差较小。这些影响因素是一般性的,各因素在不同地区、不同季节对气温的影响也有明显的差异。

随着海拔高度增加气温值呈递减趋势,但是这种递减趋势随着季节和气候环境变化而不同(游松财等,2005;潘耀忠等,2004)。海拔高度对气温的垂直递减率随月份波动明显。例如,在黑龙江地区,气温垂直递减率最低值出现在12月,最高值出现在7月,分别为4.43℃/km和7.4℃/km。按季节来看,冬季气温的垂直递减率为4.86℃/km,春季气温垂直递减率为7.06℃/km,夏季气温随海拔的垂直递减率为7.23℃/km,秋季气温的垂直递减率与多年平均气温垂直递减率相近,约为6.4℃/km(谢云峰等,2007)。

本节在此以WRF模式输出的1km分辨率的近地面气温分布为例,分析其空间分布格局,包括经纬度、高程、坡度和坡向的影响。WRF模式输出的1km分辨率数据大体上位于嫩江流域北部,为典型的林缘农林交错带,具有农业区-农林交错带-林业区的典型格局,同时地形复杂,土地覆被格局规律性强,适于进行因素相关分析。时间为2010年7月,可以在一定程度上代表该地区夏季气温分布格局。

本节的分析方法采用空间最小二乘回归的方法,以气温分布为因变量,以经度、纬度、高程、地形因素为四个自变量。与因变量一致,经度、纬度、高程、地形因素的空间分辨率都为1km,其中地形因素包括坡度和坡向两个方面。地形因子主要体现在不同的坡度和坡向上接受太阳辐射能量的不同以及地形导致的局部小气候特征,由于山体的阻挡作用,相同的纬度和高程在南坡与北坡之间的平均气温会有很大的差异。地形因子对气温的影响可以用下式来描述(黄晚华等,2006;张洪亮等,2002),而且该影响为线性:

$$Tc = \cos\alpha - \sin\alpha\cos\beta \qquad (3-7)$$

式中,Tc为地形因素对气温的影响;α为坡度;β为坡向。为消除局部坡度、坡向的奇异值,以像元3×3邻域平均坡度值、坡向值为该像元的坡度和坡向。并且,在ArcGIS软件中计算时,将角度转换为弧度。

回归方程如下:

$$T = -1.856 \times 10^{-5} \times X - 5.910 \times 10^{-5} \times Y - 6.03 \times 10^{-3} \times Z$$
$$- 0.6127 \times Tc + 56.4058 \qquad (3-8)$$

式中,T代表最小二乘拟合的气温;X代表经度,Y代表纬度,经纬度分别用大地坐标表示,单位为m;Z代表高程,单位为m。拟合的R^2为0.9597,通过了显著性水平为0.01的T检验。

从公式（3-8）可以看出，在 WRF 模式输出的 d04 范围内，气温变化与经度、纬度、高程和地形具有极显著的相关性。其中，在东西方向上，每向东增加 100km，气温降低 1.856℃；在南北方向上，每向北增加 100km，气温降低 5.910℃；随着海拔高度每增加 1km，气温降低 6.03℃；地形中的坡度和坡向对气温的影响为非线性 [公式（3-7）]，两个因素的综合效应与气温之间则是负线性的关系。

经纬度和海拔高度之间具有一定的同步变化，并具有区域差异。当经纬度发生变化时，海拔高度随之发生变化，在山区较小的经纬度变化会引起较大的海拔高度变化，而在平原地区，较大的经纬度变化才能体现出一定海拔高度的变化。公式（3-8）是区域整体的变化趋势统计，因此公式中单个因素与气温之间的系数与用单因素进行回归时的系数有差异。

在区域尺度上，除了经纬度、高程和地形因素对气温的影响，植被、土壤、小尺度大气过程对气温的空间异质性分布也有影响。本节用线性回归的方法获取经纬度、高程和地形因素的影响权重，模型的残差则代表其他因素的影响。按照残差标准差的大小，将残差分为 7 级，分别为<-2.5、-2.5~-1.5、-1.5~-0.5、-0.5~0.5、0.5~1.5、1.5~2.5 以及>2.5（区间范围左闭右开）。其分布如图 3-20 所示。

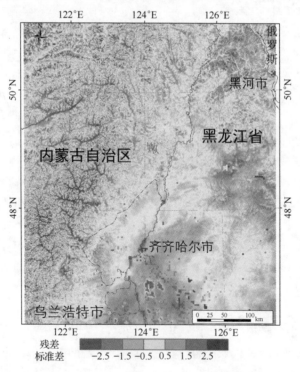

图 3-20　最小二乘回归的残差分布（见书后彩图）

从图 3-20 中可以看出，回归的残差分布在空间分布上具有明显的规律性。残差标准差较大的正值表明除了经纬度、高程和地形因素对气温的影响以外，还有其他因素使地方气温高于区域整体的平均趋势；较大的负值表明还有其他因素使地方气温低于区域整体的平均趋势；接近零值的残差标准差则表明地方气温值主要受区域上经纬度、高程和地形因素的影响。

首先，松嫩平原中部是残差较大值分布较集中的地区，而且均一性较好。此外，小兴安岭北部和大兴安岭西北部也是残差值较大的地区，但随着地貌有明显的变化，高海拔地区残差大，说明这些地区的气温高于区域的平均趋势。其中松嫩平原的高温区可能与三面环山的地形结构有关，而大兴安岭、小兴安岭背面的高温区可能与背风坡的增温效应有关。

其次，在大兴安岭山间谷地中具有显著沿着地形延伸的负残差分布区，在松嫩平原中部也有块状的低残差区。这些地区在土地覆被图上主要对应沼泽和水体两大类。由于水汽蒸发的作用，这两种土地覆被类型对地方的降温效应显著。

最后，在小兴安岭南部有面积较大且较均质的负残差分布区。该区域在地貌上属于小兴安岭向松嫩平原过渡的丘陵和台地区，土地覆被类型以耕地为主，另外还有落叶阔叶林、沼泽、水体等。由于沼泽、水体对气温的影响范围较小，而地貌类型的作用也不明显，因此该地区的负残差可能与天气过程有关。

从上面分析的残差分布特征来看，尽管沼泽、水体等土地覆被类型对地方气温分布格局具有显著的影响，但影响尺度较小；较大尺度的影响应该与天气过程有关。如果要单独提取土地覆被格局对气温分布格局的影响，还需要在同一地方采用敏感性分析方法来检验。

3.3 本 章 小 结

本章根据 WRF 模式中的各种参数方案，选择 Noah 陆面模式，设计了四重尺度嵌套的模拟方案。模式最外层范围覆盖东北亚地区，空间分辨率为 27km；d03 范围基本覆盖东北全境，空间分辨率为 3km；d04 覆盖了嫩江流域农林交错带，空间分辨率达到 1km。在此基础上对比了 WRF 模式地面静态数据中基于 MODIS cover 土地覆被数据和本书获取的 Landsat cover 土地覆被数据，结果表明 MODIS cover 数据和 Landsat cover 数据之间有显著的差异，包括类型的差异和面积的差异。

本章将 WRF 模式输入的土地覆被数据进行本地化，以更高精度的 Landsat cover 数据替换了东北地区原有的 MODIS cover 数据；并基于 MODIS 遥感产品对 WRF 模式中的两个地面参量地面反照率和叶面积指数进行了调整。以气象观测站点数据对 WRF 模式输出的气温进行了点对栅格的验证。首先根据不同的土地覆被数据和地面反照率、叶面积指数,对 2010 年 7 月 1 日平均气温进行了两次模拟。然后基于气象站点数据,以点对栅格的形式检验了 WRF 模式的整体精度,以及两种模拟方案的相对精度。结果表明,WRF 模式对东北地区气温的模拟整体上精度较好,整体上山区偏低,平原偏高。而根据本地化的土地覆被数据和地面参量得到的结果精度稍有提高。最后,对气象站观测数据进行了空间插值,插值方法采用局部薄盘光滑样条法,在经度、纬度和高程信息的辅助下获得了模拟时间东北地区气温的空间数据,对插值结果进行站点验证时,认为整体插值精度较高。将 WRF 模式输出结果与空间插值的气温进行了对比,结果表明两者之间的差异具有明显的空间分异特征。在山区,WRF 模式输出的结果比气象站点插值结果偏低;在松嫩平原中部和西南部、呼伦贝尔草原地区 WRF 模式输出结果明显偏高;而在山区和平原过渡的地区两者较为吻合。

本章在 WRF 模式输出结果的基础上,对不同空间分辨率尺度上的气温分布变化进行了探讨。我们分析了不同分辨率上气温值与气象站点之间的差异。用气象站点观测值与不同分辨率尺度输出结果进行对比时,分析表明随着分辨率的提高,站点观测值与 WRF 模式输出值之间的偏差越来越小。均方根误差分析表明,随着分辨率的提高,均方根误差逐渐减小,但减小的幅度有差异。从 27km 到 3km,均方根误差减小幅度较大,从 3km 到 1km,均方根误差减小的幅度明显趋缓,3km 和 1km 之间差别不大。由此说明,以 3km 和 1km 进行区域气温模拟,站点检验的精度差别不大。对比不同分辨率尺度上 WRF 模式的气温输出,发现 27km 分辨率的气温主要体现了区域地势引起的总趋势,随着分辨率的增加,越来越多的细节被刻画出来,但 3km 和 1km 之间信息量的增加有限。对比根据气象站观测数据空间插值得到的不同分辨率尺度的气温分布,发现在 27km 分辨率尺度上,WRF 模式输出和空间插值结果之间相关性较高;9km、3km 和 1km 分辨率尺度上两者之间的相关性急剧降低。这表明高分辨率的 WRF 模式模拟对区域气温的描述能力远高于空间插值结果,大量的气温异质性特征被刻画出来。

本章分析了气温分布的空间异质性尺度特征,并对不同分辨率尺度之间的尺度转换进行了研究。采用半变异函数理论,以博克图站和富裕站为典型站点,分析了山区和平原地区气温分布的空间异质性尺度特征。结果表明,在 1km 分辨率上,博克图站附近气温分布的空间相关尺度为 16km,当气温采样间距大于 16km 时难以反映气温之间的空间相关性;富裕站附近气温分布的空间相关尺度为 27km,在 27km 采样间距内都可以反映区域气温的空间相关性。不同分辨率之间的尺度转换包括尺度下推和尺度上推。在尺度下推中,本章以影响局地气温最显著的因子——高程为例,用高分辨率的 DEM 将 9km 分辨率的气温分布下推到 3km

分辨率。与 WRF 模式在 3km 分辨率上的输出结果对比，表明尺度下推结果能够反映 3km 尺度上的气温变化基本趋势，但在空间分布细节上的变化较粗糙。尺度下推的结果难以与真实分布相提并论，但增加尺度推绎时考虑的因素、提高因素数据精度则可以提高尺度下推的精度。对于尺度上推，本章采用了双线性插值方法对比上推结果与 WRF 模式输出结果，分析表明尺度上推精度较好，偏差分布较为随机。随着尺度的增加，尺度上推的偏差有增大的趋势。

最后，本章利用空间回归方法分析了影响区域气温分布的主要因素与气温之间的关系，以及残差分布。以 1km 分辨率的气温分布为因变量，以经度、纬度、高程和地形因素为自变量，分析了气温与这些因素之间的关系。其中地形因素为坡度和坡向的综合影响。回归产生的残差分布反映了植被、土壤、小尺度大气过程对气温分布格局的贡献。对残差空间分布的分析表明：松嫩平原中部、小兴安岭北部和大兴安岭西北部是残差值较大的地区，可能与地貌结构和背风坡的增温效应有关；在山区山间谷地和平原中部沼泽、水体分布的地方，残差值为显著的负值，表现为这两种土地覆被类型的降温作用；在小兴安岭南部有面积较大且较均质的负残差分布区，可能与天气过程有关。

参 考 文 献

黄晚华, 帅细强, 汪扩军, 2006. 考虑地形条件下山区日照和辐射的 GIS 模型研究. 中国农业气象, 27(2): 89-93.

刘学军, 卢华兴, 仁政, 等, 2007. 论 DEM 地形分析中的尺度问题. 地理研究, 26(3): 433-442.

刘志红, Li L T, McVicar T R, 等, 2008. 专用气候数据空间插值软件 ANUSPLIN 及其应用. 气象, 34(2): 92-100.

潘耀忠, 龚道溢, 邓磊, 等, 2004. 基于 DEM 的中国陆地多年平均温度插值方法. 地理学报, 59(3): 366-374.

邵璞, 曾晓东, 2011. CLM3.0-DGVM 中植物叶面积指数与气候因子的时空关系. 生态学报, 31(16): 4725-4731.

谢云峰, 张树文, 2007. 基于数字高程模型的复杂地形下的黑龙江平均气温空间插值. 中国农业气象, 28(2): 205-211.

游松财, 李军, 2005. 海拔误差影响气温空间插值误差的研究. 自然资源学报, 20(1): 140-145.

张洪亮, 倪绍祥, 邓自旺, 等, 2002. 基于 DEM 的山区气温空间模拟方法. 山地学报, 20(3): 360-336.

张学珍, 郑景云, 何凡能, 等, 2011. MODIS BRDF/Albedo 数据在中国温度模拟中的应用. 地理学报, 66(3): 356-366.

Chapin F S, Sturm M, Serreze M C, et al., 2005. Role of land-surface changes in Arctic summer warming. Science, 310(5748): 657-660.

Collins W D, 2004. Description of the NCAR Community Atmosphere Model (CAM 3.0). NCAR Technical Notes: 214.

Dan L, Ji J J, Ma Z G, 2007. The variation of net primary production and leaf area index over Xinjiang Autonomous Region and its response to climate change. Acta Ecologica Sinica, 27(9): 3582-3592.

Gao F, Schaaf C B, Strahler A H, et al., 2005. MODIS bidirectional reflectance distribution function and albedo climate modeling grid products and the variability of albedo for major global vegetation types. Journal of Geophysical Research, 110(D1): D01104.

Grell G A, Devenyi D, 2002. A generalized approach to parameterizing convection combining ensemble and data assimilation techniques. Geophysical Research Letter, 29(6): 587-596.

Heikkila U, Sandvik A, Sorteberg A, 2010. Dynamical downscaling of ERA-40 in complex terrain using the WRF regional climate model. Climate Dynamics, 37(7/8): 1551-1564.

Hijmans R J, Cameron S E, Parra J L, et al., 2005. Very high resolution interpolated climate surfaces for global land areas. International Journal of Climatology, 25 (15): 1965-1978.

Hong S Y, Dudhia J, Chen S H, 2004. A revised approach to ice microphysical processes for the bulk parameterization of clouds and precipitation. Monthly Weather Review, 132(1): 103-120.

Hong S Y, Pan H L, 1996. Nonlocal boundary layer vertical diffusion in a medium-range forecast model. Monthly Weather Review, 124(124): 2322-2339.

Hutchinson M F, 1991. The application of thin plate splines to continent-wide data assimilation//Data Assimilation Systems, BMRC Research Report No. 27. Melbourne: Bureau of Meteorology: 104-113.

Hutchinson M F, 2004. ANUSPLIN Version 4.3 User Guide. Canberra: The Australia National University, Center for Resource and Environment Studies. [2004-03-06]. http: //cres. anu. edu. au/outputs/anusplin. php.

Jacquemin B, Noilhan J, 1990. Sensitivity study and validation of a land surface parameterization using the HAPEX-MOBILHY data set. Boundary-Layer Meteorology, 52(1/2): 93-134.

Liang S, Fang H, Chen M, et al., 2002. Validating MODIS land surface reflectance and albedo products: methods and preliminary results. Remote Sensing of Environment, 83(1): 149-162.

Lucht W, Schaaf C B, Strahler A H, 2000. An algorithm for the retrieval of albedo from space using semiempirical BRDF models. IEEE Transactions on Geoscience & Remote Sensing, 38(2): 977-998.

Ma Y T, 1982. Some microclimatic effects of reclamation. Acta Meteorologica Sinica, 40(3): 353-341.

Mahrt L, Ek M, 1984. The influence of atmospheric stability on potential evaporation. Journal of Climate Meteorology, 23(2), 222-234.

Mallat S, 1989. A theory for multiresolution signal decomposition: the wavelet representation. Transaction on Pattern Analysis and Machine Intelligence, 11(4): 674-693.

McCumber M C, Pielke R A, 1981. Simulation of the effects of surface fluxes of heat and moisture in a mesoscale numerical model soil layer. Journal of Geophysical Research, 86(C10): 9929-9938.

Miller D A, White R A, 1998. A conterminous United States multilayer soil characteristics data set for regional climate and hydrology modeling. Earth Interactions, 2(1): 2.

Myhre G, Myhre A, 2003. Uncertainties in radiative forcing due to surface albedo changes caused by land-use changes. Journal of Climate, 16(10): 1511-1524.

Nair U S, Ray D K, Wang J, et al., 2007. Observational estimates of radiative forcing due to land use change in southwest Australia. Journal of Geophysical Research, 112: D09117.

Price D T, McKenney D W, Papadopol P, et al., 2004. High resolution future scenario climate data for North America. American Meteorological Society Annual Meetings, Vancouver.

Salomon J, Schaaf C B, Strahler A H, et al., 2006. Validation of the MODIS bidirectional reflectance distribution function and albedo retrievals using combined observations from the Aqua and Terra platforms. IEEE Transactions on Geoscience & Remote Sensing, 44(6): 1555-1565.

Skamarock W C, Klemp J B, Dudhia J, et al., 2008. A description of the advanced research WRF Version 3. Ncar Technical Note, NCAR/TN-475 + STR.

Tomas H, Miksovsky J, Belda M, et al., 2009. High resolution regional climate change modeling in CECILIA project-climate change signal in central and Eastern Europe. Earth and Environmental Science, 6(2): 1-10.

Wang Y, Leung L R, McGregor J L, et al., 2004. Regional climate modeling: progress challenges and prospects. Journal of the Meteorological Society of Japan, 82(6): 1599-1628.

Zeng X M, Wu Z H, Xiong S Y, et al., 2011. Sensitivity of simulated short-range high-temperature weather to land surface schemes by WRF. Science China-Earth Sciences, 54(4): 581-590.

4 嫩江流域农林交错带土地覆被变化的区域气温效应模拟研究

本章首先分析1951～2010年嫩江流域农林交错带7月平均气温的变化趋势和周期性特征；其次基于不同时期的土地覆被数据，模拟了土地覆被变化导致的区域气温和地表温度变化，并分析了不同的土地覆被变化类型的影响差异；最后利用与土地覆被数据相对应的气候场数据模拟了三个时期的区域气温分布，分析区域土地利用/覆被变化对区域气温变化的影响。

4.1 1951～2010年嫩江流域气温变化特征分析

在过去的100年里,全球气温升高的趋势已经被大量观测数据所证实。1906～2005年,全球地表平均增温0.56～0.92℃,特别是1956～2005年的增温幅度较大,为0.06～0.10℃/10年,同时全球增温过程具有明显区域差异性（IPCC,2007）,不同区域气温变化在时间和空间上都存在着很大的差异。为揭示东北地区农林交错带过去土地利用变化与气候变化之间的关系,首先有必要准确、客观地理解区域气候变化的趋势性与周期性。本节针对土地利用数据的时间序列,获取了1951～2010年东北地区7月份近地表气温时间序列数据,以嫩江流域为典型区,分析1951～2010年嫩江流域7月份平均气温的变化特征。参考本书三期土地利用数据的时间,简要分析嫩江流域1951年、1978年和2010年7月份平均气温的变化。

主要采用Mann-Kendall非参数检验统计方法分析嫩江流域气温时间序列的变化趋势与突变。同时,利用小波分析方法分析气温时间序列变化的周期性,主要因为气候系统的变化具有多时间尺度特性,即系统变化并不存在真正意义上的周期,系统有时遵循一种周期发生变化,有时又遵循另一种周期,在同一时段内又包含了多个周期的变化特性,而小波分析方法具有时频多分辨率的特性,可以有效揭示气温时间序列的多时间尺度特征。

4.1.1 分析方法

4.1.1.1 气温变化趋势分析方法

采用Mann-Kendall非参数检验统计方法检测1951～2010年嫩江流域7月份

的气温变化趋势。Mann-Kendall 非参数检验统计方法是由世界气象组织（World Meteorological Organization，WMO）推荐并已广泛应用于环境数据时间序列趋势和突变分析的一种方法，在气温、降水、径流等时间序列变化趋势检验中得到广泛应用。进行突变分析时，该方法不仅计算简便，而且可以明确突变开始的时间，并指出突变区域。Mann-Kendall 检验不需要样本遵从一定的分布特征，也不受少数异常值的干扰。

对于 x_1, x_2,…, x_n 的时间序列变量 X, n 为时间序列的长度，需要根据变量 X 构建一个包含 X 中所有对偶值（x_i, x_j, $i>j$）的时间序列：

$$S_k = \sum_{i=1}^{k} r_i \quad (k=2,3,\cdots,n) \tag{4-1}$$

式中，当 $x_i>x_j$ 时，$r_i=1$；当 $x_i \leq x_j$ 时，$r_i=0$（$j=1,2,\cdots,i$）。

在时间序列随机独立的假定下，定义统计量：

$$UF_k = \frac{S_k - E(S_k)}{\sqrt{Var(S_k)}} \quad (k=1,2,\cdots,n) \tag{4-2}$$

式中，$UF_k=0$；$Var(S_k)$, $E(S_k)$ 分别是累计量 S_k 的均值和方差，在 x_1, x_2,…, x_n 相互独立，且有相同连续分布时，可由以下公式算出：

$$E(S_k) = \frac{n(n+1)}{4} \tag{4-3}$$

$$Var(S_k) = \frac{n(n-1)(2n-5)}{72} \tag{4-4}$$

对于随机的序列 $X=(x_1, x_2,\cdots, x_n)$，随着 n 的增加（$n>10$），UF_k 将很快收敛于标准正态分布。当原假设为序列不存在某变化趋势时，一般采用双边趋势检验，在给定显著性水平 α 下，当 $|UF_k|<\alpha$，则接受原假设，即趋势不显著；当 $|UF_k|>\alpha$，则拒绝原假设，表明序列存在明显的趋势变化。

当进行突变分析时，只需要按照时间序列 X 的逆序 $x_n,\cdots, x_2, x_1$，再重复上述过程，计算 UF_k，同时使 $UF_k=-UB_k(k=n,n-1,\cdots,1)$，$UB_1=0$。如果 UF_k 或 $-UB_k$ 的值大于 0，表明序列呈上升趋势，反之序列呈下降趋势。当 UF_k、UB_k 超过临界值时，表明上升或下降趋势显著。如果 UF_k、UB_k 两条曲线出现交点，且交点在临界线之间，那么交点对应的值便是突变开始的时间。

4.1.1.2 气温变化周期分析方法

采用小波分析方法揭示 1951～2010 年嫩江流域气温与降水量变化的多时间尺度特性。小波分析是一种具有时频多分辨率功能的分析方法，最初由法国油气工程师 Jean Morlet 提出，而后逐渐发展并引入到水文学分析中（徐东霞等，2009），可以揭示气候时间序列的突变、趋势等特性及气候系统变化的多尺度特性。本节主要采用 Morlet 小波进行气候时间序列周期性分析，小波转换公式如下：

$$W_f(a,b) = |a|^{-\frac{1}{2}} \Delta t \sum_{k=1}^{N} f(k\Delta t)\varphi\left(\frac{k\Delta t - b}{a}\right) \qquad (4-5)$$

式中，$W_f(a,b)$ 能同时反映时域参数 b 和频域参数 a 的特性，它是时间序列 $f(k\Delta t)$ 通过单位脉冲响应的滤波器的输出。在本节中，$f(k\Delta t)$ 代表嫩江流域 1951～2010 年的气温变化过程，其中 $k=1,2,\cdots,37$，时间步长 $\Delta t=1$。$W_f(a,b)$ 的变化等值线图能够反映气候时间序列的变化过程，识别气候系统的周期性与突变特性。同时，计算小波方差，即对时域上关 a 的所有小波系数的平方进行积分，公式如下：

$$\mathrm{Var}(a) = \int_{-\infty}^{\infty} |W_f(a,b)|^2 \, \mathrm{d}b \qquad (4-6)$$

制作小波方差图，识别气候系统波动能量的分布状况，揭示气候时间序列变化的主要时间尺度。

4.1.2 气温变化分析结果

4.1.2.1 气温变化趋势分析结果

流域气温在长期变化过程中会表现出一定的上升或下降趋势，尽管不同阶段的变化趋势不一致，变化程度有差异，但用一次线性拟合仍然能在一定程度上描述这一长期的变化趋势。图 4-1 表示 1951～2010 年嫩江流域 7 月份平均气温的波动曲线和一次线性拟合。

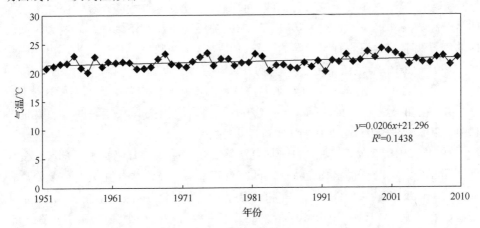

图 4-1 1951～2010 年嫩江流域 7 月平均气温变化

用一次线性方程对其进行拟合，斜率为 0.0206，R^2 为 0.1438。从图 4-1 中可以看出，嫩江流域 1951 年以来 7 月平均气温一直处于波动变化，整体上表现为上升趋势。一次线性拟合虽然能够较简单地描述气温的整体变化趋势，但拟合精度较低，整体变化趋势不显著。

为了解决这个问题，本节采用 Mann-Kendall 非参数检验统计方法对平均气温进行时间序列分析，结果如图 4-2 所示。

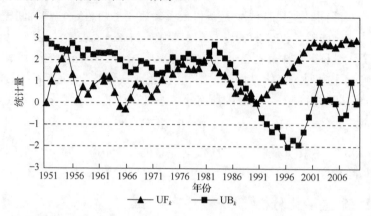

图 4-2　嫩江流域 1951～2010 年 7 月平均气温 Mann-Kendall 统计量曲线

本节进行 Mann-Kendall 检验时，设置信水平 $\alpha = 0.05$，得到临界值 $U_{a/2}=1.96$。从图 4-2 中可以看出，对于 1951～2010 年嫩江流域 7 月平均气温，绝大多数时间的 UF_k 都大于 0，表明具有一定的上升趋势，但 UF_k 在 1999 年以前大部分小于 1.96，即上升趋势不显著。在 1999 年以后，UF_k 都大于 1.96，表明上升趋势显著。1951～1982 年，UF_k 曲线一直处于波动变化过程中，表明整体上气温的上升趋势波动较大。1982～1991 年，UF_k 曲线处于持续下降中，表明该时间段内的气温比上一时间段有了明显的下降，但在 60 年间整体上仍然未表现出下降趋势。1991～2010 年嫩江流域 7 月平均气温一直处于明显的上升趋势，而且前 10 年间上升趋势不断增加，后 10 年则保持这种温度较高的趋势。本节对嫩江流域 7 月平均气温的分析结论与董满宇等（2008）的研究结果具有较好的一致性，即 1991～2010 年是 1951～2010 年最温暖的时期。

1951～2010 年嫩江流域 7 月平均气温除了具有整体上升趋势和局部波动变化外，还在个别年份表现出突变特征，即突变点前后平均气温发生陡升或陡降。在 Mann-Kendall 检验统计图中，UF_k 和 $-UB_k$ 的交点即是突变点。据图 4-2，我们可以看出嫩江流域 1951～2010 年 7 月平均气温主要表现出 3 个突变点。首先在 1955 年，由前几年的上升趋势增强，变为上升趋势明显减弱，并在接下来的几十年里进入波动变化过程；其次在 1982 年，由前几十年的波动上升趋势变为上升趋势明显减弱，具体表现为气温降低；最后，到了 1991 年，气温上升趋势又开始明显增强,表现为气温比前 10 年显著升高。

4.1.2.2 气温周期性变化分析结果

用 Morlet 小波对 1951~2010 年嫩江流域 7 月份平均气温进行连续小波变换,根据计算结果绘制小波变换系数实部等值线图,如图 4-3 所示。图 4-3 反映出气温序列的周期变化、突变点分布和拓扑结构特征。小波系数实部为正表示气温较高,图中用暖色调表示;小波系数实部为负表示气温较低,图中用冷色调表示;为零则对应突变点。

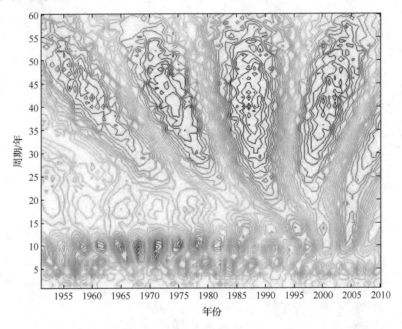

图 4-3 气温 Morlet 小波变换的实部时频分布(见书后彩图)

冷色调线表示负值,暖色调线表示正值

从图 4-3 中可以看出,小波变换时频中心的尺度主要有 5~12 年、20 年左右、以及 40 年以上,即在这几个区间内有规律地出现正值和负值的交替。其中 7~10年的周期变换在 1990 年以前较显著,在 1990 年以后基本消失,取而代之的是 5 年左右的小周期变化。这与 Mann-Kendall 检验中关于前几十年的波动变化基本一致。20 年左右的周期变化比较明显,基本保持较冷和较暖的周期性变化。由于本时间序列长度为 60 年,因此根据小波分析得到的 40 年以上的周期变化不具有典型意义。

此外,对小波方差进行计算,并作小波方差图(图 4-4)。该图能反映波动的能量随尺度的分布,可以用来辨识时间序列中各种尺度扰动的相对强度和周期特征。

对于本节 60 年的时间序列，只分析小于 30 年的周期性。图 4-4 表明，小波方差随时间尺度变化的过程中有两个明显的峰值区，其中 5～12 年左右有一个较集中的峰值区，21 年有一个显著的峰值。5～12 年的峰值表示该时间序列具有相应的周期变化，但从图 4-3 中看到该周期性在不同时间段内具有一定的差异，因此并未形成与 21 年周期类似的显著峰值。而 21 年的周期非常显著，小波方差曲线表现为较高的单峰。

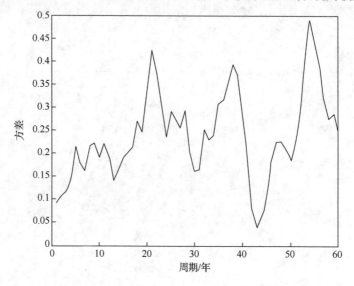

图 4-4　小波方差图

综合图 4-3 和图 4-4，可以看出嫩江流域 7 月平均气温主要具有两个尺度的周期性。首先是 5～12 年的周期，在 1951～1990 年，10 年左右的周期较显著；1990 年以后 5 年左右的周期较显著，10 年左右的周期基本消失。另外是 21 年的周期，该周期在 60 年的时间序列中基本保持不变，是嫩江流域 7 月份气温变化最主要的周期性变化。

4.1.2.3　1951 年、1978 年和 2010 年嫩江流域 7 月平均气温变化

与 2.2 节三个时期的土地利用数据年代对应，本节对模型模拟的 1951 年、1978 年和 2010 年 7 月平均气温取区域均值，结果表明，嫩江流域 7 月份平均气温在 1951 年为 20.78℃，1978 年为 21.25℃，2010 年为 22.61℃。从上文对 60 年的整体趋势分析来看，嫩江流域 7 月份平均气温具有较显著的增加趋势。而在本节数据所对应的三个时间上气温也具有显著的增加趋势。尽管气温变化具有年波动特征，但本节以这三个时间土地利用变化和气温变化为例研究其相关性，对区域的长期变化具有一定的代表性。

4.2 1951～2010 年嫩江流域农林交错带土地利用
变化对区域气温影响敏感性分析

在土地利用变化的影响下，包括城市化、林业和农业活动，地球表面的物理和生物特性发生了显著的变化。这些变化对辐射和非辐射对区域和全球尺度的气候产生了潜在的影响（IPCC，2001）。人类活动一直改变着地球表层。地方、区域和全球气候都受到这些干扰的影响，包括地球表层的能量平衡和大气化学组成（Pielke et al.，2011，2007）。

精确评价土地利用/覆被变化对区域气候的潜在影响，首先需要对区域土地利用/覆被变化进行精确描述，其次要排除其他因素的影响。本书已经基于高分辨率的 Landsat 影像获取了研究区高精度的土地覆被数据，并基于地形图的数据重建方法将时间序列延长。为了排除其他因素对土地利用/覆被变化区域气候效应的影响，本节以 2010 年 7 月气候场为控制因素，利用 WRF 模式模拟嫩江流域农林交错带不同土地利用/覆被条件下气温的响应变化。土地覆被数据包括 20 世纪 50 年代、20 世纪 70 年代和 2010 年的数据，WRF 模式中其他变量的设置与 3.1 节相同。

4.2.1 嫩江流域农林交错带土地覆被空间分布变化

首先对嫩江流域农林交错带三个时期的土地覆被变化空间分布进行分析。对于 20 世纪 70 年代至 2010 年，将两个时期的土地覆被数据进行空间叠加，识别出发生变化的区域。20 世纪 70 年代嫩江流域农林交错带的土地覆被状况如图 4-5 所示，20 世纪 70 年代和 2010 年之间的主要变化区域如图 4-6 所示，20 世纪 50 年代土地覆被状况如图 4-7 所示，20 世纪 50 年代和 20 世纪 70 年代之间的主要变化区域如图 4-8 所示。

从 20 世纪 70 年代到 2010 年，嫩江流域农林交错带中的土地覆被状况具有显著的变化，主要表现为林地向耕地和草地的转变。其中以林地和草地向耕地的转变所占比例最大。统计表明，落叶阔叶林转变为耕地的面积占 20 世纪 70 年代落叶阔叶林面积的 21.68%，灌木林转变为耕地的面积占 20 世纪 70 年代灌木林面积的 38.05%，在图 4-6 中显示为黄色区域，大部分位于耕地和林地主要分布区的过渡区，以嫩江右岸的大兴安岭山前丘陵区居多，嫩江左岸的小兴安岭山前丘陵分布面积相对较小，但也超过其他类型的转变面积。草地转变为耕地的面积占 20 世纪 70 年代草地总面积的 59.48%，其分布区比林地转变为耕地的区域更接近平原地区，虽然总面积稍小，但转换比例超过了一半。第三类面积较大的土地覆被类型转变是林地转变为草地，为林地被砍伐后形成的，与地带性的干草原和非地带性的草甸草地不同；这些转变区域与草地和耕地之间的转变区较为靠近，为丘陵区边缘，接近平原地区。20世纪70年代嫩江流域农林交错带中的草地主要是森林砍伐以后形成的迹地，成为林地转变为耕地的过渡类型。

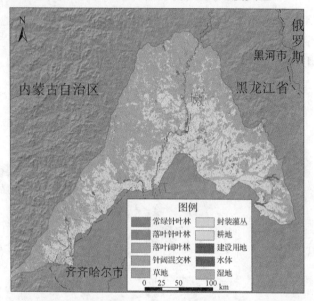

图4-5　20世纪70年代嫩江流域农林交错带土地覆被现状（见书后彩图）

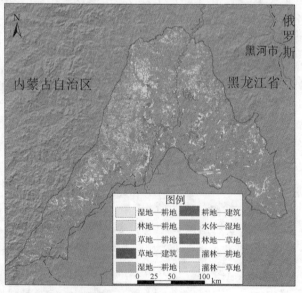

图4-6　20世纪70年代至2010年嫩江流域农林交错带土地覆被主要变化分布（见书后彩图）

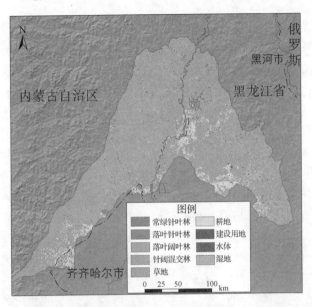

图4-7 20世纪50年代嫩江流域农林交错带土地覆被图（见书后彩图）

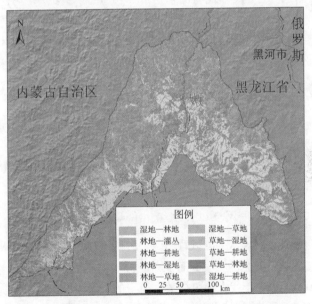

图4-8 20世纪50~70年代嫩江流域农林交错带
土地覆被主要变化分布（见书后彩图）

从20世纪50年代到20世纪70年代，嫩江流域农林交错带范围内的土地覆被发生了较大的变化。首先是类型上，20世纪50年代的土地覆被数据没有"灌木林"这一类型。之所以没有灌木林，一方面是数据源本身的原因，20 世纪 50 年代的土地覆被数据以 1954 年出版的 1∶10 万地形图为主要数据源，受分类标准和制图精度的影响，该数据源可能将灌木林划分为其他土地覆被类型。这导致在东北范围内，大兴安岭和小兴安岭地区灌木林分布面积很小，而在长白山区，尤其是辽宁省境内，灌木林面积较大。另一方面可能与当时的土地覆被状况有关，20 世纪 50 年代的土地覆被状况与 20 世纪 70 年代及以后有较大的差异，大量的灌木林可能是 20 世纪 50 年代以后才出现。其次，20 世纪 50 年代嫩江流域农林交错带范围内分布有较大面积的草地，如图 4-7 所示。与灌木林的问题相似，这些草地主要是林地砍伐后形成的迹地，当时的分类系统将其划归为草地，本节的土地覆被数据重建时为了与原始数据保持一致，也将其定义为草地。

20 世纪 50 年代到 20 世纪 70 年代土地覆被类型之间的面积转换非常显著。最典型的是 20 世纪 50 年代较大面积的草地在 20 世纪 70 年代成为耕地，以及部分落叶阔叶林和灌木林，林地内部类型的转变也较显著。落叶阔叶林向灌木林的转变可能与分类系统的差异有关，主要分布在大兴安岭东侧的丘陵区，即研究区的西南部。20 世纪 50 年代草地大面积分布，到了 20 世纪 70 年代，这些草地大面积被开垦为耕地，在图 4-8 中的淡黄色区域即草地—耕地的转变区，主要分布于嫩江左岸的小兴安岭山前台地区，嫩江右岸的大兴安岭山前也有较广的分布。此外，在研究区西南部，还有较大面积的林地直接转变为耕地。

4.2.2 嫩江流域农林交错带近地表平均气温敏感性模拟

利用 20 世纪 50 年代和 20 世纪 70 年代土地覆被数据，以及 2010 年 7 月气候场数据，得到近地表平均气温的试验模拟结果。结合 3.1 节中根据 2010 年土地覆被数据和 2010 年 7 月气候场数据模拟得到的 2010 年实况气温分布，得到土地覆被不同导致的模拟结果的差异，如图 4-9 所示。

4.2.2.1 20 世纪 50 年代与 20 世纪 70 年代土地覆被数据模拟结果对比

对比图 4-9（a）和图 4-8，可以看出两个时期嫩江流域农林交错带内不同类型的土地覆被变化对近地表气温的影响具有显著的类型差异性和区域差异性。利用 20 世纪 70 年代和 20 世纪 50 年代土地覆被数据模拟的气温之间的差值整体上可以分为高温区和低温区。高温区指的是利用 70 年代土地覆被数据模拟的平均气温高于根据 50 年代土地覆被数据模拟的平均气温的地区；低温区则相反。其中高温区主要分布于嫩江流域农林交错带的中东部、北部；低温区主要分布于嫩江流域农林交错带的西南部。

中东部显著的高温区在图 4-8 中主要对应草地向耕地的转变，即 20 世纪 50 年代到 20 世纪 70 年代，小兴安岭山前从草地转变为耕地导致地方近地表气温升高。而北部高温区对应下垫面土地覆被类型发生变化的面积较小，之所以导致气温偏高，可能与其他地区土地覆被变化导致的天气过程变化有关。

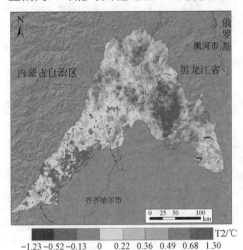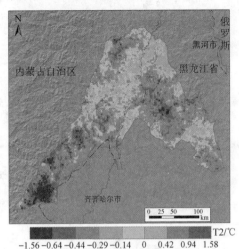

（a）根据20世纪70年代与20世纪50年代
数据模拟结果的差值
正值代表20世纪70年代气温偏高，
负值代表20世纪50年代气温偏高

（b）根据2010年数据与20世纪70年代
数据模拟结果的差值
正值代表2010年气温偏高，负
值代表20世纪70年代气温偏高

图4-9 气象场数据相同、土地覆被数据不同模拟近地表气温结果差值（见书后彩图）

对于西南部的低温区，在图4-8中主要对应落叶阔叶林向耕地的变化，此外还有部分草地向耕地的转变，即在大兴安岭中部的山前丘陵区，落叶阔叶林和草地向耕地的转变导致7月份近地表平均气温降低。该区域中草地向耕地的转变导致的气温变化与小兴安岭山前地区有较大的差异，这可能受不同区域不同的天气过程影响。

嫩江流域农林交错带20世纪50～70年代土地覆被变化导致的整体气温差异统计分布如图4-10所示，图上横坐标代表模拟结果的差值，纵坐标代表该气温差值的栅格数量，分辨率为1km。可以看出在土地覆被变化的影响下，嫩江流域农林交错带整体表现出增温效应，降温区相对较少，除气温变化零值以外，峰值对应的气温变化为升温0.35℃。

由于不同类型的土地覆被变化对应的气温变化在空间上具有显著的差异性，为了进一步分析具体土地覆被变化对气温影响的程度和这种空间差异性，本节在此选择20世纪50～70年代土地覆被类型转变面积最大的四种转变方式，统计这些区域上模拟气温的变化。这四种转变方式分别是：草地—耕地，草地—落叶阔叶林，落叶阔叶林—灌木林，落叶阔叶林—耕地。提取每种转变方式下的气温差值区域，统计直方图曲线，如图4-11所示。

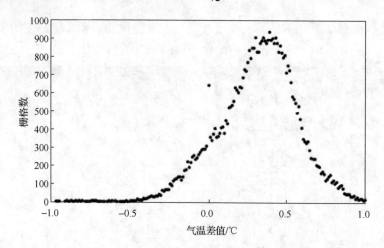

图 4-10　20 世纪 50～70 年代土地覆被变化引起的气温变化统计

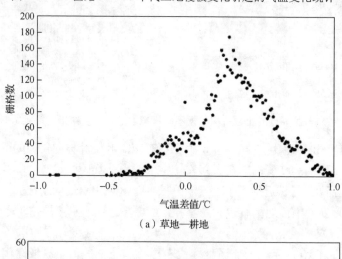

（a）草地—耕地

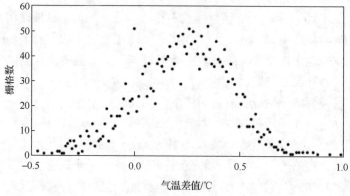

（b）草地—落叶阔叶林

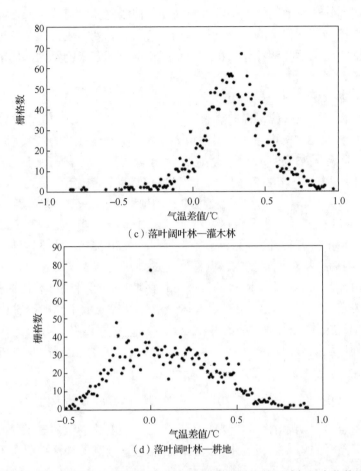

（c）落叶阔叶林—灌木林

（d）落叶阔叶林—耕地

图 4-11　20 世纪 50～70 年代主要土地覆被类型对应的区域气温变化统计

从图 4-11 中可以看出，整体上四种土地覆被转变对应的气温变化在空间分布上接近正态分布或偏正态分布，正态分布或偏正态分布的峰值对应该土地覆被转变下气温变化的主要趋势。对于草地—耕地、草地—落叶阔叶林的转变，曲线的峰值基本位于 0.3℃，即两种土地覆被转变使地方气温升高 0.3℃。两者的区别表现在草地—落叶阔叶林的转变峰值范围较宽，而草地—耕地的转变峰值右侧偏度较大，说明草地—耕地的转变对应的增温效应更明显。此外，在主要峰值左侧还有一个较小的峰值，该峰值对应的气温变化为 0℃，即气温未发生变化。该峰值附近的区间代表某些地方土地覆被变化对气温分布的影响在天气过程的影响下可以忽略。对于落叶阔叶林—灌木林的转变，气温零值差异的区间不明显，曲线峰值对应的气温差异为 0.35℃，比前两种土地覆被类型转变引起的增温效应稍强。

而在落叶阔叶林—耕地的转变中，气温的变化曲线主要峰值位于 0℃，增温或降温的区间在该峰值两侧分布较为均衡，其中在-0.2℃处形成另一个较小的峰值，因此可以推断出从落叶阔叶林向耕地的转变对地方气温影响不大，局部地区出现降温的效应。

此外，本节还对两种土地覆被数据模拟的气温结果差值进行分级，考虑数据四分位分布和升降温效应，提取显著升温和降温的区域，其中显著升温的区域为气温差值大于 0.48℃的区域，降温区域为气温差值小于 0℃的区域。进而统计显著升温区和降温区对应的土地覆被情况。对于降温区域，有三种土地覆被类型面积比例为 10%以上，其中 20 世纪 50 年代和 20 世纪 70 年代都为落叶阔叶林的地区占 21.06%，从落叶阔叶林转变为耕地的地区占 14.96%，从草地转变为耕地的区域约占 14.63%。对于升温区，统计前四种土地覆被类型，其中 20 世纪 50 年代和 20 世纪 70 年代都为落叶阔叶林的地区占 20.55%，从草地转变为耕地的地区占 15.41%，从草地转变为落叶阔叶林的地区占 8.37%，从草地转变为灌木林的地区占 8.08%。在不同趋势的温度变化区域内，落叶阔叶林的面积都较大，主要是因为落叶阔叶林是嫩江流域农林交错带范围内最主要的森林类型，无论是邻近土地覆被类型变化引起的升温还是降温，都对落叶阔叶林产生了显著的影响。此外，主要升温区和降温区其他土地覆被转变类型与图 4-11 中的类型基本一致。

4.2.2.2 20 世纪 70 年代与 2010 年土地覆被数据模拟结果对比

对比图 4-9（b）和图 4-6，可以看出土地覆被变化导致的气温差异在区域分布上也具有显著的差异性和规律性。其中温度差值较高的地区主要位于嫩江右岸部分区域和研究区东北部，以耕地为主；其他地区为温度差值较低的地区。

20 世纪 70 年代至 2010 年嫩江流域农林交错带土地覆被变化导致的整体气温差异统计分布如图 4-12 所示，图上横坐标代表模拟结果的差值，纵坐标代表该气温差值的栅格数量，分辨率为 1km。可以看出在土地覆被变化的影响下，嫩江流域农林交错带整体表现出降温效应，升温区相对较少，除气温变化零值以外，峰值对应的气温变化为降温 0.22℃。

与 20 世纪 50～70 年代的分析方法相同，本节在此选择 20 世纪 70 年代至 2010 年土地覆被类型转变面积最大的几种，统计这些区域上模拟气温的变化。20 世纪 70 年代至 2010 年嫩江流域农林交错带土地覆被类型转变面积最大的前四类分别是：落叶阔叶林—耕地、草地—耕地、灌木林—耕地、落叶阔叶林—草地。提取每种转变方式下的气温差值区域，统计直方图曲线如图 4-13 所示。

从图 4-13 可以看出，与 20 世纪 50～70 年代明显不同的是，20 世纪 70 年代至 2010 年主要土地覆被类型变化引起的区域气温具有显著的下降趋势。对于落叶阔叶林和草地到耕地的转变中，除了气温变化零值以外，曲线的峰值主要分布于-0.4～-0.05℃，该区间均值都接近-0.2℃，这说明在 20 世纪 70 年代至 2010 年主要的土地覆被变化过程具有降温效应。对于灌木林到耕地的转变，气温变化零值的峰值不明显，绝大多数集中在-0.5～-0.2℃，该区间均值接近-0.35℃，说明从灌木林向耕地的转变所产生的气温下降效应比落叶阔叶林、草地向耕地的转变更明显。对于落叶阔叶林向草地的转变，气温变化零值的峰值同样不明显，绝大多数集中在-0.44～0℃，该区间平均值接近-0.21℃，说明该土地覆被类型的转变与区域上其他地方气温变化效应较接近。

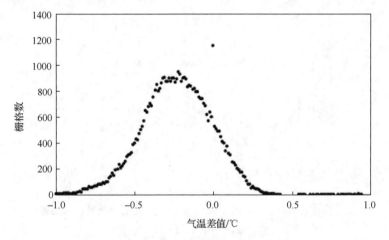

图 4-12　20 世纪 70 年代至 2010 年土地覆被变化引起的气温变化统计

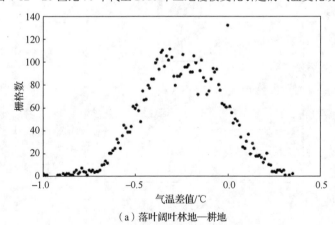

（a）落叶阔叶林地—耕地

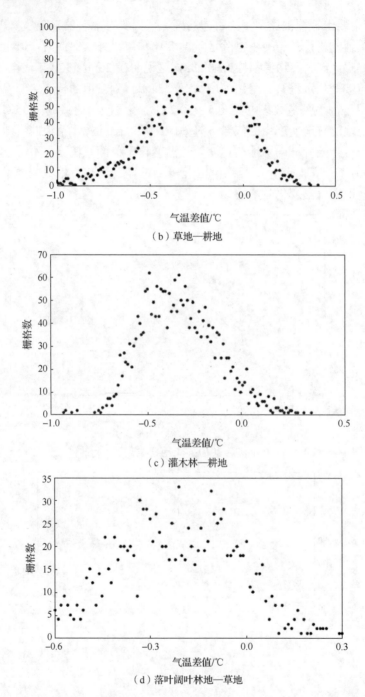

（b）草地—耕地

（c）灌木林—耕地

（d）落叶阔叶林地—草地

图 4-13　20 世纪 70 年代至 2010 年主要土地覆被类型对应的区域气温变化统计

与前一时段类似，本节还对两种土地覆被数据模拟的气温结果差值进行分级，考虑数据四分位分布和升降温效应，提取升温和显著降温的区域，其中升温的区域为气温差值大于 0℃的区域，显著降温区域为气温差值小于-0.35℃的区域。进而统计显著升温和降温区对应的土地覆被情况。对于显著降温区，面积比例最大的前三类都是两个时期未发生变化的土地覆被类型区，分别是耕地、落叶阔叶林和湿地；其次是发生变化的三种土地覆被类型区，分别是落叶阔叶林—耕地、草地—耕地和灌木林—耕地，分别占显著降温区总面积的 8.96%、6.90%和 6.75%。对于升温区，面积比例占前三位的是落叶阔叶林、耕地和湿地；其次是发生变化的两种土地覆被类型区，分别是落叶阔叶林—耕地、草地—耕地，分别占升温区总面积的 6.39%和 5.58%。可以看出，嫩江流域农林交错带主要有三种土地覆被类型，落叶阔叶林、耕地和湿地无论在升温区还是在显著降温区，都占有较大的比例。而升温区和显著降温区中发生变化的主要土地覆被类型相同，由于整体升温效应较弱，统计结果的对比不显著。

4.2.2.3 两个时期气温敏感性变化的对比与分析

在嫩江流域农林交错带区域，20 世纪 50～70 年代主要的土地覆被类型为草地—耕地、草地—落叶阔叶林的转变，区域整体气温表现为升温效应；20 世纪 70 年代至 2010 年主要的土地覆被类型为落叶阔叶林—耕地、草地—耕地的转变，区域整体气温表现为降温效应。

根据不同的土地覆被转变类型，对气温变化进行分区统计后发现，不同类型的土地覆被转变所表现出来的气温变化分布与整个研究区的总体趋势基本一致。也就是说，气温变化的尺度较大，土地覆被变化的尺度较小，尽管气温变化是由土地覆被变化引起的，但是根据不同土地覆被变化类型区统计的气温变化之间差异不显著。

20 世纪 70 年代至 2010 年，降温效应主要由落叶阔叶林向耕地的转变引起。尽管 20 世纪 50～70 年代土地覆被变化整体上是增温效应，但落叶阔叶林向耕地的转变在小尺度的统计上仍然具有一定的降温效应。其中 20 世纪 50～70 年代落叶阔叶林向耕地的转变面积相对较小且分散，较小的变化图斑所产生的降温效应不明显，而在相对集中的地区，这种效应则更明显地体现出来，如图 4-8 中林地向耕地的转变区在图 4-9（b）中对应明显的低温区。而 20 世纪 70 年代至 2010 年由于转变的面积较大且分布相对集中，整体都表现出这种趋势。

20 世纪 50～70 年代，增温效应主要由草地向耕地的转变引起，而 20 世纪 70 年代至 2010 年在草地向耕地转变区的气温差异统计却没有表现出增温效应。其原因可能是 20 世纪 70 年代至 2010 年草地转变为耕地的面积小而分散，并且绝大多数草地转变为耕地的区域都与林地向耕地转变的区域相邻（图4-6），同时区域整体的降温效应掩盖了小尺度的增温。

4.2.3 嫩江流域农林交错带地表温度敏感性模拟

由于大气流动性高，小尺度下不同土地覆被变化导致区域气温在空间上的差异并不显著。为了更精确地描述土地覆被变化对温度的影响，本节将进一步分析土地覆被变化导致地表温度的差异。与气温不同，地表温度受土地覆被影响较大，同时气温的变化在很大程度上受地表温度影响。地表温度的差异直接导致地表向大气传递的显热的差异，以及蒸发引起的潜热的变化，从而导致气温的变化。与气温相比，土地覆被对地表温度的影响更加显著。

在本节 WRF 模式的输出中，导出三期土地覆被类型对应的地表温度结果，并对20世纪50～70年代、20世纪70年代至2010年分别做差值，结果如图4-14所示。

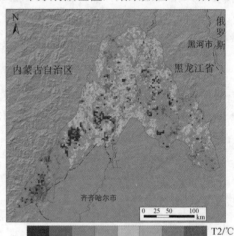

	T2/℃			T2/℃
−4.28 −1.74 −0.62 −0.21　0　0.45 0.97 1.65 3.25			−3.42 −1.64 −1.04 0.50　0　0.22 0.58 1.96 4.56	

（a）20世纪50～70年代土地覆被数据的差值　　　　（b）20世纪70年代至2010年土地覆被数据的差值

正值代表20世纪70年代地表温度偏高，　　　　　正值代表2010年地表温度偏高，负
负值代表20世纪50年代地表温度偏高　　　　　值代表20世纪70年代地表温度偏高

图4-14　不同土地覆被条件下地表温度的变化（见书后彩图）

将两个差值数据进行直方图统计，得到曲线如图4-15所示。

从图4-15中可以看出，与气温变化趋势相同，20世纪50～70年代土地覆被变化导致研究区整体的地表平均温度具有显著的增温效应；而20世纪70年代至2010年土地覆被变化导致研究区整体的地表平均温度具有显著的降温效应。参照图4-14可以看出，20世纪50～70年代增温效应较显著的地区主要位于小兴安岭山前丘陵区，大兴安岭山前丘陵也有零星分布，在图上显示为红色；20世纪70

年代至 2010 年降温效应较显著的地区主要位于大兴安岭山前丘陵区,小兴安岭山前也有零星分布,在图上显示为深蓝色。

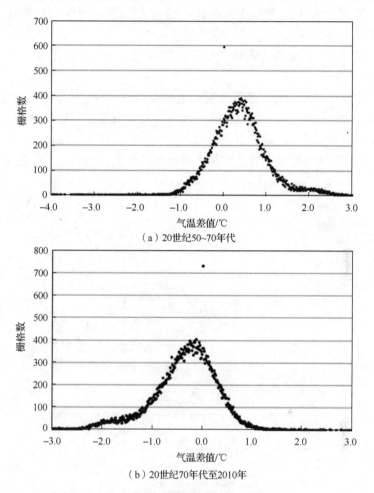

（a）20世纪50~70年代

（b）20世纪70年代至2010年

图 4-15　不同土地覆被数据对应的地表温度变化分布

4.2.3.1　20 世纪 50 年代与 20 世纪 70 年代土地覆被数据模拟结果对比

对于 20 世纪 50 年代与 20 世纪 70 年代土地覆被数据对应的地表温度差异,将其分级得到显著降温区和显著升温区。显著降温区为地表温度差异小于-0.3℃的区域,显著升温区为地表温度差异大于 1℃的区域。统计显著降温区和显著升温区的土地覆被状况表明:显著降温区中面积比例最大为草地—耕地转变,占19.76%,第二为未变化的落叶阔叶林,面积占 16.71%,第三为落叶阔叶林—耕地转变，面积占 13.07%，其他面积比例较小；显著升温区中面积比例最大的为草地—灌木林转变，面积占 16.02%，第二为落叶阔叶林—灌木林转变，面积占 14.51%，第三为未变化的落叶阔叶林，第四才为草地—耕地的转变，面积占 8.90%。选择草地—耕地、草地—灌木林、落叶阔叶林—耕地和落叶阔叶林—灌木林四种转变方式，分析这四种类型变化对应的地表温度变化分布，如图 4-16 所示。

从图 4-16 中可以看出，四种主要土地覆被类型转变中，草地—耕地、草地—灌木林和落叶阔叶林—灌木林这三种对地表温度具有显著的增温效应，而落叶阔叶林—耕地的转变对地表温度具有显著的降温效应。作为该时段最主要的土地覆被变化方式，草地—耕地的转变整体上对地表温度的增温效应比降温更明显，但

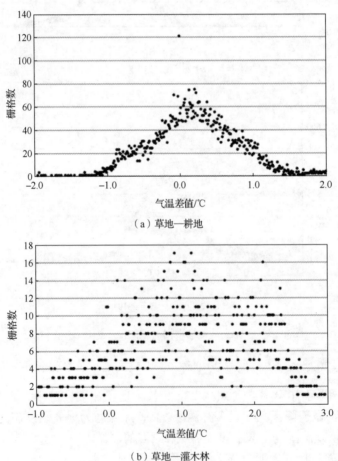

（a）草地—耕地

（b）草地—灌木林

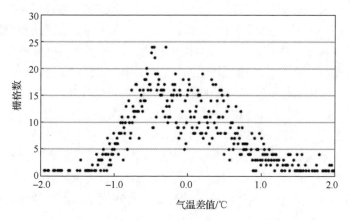

（c）落叶阔叶林—耕地

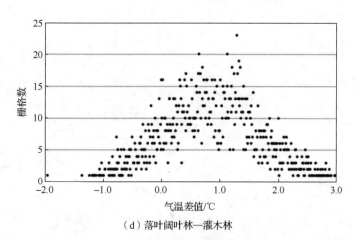

（d）落叶阔叶林—灌木林

图 4-16　20 世纪 50~70 年代主要土地覆被类型变化对应的地表温度变化统计

二者差别不大。草地和落叶阔叶林到灌木林的转变显著地增加了地表温度。落叶阔叶林到耕地的转变以降温效应为主，可能受邻近区域的影响，也有部分区域表现出增温。总的来说，20 世纪 50~70 年代土地覆被变化对地表温度的影响趋势比气温更加清晰，不同土地覆被变化类型之间的对比显著。

4.2.3.2　20 世纪 70 年代与 2010 年土地覆被数据模拟结果对比

对于 20 世纪 70 年代与 2010 年土地覆被数据对应的地表温度差异，将其分级得到显著降温区和显著升温区。显著降温区为地表温度差异小于 -1℃ 的区域，显著升温区为地表温度差异大于 0.3℃ 的区域。统计显著降温区和显著升温区的土地覆被状况表明，这一时期显著降温范围较大，包括多种未变化的土地覆被类型面积，如未变化耕地比例为 17.33%、未变化落叶阔叶林比例为 12.40%、未变化湿地比例为 10.64%、未变化灌木林比例为 9.64%，其他为土地覆被类型发生转变的区域，包括灌木林—耕地的转变（面积比例为 16.48%）、落叶阔叶林—耕地的转变（面积比例为 9.52%）、草地—耕地的转变（面积比例为 7.03%）等。显著升温区面积相对较小，其中面积比例较大的是未变化的落叶阔叶林、未变化的耕地、未变化的湿地，分别占 33.30%、17.23%、16.01%，其次为落叶阔叶林—耕地和草地—耕地，分别占 6.82% 和 5.43%。选择灌木林—耕地、落叶阔叶林—耕地和草地—耕地这三种土地覆被变化方式，分析具体变化对地表温度的影响分布（图 4-17）。

从图 4-17 中可以看出，该时段三种主要土地覆被类型转变对地表温度都具有显著的降温效应。其中灌木林向耕地的转变降温效应最强烈，但研究区内灌木林

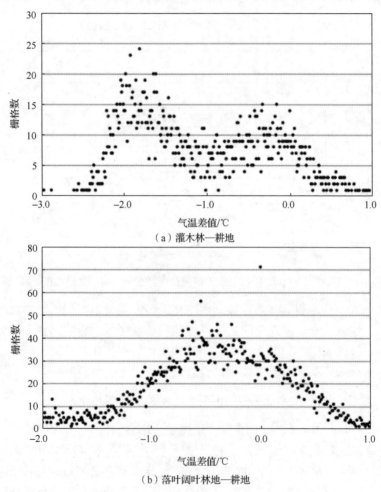

（a）灌木林—耕地

（b）落叶阔叶林地—耕地

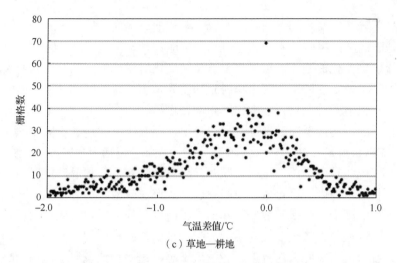

（c）草地—耕地

图 4-17 20 世纪 70 年代至 2010 年主要土地覆被类型变化对应的地表温度变化统计

向耕地转变的面积比例较小，而落叶阔叶林向耕地的转变面积比例最大、分布最广，而且对地表温度的降温效应也较显著。与 20 世纪 50～70 年代不同的是，草地向耕地的转变也表现出显著的降温效应，其原因可能与气温变化类似，即草地向耕地转变对温度的影响受到林地向耕地转变区域的影响。

4.2.4 结论与讨论

经过上述分析，得出以下结论。

（1）20 世纪 50～70 年代，研究区域主要的土地覆被类型转变方式为：草地—耕地、草地—落叶阔叶林、落叶阔叶林—灌木林和落叶阔叶林—耕地。在这种土地覆被变化过程和格局影响下，区域气温和地表温度整体上表现出增温效应。其中草地—落叶阔叶林和落叶阔叶林—灌木林这两种转变方式增温较为强烈，草地—耕地的转变方式也具有一定的增温效应，落叶阔叶林—耕地的转变对气温影响较为离散，对地表温度的影响表现出降温效应。

（2）20 世纪 70 年代至 2010 年，研究区域上主要的土地覆被类型转变方式为：落叶阔叶林—耕地、灌木林—耕地和草地—耕地。在这种土地覆被变化过程和格局的影响下，区域气温和地表温度整体上表现出降温效应。其中，落叶阔叶林—耕地和灌木林—耕地这两种转变方式降温较为强烈，而草地—耕地的转变由于受到周围区域的影响，也表现出一定的降温效应。

（3）与气温相比，地表温度随着土地覆被类型的转变具有更显著的变化，而且随着不同土地覆被转变方式之间的变化也更明显。

概括地说，在研究区域内，灌木林、落叶阔叶林的增加会导致区域气温和地表温度显著升高，耕地的增加导致区域气温和地表温度降低。草地与耕地对区域气温和地表温度的影响基本一致，但部分草地具有一定的增温效应。

分析这种变化的原因，可以将土地覆被变化对温度的影响归结为两大因素，即辐射驱动和非辐射驱动。其中辐射驱动主要是土地覆被变化导致的地面反照率的变化，非辐射驱动主要是蒸散比率和地表粗糙度的变化，这两个方面对温度的影响是相反的，地面反照率增加会导致降温，蒸散比率和地表粗糙度的增加会导致升温（Davin et al.，2010）。对研究区来说，森林（包括灌木林、落叶阔叶林等）向耕地、草地的转变会增加地面反照率，导致降温效应；相反，草地向灌木林、落叶阔叶林的转变则会降低地面反照率，导致增温效应。另外，灌木林、落叶阔叶林等森林的减少会降低蒸散比率和地表粗糙度，导致增温效应；相反则导致降温效应。而区域土地覆被变化对温度的影响是以上两种过程的叠加，从本节的研究结果来看，地面反照率对温度的影响大于蒸散比率和地表粗糙度的影响，从而在 20 世纪 50~70 年代表现出增温效应，而在 20 世纪 70 年代至 2010 年表现出降温效应。该结论与其他学者的研究结果具有一致性，例如，Davin 等（2010）利用一个耦合的陆地-海洋-大气 GCM 模型模拟大尺度森林砍伐对气候的影响时，结果表明，森林砍伐增加了地面反照率，导致 1.36℃的降温效应，森林砍伐还降低了蒸散比率和地表粗糙度，分别导致 0.24℃和 0.29℃的增温效应，全球整体森林砍伐的生物物理影响具有 1℃左右的降温效应。其中热带地区森林变化中蒸散比率和地表粗糙度起主导作用，因此区域上表现出增温效应；而中、高纬度的森林砍伐中，地面反照率的变化起主导作用，因此区域上表现出降温效应。其他学者利用气候模式模拟的中纬度森林砍伐也得出了相似的结论（Feddema et al.，2005；Bounoua et al.，2002；Betts，2001；Govindasamy et al.，2001）。对于中纬度的中国东北地区，森林砍伐的净效应是降温，而且本节更高分辨率的模拟结果对这种降温效应做出了更细致的刻画。

尽管如此，本节所得到的结论具有一定的不确定性。首先，20 世纪 50 年代的土地覆被数据的数据源为 1954 年出版的 1:10 万地形图，一方面测绘精度无法与当前精度相比，另一方面土地覆被分类系统也与当前不同。该数据中，嫩江流域在 20 世纪 50 年代有很大面积的草地分布，而这些草地的一部分在 20 世纪 70 年代转变为落叶阔叶林、灌木林等，从而得出了增温效应的结果。通过对土地变化过程的分析，嫩江流域在 20 世纪 50 年代土地覆被数据中的草地可能是森林砍伐后形成的，该草地的地表参数与当前草地有显著差异，进而导致 20 世纪 50~70 年代增温效应的不确定性较高。下一步的研究要更加科学、合理地分析过去的土地覆被变化过程，以更精确的地表参数描述历史上和当前不同的土地覆被类型及其变化。

4.3 1951～2010年嫩江流域农林交错带土地覆被与气候变化的综合模拟分析

在4.2节中，我们将土地覆被数据作为时间变化序列输入WRF模式，在相同的气候场中模拟了土地覆被变化对温度影响的敏感性。该方法可以量化单独的土地覆被变化对区域气候因素的影响，但利用过去土地覆被条件与当前气候场的模拟结果无法反映当时的真实状况，因此难以将土地覆被与气候变化进行综合分析。在本节中，基于NCEP/NCAR全球再分析产品数据，模拟嫩江流域农林交错带与土地覆被数据对应时期的气候要素。其中，20世纪50年代的土地覆被数据对应1951年的气候场来模拟，20世纪70年代的土地覆被数据对应1978年的气候场来模拟。与4.2节相同，模拟时间为7月份，输出月平均气温。

首先，得到1951年和1978年模拟气温的差值，如图4-18所示。

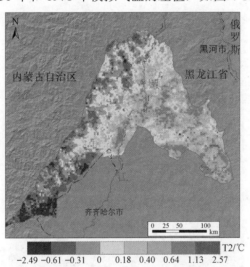

图4-18 1951年与1978年7月平均气温模拟差值（见书后彩图）
正值代表增温，负值代表降温

对其进行直方图统计，得到图4-19。

从图4-19中可以看出，与1951年相比，1978年嫩江流域农林交错带的7月平均气温整体上升温区面积大于降温区，在统计图上分别位于0℃差值两侧。对应在图4-18中，升温区主要位于嫩江以东以及较近的西岸，地貌以平原和丘陵为主；降温区主要位于嫩江西部海拔较高的地区，地貌以山地为主。其中绝大多数降温区温度下降不超过 0.35℃，嫩江以西南部部分地区降温幅度较大；绝大多数升温区温度上升幅度在 0.6℃ 以内，嫩江以东海拔较低地区升温更显著。

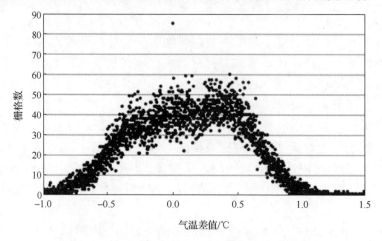

图 4-19　1951 年与 1978 年 7 月平均气温模拟差值统计

最高对应 0℃

其次，得到 1978 年和 2010 年模拟气温的差值，如图 4-20 所示。

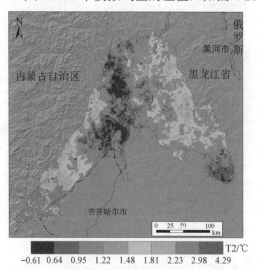

图 4-20　1978 年与 2010 年 7 月平均气温模拟差值（见书后彩图）

正值代表增温，负值代表降温

对其进行直方图统计，得到图 4-21。

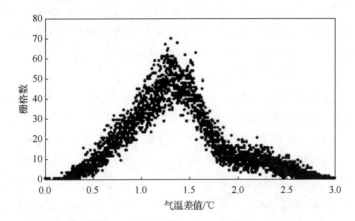

图 4-21　1978 年与 2010 年 7 月平均气温模拟差值统计
最高对应 0℃

从图 4-20 和图 4-21 中可以看出，嫩江流域农林交错带 2010 年 7 月平均气温比 1978 年 7 月平均气温明显上升，几乎整个研究区气温全部升高，而且升高幅度较大。集中在 0.85～1.65℃。在图 4-20 中，升温最强烈的地区主要位于研究区的西南部，即大兴安岭中南部，以及小兴安岭山前丘陵部分地区，这些地区气温上升超过了 1.5℃。升温较弱的地区主要分布于研究区嫩江西岸的部分地区，以及研究区东南部。

总的来说，1951 年、1978 年和 2010 年 7 月平均气温整体上具有上升趋势，与 1951 年相比，1978 年温度上升不显著，而 2010 年比 1978 年显著升温。该趋势和 4.1 节中对嫩江流域气温变化的整体趋势基本一致，即前 40 年波动上升，而后 20 年显著上升。

为了分析 4.2 节模拟的土地覆被变化导致的气温变化与本节模拟的实际气温变化之间的关系，在此首先对两种数据进行相关性统计分析，如表 4-1 所示。

表 4-1　土地覆被变化引起的气温差异与实际气温差异的相关性统计

年份	相关系数
1951 和 1978	0.50336
1978 和 2010	−0.16648

从表 4-1 中可以看出，1951 年和 1978 年土地覆被变化引起的气温差异与实际气温差异之间的相关性比 1978 年与 2010 年的相关性高很多。这表明 1951 年与 1978 年气温变化中，土地覆被变化对气温变化的一致性较好，而 1978 年与 2010

年土地覆被变化引起的气温变化与实际气温变化之间是相反的趋势,而且相关性不大。4.2 节的分析结果表明,由于土地覆被变化,20 世纪 50~70 年代气温有增加的趋势;而 20 世纪 70 年代至 2010 年气温有下降的趋势。综合本节和 4.2 节的模拟结果表明,尽管土地覆被变化对区域气温有显著的影响,但该影响与实际气温变化之间并无显著的关联。

对两种模拟结果的相关性统计表明了两者整体变化趋势的一致性,而对比两种模拟结果的空间分布则可以从更精细的尺度分析其之间的关系。对比图 4-18 和图 4-9(a)可以看出,两者之间具有一定的相关性,某些位置表现出较一致的趋势。例如,在小兴安岭山前地区,土地覆被变化导致气温具有一定的上升趋势,而在本节对真实气温的模拟结果也显示了相似的升温趋势,在研究区中部的嫩江附近,一些地区的升温和降温分布格局也具有一定程度的相似性,研究区西南部,整体的降温趋势也较为一致。总的来说,1951 年和 1978 年的敏感性模拟和真实气温模拟之间具有一定的相关性,但不十分显著。对比图 4-20 和图 4-9(b)可以看出,两种气温变化之间几乎不具有相关性,土地覆被变化引起的气温变化在研究区有正有负,而真实气温模拟变化则基本上全为正值。而且区域差异较为显著,例如小兴安岭山前土地覆被变化导致了降温,而实际上以增温为主,研究区西南部这种差异更为显著。但在研究区中部、嫩江西侧地区,尽管真实气温的模拟结果以增温为主,但不同位置增温幅度有差异,这种差异在图 4-9(b)中有所反映,具有一定的相似格局。总的来说,1978 年和 2010 年的敏感性模拟和真实气温模拟之间相关性很低。

不同时期土地覆被变化对气温的影响具有差异性,在某时期土地覆被变化可能与整体气候变化趋势一致,从而加速了气候变化;而在某些时期土地覆被变化导致的气候效应可能与整体的气候变化趋势相反,则减缓了气候变化趋势。例如在本章模拟的 1978 年和 2010 年,尽管整体上气候呈现显著的上升趋势,但气温对土地覆被变化的敏感性模拟显示区域土地利用具有一定的降温效应,那么土地利用变化在一定程度上减缓了区域增温的程度。

对于嫩江流域农林交错带,对不同时期土地覆被变化导致的气温差异与真实气温模拟进行区域平均,得到两个时间段内的气温变化曲线,如图 4-22 所示。

图 4-22 描述了土地利用变化在不同时间对实际气温的影响情况。从图中可以看到,1978 年比 1951 年气温稍有上升,但上升幅度比土地覆被变化导致的结果小;而 2010 年比 1978 年气温显著上升,但这是土地覆被变化导致的降温效应抵消后的结果,实际上区域整体的增温趋势更加强烈。

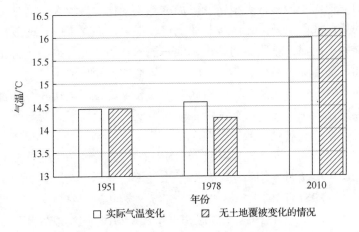

图 4-22 嫩江流域农林交错带三个时期模拟气温变化

4.4 本 章 小 结

本章以嫩江流域农林交错带为典型研究区进行了以下研究。

首先，分析了 1951～2010 年嫩江流域 7 月气温变化趋势与特征。采用 Mann-Kendall 非参数检验统计方法分析嫩江流域气候时间序列的变化趋势、周期与突变，研究表明 1951～2010 年嫩江流域 7 月平均气温具有整体上升趋势和局部波动变化，1991 年以前波动较为显著，1991 年以后气温升高趋势显著，此外还在个别年份表现出突变特征。利用小波分析方法分析气候时间序列变化的周期性，结果表明嫩江流域 7 月平均气温主要具有两个尺度的周期性：首先是 5～12 年的周期，在 1951～1990 年 10 年的周期较显著，1990 年以后 5 年的周期较显著，10 年左右的周期基本消失；另外是 21 年的周期，该周期在 60 年的时间序列中基本保持，是嫩江流域 7 月份气温变化最主要的周期性变化。

其次，在不同土地覆被条件下基于 WRF 模式模拟了气温和地表温度变化的敏感性，分析了 1951～2010 年嫩江流域农林交错带土地覆被变化的主要类型和空间分布，进而通过输入不同的土地覆被数据，分析了气温和地表温度变化的趋势、格局以及和土地覆被类型转变之间的关系。研究表明，20 世纪 50～70 年代，嫩江流域农林交错带主要土地覆被类型的转变包括草地—耕地、草地—灌木林的转变，该转变在区域上表现为增温效应；20 世纪 70 年代至 2010 年，嫩江流域农林交错带主要土地覆被类型的转变包括落叶阔叶林—耕地、灌木林—耕地、草地—耕地，这些土地覆被类型的变化导致区域具有降温的效应。其中，与气温相比，地表温度的变化对土地覆被类型转变更加敏感，变化明显较大。同时，土地覆被变化带来的增温或降温效应在区域整体上比较显著，而在不同土地覆被类型转变区上的差异并不明显。较明显的是，草地—灌木林的转变导致了气温和地表温度的显著增加，灌木林—耕地、落叶阔叶林—耕地的转变导致了气温和地表温度显著降低，而草地—耕地之间的转变引起的气温和地表温度变化并不显著，以区域整体上温度变化为主。在本研究区，土地覆被变化主要通过改变地面反照率影响地表的辐射收支过程对温度产生影响。

最后，利用不同时期土地覆被数据和相应时期的气候场数据模拟了 1951 年、1978 年和 2010 年 7 月平均气温，分析了土地覆被变化对气温影响程度的变化。模拟结果表明，1951 年、1978 年和 2010 年 7 月嫩江流域农林交错带平均气温呈现增加的趋势，1978 年比 1951 年气温稍有增加，2010 年比 1978 年增温强烈。前者变化与土地覆被变化效应相关性较高，后者相关性很低。综合 4.2 节和 4.3 节的模拟研究表明，尽管土地覆被变化对区域气温有显著的影响，但该影响与实际气温变化之间并无显著的关联。总的来说，1978 年比 1951 年气温稍有上升，但上升幅度比土地覆被变化导致的增温效应小；而 2010 年比 1978 年气温显著上升，但这是土地覆被变化导致的降温效应抵消后的结果，实际上区域整体的增温趋势更加强烈。

参 考 文 献

董满宇, 吴正方, 2008. 近 50 年来东北地区气温变化时空特征分析. 资源科学, 30(7): 1093-1099.

徐东霞, 章光新, 冯夏清, 等, 2009. 嫩江流域径流量多时间尺度特征分析. 资源科学, 31(9): 1592-1598.

Betts R A, 2001. Biogeophysical impacts of land use on present-day climate: near-surface temperature change and radiative forcing. Atmospheric Science Letters, 2(1/4): 39-51.

Bounoua L, DeFries R, Collatz G J, et al., 2002. Effects of land cover conversion on surface climate. Climatic Change, 52(5): 29-64.

Davin E L, de Noblet-Ducoudré N, 2010. Climatic impact of global-scale deforestation: radiative versus nonradiative processes. Journal of Climate, 23(1): 97-112.

Feddema J, Oleson K, Bonan G, et al., 2005. A comparison of a GCM response to historical anthropogenic land cover change and model sensitivity to uncertainty in present-day land cover representations. Climate Dynamics, 25(6): 581-609.

Govindasamy B, Duffy P B, Caldeira K, 2001. Land use changes and northern hemisphere cooling. Geophysical Research Letters, 28(2): 291-294.

IPCC, 2001. Climate Change 2001. New York: Cambridge University Press.

IPCC, 2007. IPCC Fourth Assessment Report: Climate Change 2007(AR4), Geneva, Switzerland.

Pielke R A, Adegoke J O, Chase T N, et al., 2007. A new paradigm for assessing the role of agriculture in the climate system and in climate change. Agricultural and Forest Meteorology, 142(2): 234-254.

Pielke R A, Pitman A, Niyogi D, et al., 2011. Land use/land cover changes and climate: modeling analysis and observational evidence. Wiley Interdisciplinary Reviews-Climate Change, 2(6): 828-850.

5 东北地区森林砍伐对区域气温的影响

5.1 森林砍伐的气候效应研究概述

5.1.1 研究目的与意义

土地利用/覆被变化是全球变化的重要组成部分,对气候系统产生了显著的影响。土地利用/覆被变化通过生物地球化学过程改变大气中温室气体的排放已经得到广泛关注(Anderson et al.,2011;Bonan,2008),而土地利用/覆被变化通过改变地球生物物理过程影响气候系统的研究在近年来也逐渐得到重视,因为它们可以通过改变地表辐射平衡和能量收支直接影响气候系统(Betts et al.,2007;Marland et al.,2003;Betts,2000)。研究和评估土地利用/覆被变化改变下垫面、影响陆地表层水热分配格局与能量平衡从而影响气候变化的效应,是科学认识人类活动对全球气候变化的影响所必须解决的核心科学问题之一,而且对于科学调控人类土地利用行为、减缓适应全球气候变化具有重要意义(刘纪远等,2014;Paeth et al.,2009)。

近年来研究者对土地利用/覆被变化生物地球物理效应的研究不仅关注土地利用/覆被变化气候效应的结果,更关注其影响机制。土地利用/覆被变化直接改变地表生物物理参数如反照率、地表粗糙度等,直接影响地表的辐射平衡,同时地表的叶面积指数、土壤湿度等差异直接影响地表能量的再分配(Anderson et al.,2011;Lohila et al.,2010)。对于目前的森林砍伐研究,研究者更关注热带森林(Betts,2000)和寒区森林(Bala et al.,2007)砍伐带来的增温或者降温效应,对于区域性的温带森林砍伐研究,仍存在较大的不确定性(Houspanossian et al.,2013)。尽管全球性的研究表明,温带森林的砍伐在有雪的冬季表现为与寒区森林一致的降温效应,而在夏季表现为与热带森林砍伐相似的增温效应,但在区域尺度上这些结果仍缺乏实证。

尽管森林都分布在相对湿润的地区,但是森林的湿润程度仍然具有显著的时空差异,特别是温带森林。东北地区是我国最大的森林分布区,形成了具有典型特征的农林交错带变化过程和格局(张树文等,2006)。同时,东北地区森林开垦区的湿润程度也具有显著的时空变化,这种时空差异直接影响潜热/感热的热量分配,改变地表的热量格局从而影响中尺度环流和区域气候(Durieux et al.,2003;

Pielke et al., 1998）。本章以东北地区温带森林为例，拟针对林地开垦引起土地覆被的转变，定量分析湿润程度的时空变化如何通过影响地表能量收支的变化，进而影响区域近地表气温，以及这些影响在空间上的分布趋势。

5.1.2 国内外研究现状

5.1.2.1 土地覆被变化中的生物地球物理过程对区域气候的影响研究

土地利用/覆被变化对气候变化的生物地球物理效应通过改变地面反照率、地表粗糙度和蒸散，影响地表能量收支的平衡及水汽的垂向输送，使得近地层温度、湿度、风速、蒸散等发生变化（Lee et al., 2011; Paeth et al., 2009）。而在不同地区，这些变化对区域气候产生了不同的效应。

森林砍伐通常导致地面反照率的变化，这是影响气候变化的一个关键因素（Bonan, 2008）。一般来说森林的反照率比耕地低（Loarie et al., 2010; Gao et al., 2005; Ni et al., 2000），因此土地覆被从森林到耕地的转变会降低生态系统获取短波太阳辐射的能力，导致冷效应（Betts, 2000）。由于地面反照率的相应增加，历史上中纬度的森林砍伐可能会使北半球变冷，尤其是冬季降雪后对地面反照率的增加（Brovkin et al., 2013）。但反照率增加带来的冷效应对整个气候系统而言，是蒸散对热量的再分配以另一种方式影响区域气温。

由于热带森林能够维持较高的蒸散率，热带森林的砍伐可以使局地降水和蒸散减小，导致潜热通量降低和较高的显热通量（Davin et al., 2010），增温效应大于地面反照率引起的降温效应，近地表温度升高，因此未来热带雨林的砍伐可能会导致局部气候变暖、变干（Foley et al., 2005; Feddema et al., 2005）。当耕地表面具有较高的温度，森林到耕地的转变会增加上行长波辐射量，引起额外的净能量损失（Rotenberg et al., 2010）。此外，蒸散的变化还影响了大气中水汽的含量，较少的水汽降低了温室效应，导致降温；而云量的减少导致了太阳辐射的增加，进而形成增温效应（Nosetto et al., 2012; Dessler, 2010; Werth et al., 2002）；或者农业活动增加风蚀和气溶胶的形成，这种土地利用变化可能在不同方面改变行星反照率（Betts, 2007; Houghton et al., 2001）。由于大量参数的影响，这两种反馈之间数量的对比具有很大的难以确定性（Dessler, 2010）。

森林具有较高的冠层粗糙度以及空气动力学传导率，能以较强的能力将能量以感热和潜热的形式释放到周围大气中（Jackson et al., 2008），森林砍伐引起地表粗糙度和湍流的降低，从理论上会产生增温效应（Nosetto et al., 2012）。然而，较低的湍流导致的热量和水汽传输的减少又会增加地表和大气之间温度和含水量的梯度，反过来削弱这种增温效应。Davin 等（2010）对森林向草地转变中地表粗糙度的敏感性分析表明，仅粗糙度的变化会使全球气温升高 0.29℃，其中热带地区的效应更明显，原因是具有更大的叶面积指数和植被高度的变化。

森林砍伐对区域气候的影响是各种效应的总和，既包括上述生物地球物理效应也包括生物地球化学效应（碳收支等）。由于区域性的差异和复杂的反馈机制，这些单要素的效应也难以进行比较和量化。

5.1.2.2 基于地表状态变化的土地覆被变化区域气候效应模拟研究

随着气候模型和陆面模型不断发展，已经有相当一部分研究采用耦合的区域-陆面模式来探索不同的物理过程以及其对区域气候、降水和能量收支的影响，以及陆气、大气之间的相互作用等，特别是土地覆被变化中森林到耕地的转变效应（Houspanossian et al.，2013；Wickham et al.，2013；郑益群等，2002；Xue et al.，2001）。在各个模型中，WRF 模式支持高空间分辨率，并且具有最新的动力框架和参数化方案，近年来许多研究者利用 WRF 模式进行了地表特征和气候效应的研究。

陆面资料是数值模式的重要输入数据，其准确性直接影响数值模式对陆面过程和大气边界层特征的模拟。Gao 等（2008）通过改进黑河流域地形、土地利用、土壤类型、土壤参数和植被覆被度资料模拟研究了陆面资料对近地面气象场模拟精度的影响。此外，由于 WRF 模式中 Noah 陆面方案对城市土地利用参数化的逐渐优化，以及对地表显热和潜热通量刻画能力的提高，利用 WRF 模式分析城市热岛效应和城市化对区域气候的影响的研究已经比较广泛（Chen et al.，2011；曾新民等，2011；Ma et al.，2009）。

遥感数据对 WRF 模式中地面参数的精确描述进一步提高了陆面-大气过程的模拟能力，一方面高精度的空间化数据为 WRF 模式中的参数化方案提供了更精细的数据支持，另一方面对于连续变化的参数，较高时间分辨率的近实时的遥感数据进一步提高了模式对陆面过程变化的描述精度。

然而，气候模型结构、物理过程和参数化方案的差异可能导致不同的结果（Diffenbaugh，2009；Jackson et al.，2005）。此外，基于遥感的一些研究也表现出与模型模拟不同的结果（Wickham et al.，2013，2012），耦合多源遥感数据的模型模拟可能是解决这一问题的有效途径。

5.1.2.3 温带林地开垦气候效应的区域性研究

以温带森林砍伐为例，国内外大多数对森林转变为耕地的模拟研究表现出了不同程度的冷效应，但有些研究则表现出近地表气温的升高（Zhang et al.，2015；

Lee et al., 2011; Sertel et al., 2011)。其中的冷效应是指反照率增加引起总能量输入的减少，但对蒸散对应的潜热通量变化在其中的作用并未深入研究，导致近地表气温变化仍有很大的不确定性。

Brovkin 等（2006）的模拟研究认为北半球森林砍伐能引起北半球高纬度地区降温，尤其是在春季降温更加明显。Bonan 等（2002）的研究认为温带森林砍伐使美国中部和东部地区年平均气温降低 0.6～1℃，而且温带地区森林砍伐对气候的影响有很大的不确定性。Diffenbaugh（2009）模拟了美国土地利用变化对区域气候的影响，表明土地利用变化使气温降低，尤其是在暖季，他指出这种暖季的降温效应是由土壤湿度和地面反照率的变化造成的。Chase 等（2003）的研究认为中尺度土地利用变化可以导致北半球春天地面温度下降，同时可以使亚洲季风强度减弱。Houspanossian 等（2013）基于 MODIS 反照率和表面温度数据，利用列辐射模型（column radiation model，CRM）模拟了阿根廷中部半干旱森林与耕地的转变对地表能量收支的影响，结果表明生物地球物理过程的变化带来的变冷效应会抵消大约四分之一的碳增暖效应。

在中国，Zhang 等（2013）、Dong 等（2013）应用 WRF、RegCM3 和 RIEMS 对中国东北开垦、华南林地扩张和华北退耕等典型区域土地利用变化的区域气候效应展开了长期积分模拟，结果表明 20 世纪 80 年代以来东北开垦对区域气候影响的主要强信号是土地利用/覆被变化引起的地面反照率增加导致的地表气温下降。Yu 等（2015）和 Liu 等（2016）的模拟表明东北地区的森林砍伐在夏季和冬季都表现出了降温效应。而 Zhang 等（2015）利用不同的区域气候模型（RegCM3 和 WRF）的研究则表现出相反的效应。因此，需要从地表能量收支变化的角度更深入分析该土地覆被变化对气候系统的影响。

Snyder 等（2004）的研究则认为温带森林砍伐对气候的影响与季节有关，冬季雪盖反照率高，森林砍伐的效应与高纬度森林砍伐所引起的降温效应相类似，夏季则与热带森林砍伐的效应类似。然而，这些不同过程的相对重要性却没有被定量化，所以阻碍了人们对不同纬度森林砍伐的生物地球物理过程影响的理解。

5.1.3 研究现状总结与展望

通过对当前研究现状的评述，本节得出以下几点认识。

（1）土地覆被变化改变了地面反照率、地表粗糙度和蒸散，经过地表和大气间的生物地球物理过程影响能量收支，进而对区域甚至全球气候产生影响。对于林地开垦区，地面反照率增加带来的冷效应和近地表温度的不确定性并存，其中蒸散的潜热通量变化是重要的影响因素。全球不同地区的模拟研究表明了这种区域差异性，但并未定量分析这种变化的趋势，温带不同湿润地区蒸散量的差异有助于揭示这个规律。

（2）基于区域气候模式和陆面模式的模拟研究中更精细准确的地面资料有助于提高陆面能量收支过程和气候效应的模拟精度，从而更精确刻画土地覆被变化气候效应的区域性问题，而遥感的时空连续数据的应用是重要手段。

5.2 森林砍伐对区域气温的影响

5.2.1 研究区概况与数据处理

5.2.1.1 研究区概况

东北地区位于温带季风区，气候类型为典型的温带大陆性气候。年平均降水量为400～700mm，年平均气温为1.1～4.4℃。冬季严寒、漫长，夏季温暖、湿润。东北地区气候条件具有典型的分异性，东部属于湿润半湿润气候，西部属于半干旱半湿润气候（张树文等，2006）。

20世纪中叶以前，中国东北地区森林广袤、人口稀少。随着人口的快速增长以及对食物需求的增加，东北地区森林和草地遭到大面积的开垦，其景观格局发生了显著的变化，对区域气候及区域环境产生了显著的影响。东北地区以森林、草地和耕地为主要的土地利用类型，三种类型交错分布，人类活动的影响使之形成了较为破碎的土地利用格局，使研究区成为研究土地利用变化气候效应的重要区域。

5.2.1.2 数据来源与处理

1. 干燥度指数

干燥度指数（aridity index，AI）是衡量一个区域干湿程度的指数，已经被广泛应用于地理学和生态学研究中。近年来，该指数已被用作全球变化中一个重要的气候指示器，特别对干旱以及沙漠化有很好的指示作用。下面利用大于10℃的积温与降水累积值的关系估算研究区的干燥度指数（于贵瑞等，2004）：

$$AI = \frac{0.16 \times \sum T_{\geq 10℃}}{\sum R_{\geq 10℃}} \tag{5-1}$$

式中，$\sum T_{\geq 10℃}$和$\sum R_{\geq 10℃}$分别表示日平均气温大于10℃的气温和降水的累积值。干燥度指数代表潜在蒸散与降水的比值。气温和降水数据来源于CMDC。首先对日平均气温大于10℃的气温的降水数据进行挑选，然后基于三维二次曲面模型，

在 $\alpha = 0.001$ 的显著水平上进行残差插值（于贵瑞等，2004）形成积温和累积降水的空间分布数据，最后利用 ArcGIS 空间分析工具计算研究区的干燥度指数。一般来讲，湿润气候 AI 通常小于 1，半湿润为 1～1.5，半干旱为 1.5～3.5，3.5 以上代表干旱气候带。本节利用湿润、半湿润、半干旱和干旱气候带的分段节点对形成的 AI 空间分布数据进行重新分类，得到研究区的气候带（图 5-1）。

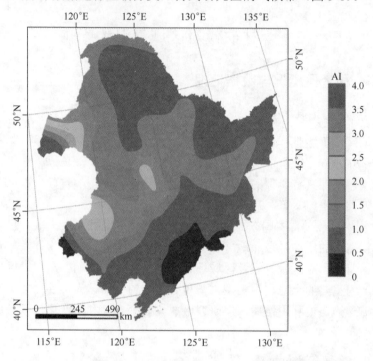

图 5-1 东北地区的干燥度分区（见书后彩图）

由图 5-1 可以看出，研究区主要包含了湿润、半湿润和半干旱三个气候带，因此我们将分析三个主要气候带条件下森林砍伐对区域气温的影响。

2. 地表参数数据

土地覆被变化通过改变地表参数影响生物地球物理过程进而影响不同尺度的气候系统。考虑 WRF 模式中自带的地表静态数据如土地覆被数据在研究区的不确定性、地表参数数据的空间不连续性等，我们需要对东北地区的地表静态数据进行本地化处理，主要包括土地覆被本地化、反照率和叶面积指数的本地化。

我们利用 2010 年的土地覆被数据对 WRF 模式中的土地覆被数据进行更新，2010 年的土地覆被数据是利用 Landsat TM5 遥感影像通过人机交互解译获得的（图 5-2），数据精度为 80%～88%，空间分辨率为 30m。利用 ArcGIS 空间分析工具，计算不同尺度网格（27km、9km、3km）中每种土地覆被类型的比例（LANDUSEF）、最主要的土地覆被类型（LANDINDEX）以及水体掩膜数据（LANDMASK）。最后采用 MATLAB 编程实现 geo.nc 文件中三个土地覆被文件的替换更新。

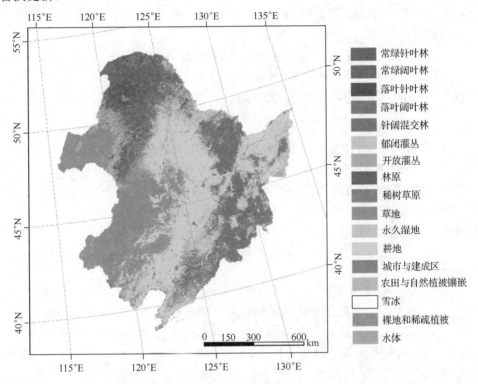

常绿针叶林
常绿阔叶林
落叶针叶林
落叶阔叶林
针阔混交林
郁闭灌丛
开放灌丛
林原
稀树草原
草地
永久湿地
耕地
城市与建成区
农田与自然植被镶嵌
雪冰
裸地和稀疏植被
水体

图 5-2   东北地区 2010 年土地覆被图（见书后彩图）

地面反照率是表征地表辐射和能量平衡的关键因子，我们基于 MODIS 数据对地面反照率进行了估算，采用的 MODIS 产品主要包括 MCD43B3、MOD04 和 MOD03。真实的地面反照率可以表示为

$$\alpha = \alpha_w \times S(z, b, od, amt) + \alpha_b \times [1 - S(z, b, od, amt)] \tag{5-2}$$

式中，α 代表地表真实的反照率；α_w 为白空反照率；α_b 是黑空反照率；S 是天空散射因子，它是太阳天顶角 z、波长 b、0.55nm 的光学厚度 od 和气溶胶类型 amt 的函数（Lucht et al.，2000）。本节中 S 是通过 6S 模型生成的查找表计算得来，查找表中包含了不同太阳天顶角、波长、光学厚度和气溶胶类型的天空散射因子的值，其中太阳天顶角和光学厚度分别由 MOD03 和 MOD04 数据得到，黑空和白空反照率由 MCD43B3 得到。研究区气溶胶类型为大陆型，因此设

amt=1。为了避免从反照率窄波段向宽波段的转变，直接采用短波波段的白空反照率和黑空反照率作为输入值。对计算得到的真实地面反照率进行逐月平均得到月平均地面反照率数据，基于土地覆被类型的纯像元（1km 范围内 90%以上为某一土地覆被类型），可以计算得到各土地覆被类型的地面反照率值的年内变化以及最大值和最小值，替换掉 VEGPARM.TBL 中的数据，实现地面反照率在本区域的更新。

叶面积指数是表征冠层结构的一个重要指标，代表植物群落的生产力，直接影响陆面与大气的相互作用（McPherson，2007）。我们利用 MOD15A2 产品获取叶面积指数的空间分布，计算不同季节各土地覆盖类型的叶面积指数。

3. 气象观测数据与再分析资料

本节采用气候场资料对 WRF 模型进行驱动，利用气象观测数据对模式模拟结果进行可靠性检验。本节从 CMDC 获取 2010 年 7 月和 12 月覆盖研究区的 101 个气象站点的 2m 处逐日气温数据，用于验证模型输出的 2m 气温的精度。气候场数据为 2.3.1.1 节中介绍的 NCEP 数据，采用 2010 年 7 月 1 日~31 日和 12 月 1 日~31 日的 FNL 数据。

5.2.1.3　研究方法

本节采用 WRF 模式和不同的控制方案研究森林砍伐对区域气温的影响。在研究中，设计 4 个方案来量化森林砍伐对区域气温的影响：情景 1，土地覆被处于原始状态，所有的耕地区域都是原始森林。在这种情况下，我们将 2010年的土地覆被图中的耕地用林地代替，并模拟东北地区 2010 年 7 月份区域温度的空间分布。情景 2，土地覆被状况是 2010 年真实的土地覆被状态，模拟时间为 2010 年 7 月份。情景 3 和情景 4 中的土地覆被状态分别与情景 1 和情景 2相同，模拟时间为 2010 年 12 月 1 日~31 日。情景 1 与情景 2 的不同在于土地覆被状态及对应的地表参数的差异。情景 1 与情景 3 只在模拟时间上不同，其他都是相同的。从情景 1 转变为情景 2 导致的区域气温的变化即可表示森林砍伐对区域 7 月份气温的影响，而从情景 3 转变为情景 4 导致的区域气温的变化表示了森林砍伐对区域 12 月份气温的影响。4 个情景都为三重嵌套，水平分辨率分别为 27km、9km 和 3km。最外层的嵌套（d01）分辨率为 27km，覆盖了东北亚和西太平洋的整个区域，包含了夏季季风和蒙古高压系统对冬季的影响，包括 152 个×152 个网格。中间的嵌套（d02）水平分辨率为 9km，覆盖了 322个×289 个网格。最内层嵌套（d03）水平分辨率为 3km，包含了整个东北地区，投影都设为 Albers 投影。

5.2.2　东北地区森林砍伐对区域气温的影响

5.2.2.1　不同季节的地表参数空间分布

地面反照率反映了地表吸收太阳辐射的比例，是影响区域和全球气候的关键因素之一（Li et al.，2013；Barnes et al.，2008）。许多研究和模型使用固定值来表示不同土地覆被类型的反照率（Kvalevag et al.，2010）。WRF 模型提供了获取地表参数的两种方法：一种是基于遥感数据，另一种是基于植被参数表。虽然遥感数据可以提供更详细的地表信息，但假设情景的地表参数不能从卫星得到。WRF 模型可以使用最大值和最小值定义不同土地覆盖类型的反照率，这为获得 4 种场景反照率的空间分布提供了一种很好的方法。WRF 模式中的初始数据和参数化方案大都在美国或者欧洲进行试验和测试，因此，针对我们的研究，需要对模式的参数和数据进行本地化处理，以使模拟更加准确，这部分内容已在 3.1 节中讲述。

基于 MCD43B3 数据和其他辅助数据，我们得到了 2010 年 7 月和 12 月研究区真实地面反照率（图 5-3）。

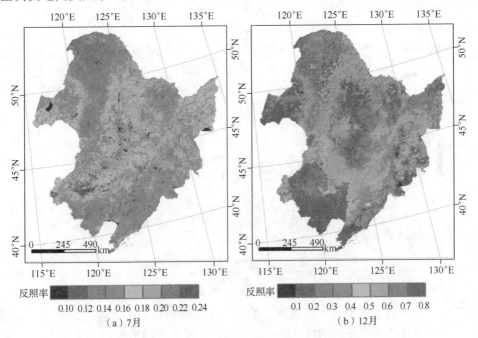

图 5-3　东北地区 7 月和 12 月地面反照率空间分布（见书后彩图）

从图 5-3 可以看出，7 月份的地面反照率在 0.1~0.24 变化，具有明显的空间异质性，这种异质性大都与土地覆被类型相关。农田和草地的反照率高于林地，而水体的反照率最低。12 月份受降雪的影响，不同土地覆被类型的反照率之间差异性明显，表现为具有一定冠层结构的林地类型反照率偏低，稀疏及低矮植被如草地和耕地受积雪的遮挡，表现为较高的地面反照率。

为了得到不同土地覆被类型的反照率统计值，我们利用 ArcGIS 的空间分析工具，计算不同季节（7 月和 12 月）不同土地覆被类型的最大和最小地面反照率，结果如表 5-1 所示。

表 5-1　研究区不同土地覆被类型 7 月和 12 月地面反照率统计值

土地覆被类型	7 月最小反照率	7 月最大反照率	12 月最小反照率	12 月最大反照率
常绿针叶林	0.10	0.10	0.21	0.22
常绿阔叶林	0.12	0.12	0.23	0.30
落叶针叶林	0.12	0.12	0.30	0.32
落叶阔叶林	0.15	0.16	0.32	0.34
混交林	0.13	0.14	0.27	0.28
郁闭灌丛	0.13	0.14	0.50	0.52
开放灌丛	0.13	0.13	0.44	0.47
林原	0.13	0.14	0.36	0.37
稀树草地	0.13	0.14	0.41	0.44
草地	0.15	0.15	0.55	0.59
永久湿地	0.12	0.13	0.53	0.58
耕地	0.16	0.17	0.57	0.62
城市与建成区	0.15	0.15	0.47	0.49
耕地与自然植被镶嵌	0.15	0.16	0.46	0.47
雪冰	0.59	0.63	0.59	0.63
裸地与稀疏植被	0.38	0.38	0.56	0.61
水体	0.06	0.06	0.58	0.60
木本苔原	0.15	0.20	0.15	0.20
混交苔原	0.15	0.20	0.15	0.20
裸苔原	0.25	0.25	0.25	0.25

通过表 5-1 可以看出，不同土地覆被类型 12 月的地面反照率明显高于 7 月，这是因为 12 月大多数土地覆被类型的反照率表现为积雪或者植被冠层与积雪混合特性，特别是比较低矮的耕地和草地植被，反照率增加了 5～6 倍。虽然森林植被的反照率增幅较小，但也增加了约 1 倍。不管是 7 月还是 12 月，不同土地覆被类型的反照率存在一定的差异性。

叶面积指数是反映植物生长条件的一个重要指标，能提供植物冠层表面物质和能量交换的定量信息，其变化对于调节局地乃至区域气候具有很大的影响。与地面反照率获取相似，我们通过遥感数据得到不同季节的空间叶面积指数分布图（图5-4）。

从图 5-4 中可以发现，林地具有较高的叶面积指数，这种特征不仅体现在 7 月份，对于具有常绿针叶林的地区也表现为相对较高的叶面积指数。同时，对于 7 月份，我们也可以看出不同的土地覆被类型与叶面积指数之间存在较好的相关性，因此也可以采用固定值或者一定的范围来定义该研究区不同土地覆被类型的叶面积指数变化值（表5-2）。

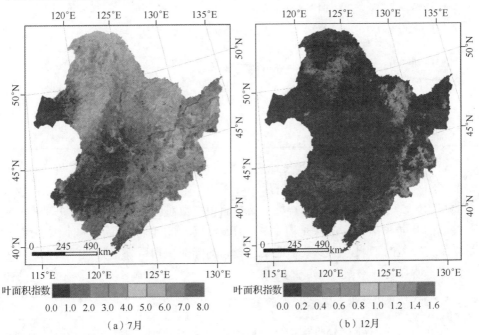

图 5-4　东北地区 7 月和 12 月叶面积指数空间分布（见书后彩图）

表 5-2　研究区不同土地覆被类型 7 月和 12 月地表叶面积指数统计值

土地覆被类型	7 月叶面积指数最小值	7 月叶面积指数最大值	12 月叶面积指数最小值	12 月叶面积指数最大值
常绿针叶林	4.54	4.86	0.09	0.20
常绿阔叶林	2.53	4.20	0.10	0.20
落叶针叶林	3.23	4.10	0.10	0.22
落叶阔叶林	2.41	4.46	0.12	0.23
混交林	2.30	4.02	0.04	0.18

土地覆被类型	7月叶面积指数最小值	7月叶面积指数最大值	12月叶面积指数最小值	12月叶面积指数最大值
郁闭灌丛	2.67	3.21	0.10	0.10
开放灌丛	1.00	1.18	0.10	0.10
林原	3.52	4.03	0.10	0.12
稀树草地	3.06	3.83	0.10	0.10
草地	1.29	1.62	0.01	0.10
永久湿地	3.36	3.94	0.01	0.10
耕地	1.60	2.51	0.01	0.10
城市与建成区	1.00	1.00	0.01	0.10
耕地与自然植被镶嵌	1.59	3.46	0.01	0.10
雪冰	0.01	0.01	0.01	0.01
裸地与稀疏植被	0.10	0.75	0.01	0.10
水体	0.01	0.01	0.01	0.01
木本苔原	0.41	3.35	0.01	0.10
混交苔原	0.41	3.35	0.01	0.10
裸苔原	0.41	3.35	0.01	0.10

表 5-2 显示了研究区 20 种土地覆被类型 7 月和 12 月的叶面积指数,对于东北地区不存在的土地覆被类型如苔原,叶面积指数的参数表我们采用 WRF 模式中的初始值。通过不同土地覆被类型的叶面积指数对比可以发现,在 7 月森林具有最高的叶面积指数,其次是灌木林、湿地、农田、草地、荒地和水体。而 12 月受积雪覆盖的影响,除少数林地具有较高的叶面积指数外,其他的类型之间差异性并不明显。

5.2.2.2 模拟结果的真实性检验

模式的结果为每 6 小时输出一次,首先对输出的 2m 气温数据取逐日平均,然后与 101 个气象站点的逐日气温数据进行对比。由于情景 1 与情景 3 为假设情景,无法进行精度验证,因此采用能够模拟真实土地覆被情况的情景 2 与情景 4 进行精度评估,模式模拟的气温与观测气温之间的关系如图 5-5 所示。

图 5-5(a)和图 5-5(b)在一定程度上表示了模拟结果的准确性,模拟与观测点对越接近于函数 $y=x$,表明二者越接近,模拟效果越好。在这里我们认为如果模拟的气温是准确的,那么其模拟的辐射和能量分配过程也是准确的。总的来讲,7 月份的模拟精度高于 12 月份,原因可能是冬季积雪的存在以及冬季气候系统的不稳定性和复杂性导致 WRF 的动力学框架不能很好地捕捉地气之间的交换

过程。具体而言，7 月份模拟的日均温与观测数据之间的均方根误差和平均偏差分别为 0.2 和 0.3，而 12 月份分别为 1.2 和 1.3。分析高误差点可以发现，误差高的点多位于地形复杂、景观异质性高的地区。但是我们的模拟中最好的模拟分辨率为 3km，这很可能在一定程度上掩盖了地形复杂区域的气温的异质性。此外，3km 网格与单点之间的尺度不匹配也可能是一个重要的误差来源。尽管如此，7 月份和 12 月份模拟的气温与观测的气温点对都位于 $y=x$ 函数的附近，表明二者具有很好的一致性。

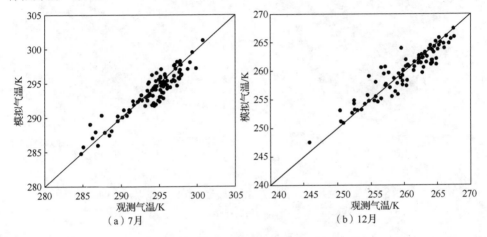

（a）7月 　　　　　　　　　 （b）12月

图 5-5　模拟气温与观测气温之间的关系

5.2.2.3　森林砍伐对区域气温影响的季节性响应

根据 5.2.1.3 节提出的研究方法，模拟 4 种情景下不同土地覆被类型、不同物理参数和不同月份的区域温度。所有的情景模拟都持续一个月，并计算每个模拟期间的平均温度，以比较森林砍伐对区域温度的影响及其空间异质性。该假设可以帮助我们理解森林砍伐造成的气温变化在不同季节的表征。同时该方法能够有效地消除高程对模拟结果的影响，因为耕地大多位于海拔相对较低的区域。情景 1 与情景 2 的差值表现为森林砍伐对 7 月份气温的影响 [图 5-6（a）]，情景 3 与情景 4 的差值表现为森林砍伐对 12 月份气温的影响 [图 5-6（b）]。

图 5-6 显示了森林砍伐对 7 月和 12 月气温的影响。总的来讲，森林砍伐使研究区的 7 月和 12 月的气温呈现下降的趋势。其中森林砍伐使东北地区区域平均气温下降了 0.27℃。区域气温的变化呈现明显的异质性，发生森林砍伐的区域如嫩江平原和三江平原地区，局地气温显著降低，气温最低下降了 1.78℃。由于不同的土地覆被类型之间存在边缘效应，发生森林砍伐地区的周边也伴随着一定的降温效应。但我们也可以发现，未发生森林砍伐的大兴安岭针叶林区气温存在一定

的上升趋势，这可能与模型模拟的不稳定性有关，这在一定程度上说明了森林砍伐区的降温效应可能被低估了。

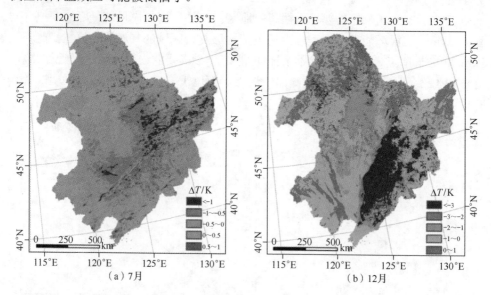

图 5-6　森林砍伐对 7 月以及 12 月气温的影响（见书后彩图）

气温区间范围左闭右开

　　与 7 月相比，森林砍伐在冬季月份的降温作用更明显，平均气温下降了1.35℃，最低值达到-6.8℃。对比图 5-6（a）和图 5-6（b）可以看出，冬季的降温作用比夏季明显。这主要是因为冬季积雪覆盖使森林砍伐后的耕地具有更高的地面反照率，地表吸收的太阳辐射大大减少，局地及区域气温降低。总的来说，不管是夏季（7 月）还是冬季（12 月），森林砍伐在区域上表现为降温效应，这与全球森林砍伐的气候效应研究结果具有一定的差异性。Li 等（2015）认为中纬度地区森林砍伐在夏季能够减少潜热的输送，具有一定的升温效应，而在冬季主要是反照率的增加具有显著的降温效应，而我们的结果在冬季与 Li 等的结果具有一致性，在夏季却具有差异性。这可能是因为 Li 等的研究主要考虑的是局地的地表温度变化，而我们的研究主要关注的是区域气温的变化。对于森林砍伐对地表温度的影响与 Li 等的研究结果是否具有一致性，将在接下来的研究中进一步探讨。

　　值得注意的是，森林砍伐导致的气温变化在空间上具有一定的趋势性。尤其是在 7 月，表现为从东到西减少。对于土地覆被变化的气候效应研究，大量学者研究了不同热量条件下即不同纬度下土地覆被变化通过生物地球物理过程影响区域气候的机制与结果，然而森林砍伐在不同水分条件下对区域气候影响的差异的研究却相对较少，我们将在下一节进行探讨。

5.2.2.4　不同干燥度条件下森林砍伐对区域气温的影响

湿润或者干旱的气候条件在一定程度上决定了植被的潜在蒸散量，导致不同干湿条件下土地覆被变化影响区域气候的机制是不同的，尤其是中高纬度地区，其季节变化明显，导致不同季节辐射和非辐射过程在影响区域气候中的比重具有显著的差异性。例如，冬季积雪的存在导致森林砍伐会显著影响辐射过程，使地表吸收更少的太阳辐射，产生降温效应；夏季森林砍伐可能更多地影响蒸散过程进而影响区域气候，而植被（森林与农田）的蒸散差异很大程度上决定于气候条件的干湿程度。因此，本节计算不同干燥度分区森林砍伐对区域气温的影响。本节基于干燥度空间分布图以及假设的森林砍伐过程，提取不同干燥度条件下森林砍伐像元的气温变化值（图5-7）。

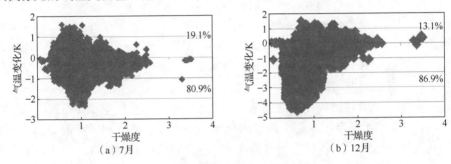

图 5-7　不同干燥度区间森林砍伐导致的气温变化

从图 5-7 中可以发现，森林砍伐导致的局地气温变化在不同干燥度分区的分布具有一定的一致性，表现为干燥度的低值区也就是湿润区森林砍伐导致较大的温度变化，而相对干旱地区的森林砍伐导致较小的温度变化。

在 7 月份，80.9%的森林砍伐像元具有降温效应，表明森林砍伐导致的反照率增加引起的降温效应仍然占主导作用。尽管大量研究表明森林砍伐能够在一定程度上降低植被蒸散，但在我们的研究区，尤其是湿润和半湿润地区，7 月份农作物植被冠层显著增加，可能导致植被蒸散与森林相比并没有显著的区别，甚至超越森林植被，表现为 7 月份干燥度指数低的区域有更强的降温效应，而对于更干旱的地区表现为反照率和蒸散两种效应的抵消，产生最终的降温效应。此外，我们的结果还显示 19.1%的像元具有增温效应，这可能与陆面与大气之间的复杂相互作用和边缘效应有关。

而在 12 月份，森林砍伐导致的降温效应显著增强，这主要与积雪导致的地面反照率显著升高有关。此时受积雪覆盖的影响，无论是森林还是耕地其植被蒸散都基本可以忽略不计，反照率的显著增加导致地表吸收更少的太阳辐射，产生显著的降温，在湿润地区降温可达 4℃以上。同时 86.9%的森林砍伐像元表现出了冷效应，比 7 月份降温效果更显著。因此，在制定土地利用合理配置政策时更应注重湿润地区的森林保护或者退耕还林，对于调节区域气候可能会起到比半湿润地区及半干旱区更好的作用。

5.3　本 章 小 结

Betts（2007）的研究表明，利用全球气候模型如 GCM 模拟的土地覆被变化导致的全球平均气候变化结果来表示区域土地覆被变化的气候效应是不合理的。土地覆被变化会导致地面反照率、地表粗糙度、叶面积指数、植被根的深度等改变进而引起吸收的短波辐射的变化和蒸散、湍流交换等的变化，导致局地乃至区域的气候变化。然而在局地和区域尺度上，土地覆被空间分布异质性较高，土地覆被的变化可能在更小的尺度上发生，全球尺度的研究很可能掩盖这种土地覆被变化气候效应的强信号。因此，本章的研究更加关注区域上典型的土地覆被变化过程及其对区域气温的影响及影响机制的分析。

本章设计了两对情景方案来模拟东北地区森林砍伐在夏季和冬季对区域气温的影响，以及在不同干湿条件下的影响程度。本章假设 2010 年所有的农田是由森林砍伐而来，这相比于假设将现有的森林转变为耕地更有可信性，因为很多高海拔的森林不适合转变为耕地，同时森林在不同的海拔都有分布，我们很难分离海拔因素对模拟结果的影响。尽管如此，这种假设与东北地区原始的土地覆被状态（未受到人类活动干扰）也是不符的，东北地区大部分的农田都是在草地而不是森林的基础上开垦而来，因此，本章的研究对于东北地区森林砍伐影响区域气温的机制方面可能有一定的启示性作用，但无法刻画真实的森林砍伐对气温的影响。在今后的研究中，应开展长时间序列的基于真实土地覆被数据的森林砍伐对区域气温的影响的针对性研究，对于理解和量化东北地区森林砍伐的真实的区域气候效应可能更有帮助。

本章研究结果表明，森林砍伐在夏季和冬季都表现为降温效应，这与国外很多研究结果具有不一致性。Li 等（2015）和 Bright 等（2017）都认为在夏季森林砍伐在低纬度地区和中纬度地区都表现为地表温度的增加，主要是认为森林砍伐造成的植被蒸散降低，潜热减少，非辐射过程比反照率导致的辐射过程起到更主要的作用有关。而本章研究表明，无论是夏季还是冬季都为降温效应，这一方面可能与我们模拟的结果是气温的变化，而他们的研究多为地表温度的变化有关；另一方面许多学者的研究多为全球性的，不一定能够将区域的异质性与变化考虑到模型或者算法中去。在冬季森林砍伐能导致显著的降温效应，此结果与大多研究者的结果一致，这主要是冬季耕地无植被覆盖，反照率显著升高导致的，这与 Betts（2007）和 Lamptey 等（2005）的研究结果也是一致的，他们认为在中纬度地区如北美洲和亚洲，反照率变化导致的短波辐射强迫可以达到-5W/m²。

从林地到农田的土地覆被转变会减少叶面积指数、降低植被根深和地表粗糙度，导致蒸散的减少和通过潜热输送的能量减少，使气温增加。夏季气温的变化相对于冬季较小，一方面森林与农田之间的反照率差异在夏季明显小于冬季；另一方面蒸散减少导致的增温效应在一定程度上抵消了反照率变化产生的降温效应。对照本章研究结果表明，在本章研究区，反照率无论是在夏季还是在冬季都发挥着主导作用。这一结果也表明中国东北地区的森林砍伐对区域气温的影响机制可能更接近于寒区森林砍伐的气候效应，与热带森林砍伐的气候效应可能是恰恰相反的。

最后，本章分析了不同湿润条件下森林砍伐对区域气温的影响。在湿润地区，森林砍伐导致的气温的变化高于半干旱地区，在冬季这种差异性更为明显。我们将这种显著的差异性产生的原因归结为两点：一是在湿润地区可能冬季降雪高于半干旱地区，导致湿润地区更高的地面反照率，使气温的下降幅度更为明显；另一方面可能是因为夏季森林的蒸散可能在一定程度上与耕地差异不大，但是在不同的湿润条件下存在不同。对于夏季森林砍伐在不同湿润条件下对区域气温的影响机制有待进一步研究。

参 考 文 献

刘纪远, 邵全琴, 延晓冬, 等, 2014. 土地利用变化影响气候变化的生物地球物理机制. 自然杂志, 36(5):356-363.

于贵瑞, 何洪林, 刘新安, 等, 2004. 中国陆地生态信息空间化技术研究(1)——气象/气候信息的空间化技术途径. 自然资源学报, 19(4):535-544.

曾新民, 吴志皇, 熊仕焱, 等, 2011. WRF 模式短期高温天气模拟对陆面方案的敏感性. 中国科学: 地球科学, 41(9): 1375-1384.

张树文, 张养贞, 李颖, 等, 2006. 东北地区土地利用/覆被时空特征分析. 北京:科学出版社: 180-208.

张学珍, 郑景云, 何凡能, 等, 2011. MODIS BRDF/Albedo 数据在中国温度模拟中的应用. 地理学报, 66(3):356-366.

郑益群, 钱永甫, 苗曼倩, 等, 2002. 植被变化对中国区域气候的影响 I: 初步模拟结果. 气象学报, 60(1): 1-16.

Anderson R G, Canadell J G, Randerson J T, et al., 2011. Biophysical considerations in forestry for climate protection. Frontiers in Ecology and the Environment, 9(3):174-182.

Bala G, Caldeira K, Wickett M, et al., 2007. Combined climate and carbon-cycle effects of large-scale deforestation. Proceedings of the National Academy of Sciences, 104(16):6550-6555.

Barnes C A, Roy D P, 2008. Radiative forcing over the conterminous United States due to contemporary land cover land use albedo change. Geophysical Research Letters, 35(9):148-161.

Beltran-Przekurat A, Pielke R A, Eastman J L, et al., 2011. Modelling the effects of land-use/land-cover changes on the near-surface atmosphere in southern South America. International Journal of Climatology, 32(1): 1206-1225.

Betts R, 2007. Implications of land ecosystem-atmosphere interactions for strategies for climate change adaptation and mitigation. Tellus, Series B: Chemical and Physical Meteorology, 59(3):602-615.

Betts R A, 2000. Offset of the potential carbon sink from boreal forestation by decreases in surface albedo. Nature, 408(6809): 187-190.

Betts R A, Falloon P D, Goldewijk K K, et al., 2007. Biogeophysical effects of land use on climate: model simulations of radiative forcing and large-scale temperature change. Agricultural and Forest Meteorology, 142(2): 216-233.

Bonan G B, 2008. Forests and climate change: forcings, feedbacks, and the climate benefits of forests. Science, 320(5882): 1444.

Bonan G B, Oleson K W, Vertenstein M, et al., 2002. The land surface climatology of the Community Land Model coupled to the NCAR Community Climate Model. Journal of Climate, 15(15): 3123-3149.

Bright R M, Davin E, O'Halloran T, et al., 2017. Local temperature response to land cover and management change driven by non-radiative processes. Nature Climate Change, 7(4):296-302.

Brovkin V, Boysen L, Arora V K, et al., 2013. Effect of anthropogenic land-use and land cover changes on climate and land carbon storage in CMIP5 projections for the 21st century. Journal of Climate, 26(18): 6859-6881.

Brovkin V, Claussen M, Driesschaert E, et al., 2006. Biogeophysical effects of historical land cover changes simulated by six earth system models of intermediate complexity. Climate Dynamics, 26(6): 587-600.

Chase T N, Knaff J A, Pielke R A, et al., 2003. Changes in global monsoon circulations since 1950. Natural Hazards, 29(2):229-254.

Chen F, Hiroyuki K, Robert B, et al., 2011. The integrated WRF/urban modelling system: development, evaluation, and applications to urban environmental problems. International Journal of Climatology, 31(2):273-288.

Davin E L, de Noblet-Ducoudré N, 2010. Climatic impact of global-scale deforestation: radiative versus nonradiative processes. Journal of Climate, 23(1): 97-112.

Dessler A E, 2010. A determination of the cloud feedback from climate variations over the past decade. Science, 330(6010): 1523-1527.

Diffenbaugh N S, 2009. Influence of modern land cover on the climate of the United States. Climate Dynamics, 33(7/8): 945-958.

Dong S Y, Yan X D, Xiong Z, 2013. Varying responses in mean surface air temperature from land use/cover change in different seasons over Northern China. Acta Ecologica Sinca, 33(3): 167-171.

Durieux L, Machado L, Laurent H, 2003. The impact of deforestation on cloud cover over the Amazon arc of deforestation. Remote Sensing of Environment, 86(1): 132-140.

Feddema J, Oleson K W, Bonan G, et al., 2005.The importance of land-cover change in simulating future climates.Science, 310(5754):1674-1678.

Foley J, DeFries R, Asner G, et al., 2005. Global consequences of land use. Science, 309(5734): 570-574.

Gao F, Schaaf C B, Strahler A H, et al., 2005. MODIS bidirectional reflectance distribution function and albedo Climate Modeling Grid products and the variability of albedo for major global vegetation types. Journal of Geophysical Research, 110(D1): D01104.

Gao Y H, Chen F, Barlage M, et al., 2008. Enhancement of land surface information and its impact on atmospheric modeling in the Heihe River basin, China. Journal of Geophysical Research, 113(D20):2739-2740.

Houghton J T, Ding Y, Griggs D J, et al., 2001. Climate Change 2001: the Scientific Basis: Contribution of Working Group I to the Third Assessment Report of the Intergovernmental Panel on Climate Change. NewYork: Cambridge University Press.

Houspanossian J, Nosetto M, Jobbágy E G, 2013. Radiation budget changes with dry forest clearing in temperate Argentina. Global Change Biology, 19(4): 1211-1222.

Jackson R B, Jobbagy E G, Avissar R, 2005. Trading water for carbon with biological sequestration.Science, 310(5756): 1944-1947.

Jackson R B, Randerson J T, Canadell J, et al., 2008. Protecting climate with forests. Environmental Research Letters, 3(4):044006-044011.

Kvalevag M M, Myhre G, Bonan G, et al., 2010. Anthropogenic land cover changes in a GCM with surface albedo changes based on MODIS data. International Journal of Climatology, 30(13): 2105-2117.

Lakshmi V, Hong S, Small E E, et al., 2011. The influence of the land surface on hydrometeorology and ecology: new advances from modeling and satellite remote sensing.Hydrology Research, 42(2/3):95-112.

Lamptey B L, Barron E J, Pollard D, 2005. Impacts of agriculture and urbanization on the climate of the Northeastern United States. Global and Planetary Change, 49(3): 203-221.

Lee X, Goulden M L, Hollinger D, et al., 2011. Observed increase in local cooling effect of deforestation at higher latitudes. Nature, 479(7373): 384-387.

Li H, Harvey J, Kendall A, et al., 2013. Field measurement of albedo for different land cover materials and effects on thermal performance. Building and Environment, 59(S3): 536-546.

Li Y, Zhao M S, Motesharrei S, et al., 2015. Local cooling and warming effects of forests based on satellite observations. Nature Communications, 6(6603):1-8.

Liu T X, Zhang S W, Yu L X, et al., 2016. Simulation of regional temperature change effect of land cover change in agroforestry ecotone of Nenjiang River Basin in China. Theoretical and Applied Climatology, 19(10):1-11.

Loarie S R, Lobell D B, Asner G P, et al., 2010. Land-cover and surface water change drive large albedo increases in South America. Earth Interactions, 15(7):1-16.

Lohila A, Minkkinen K, Laine J, et al., 2010. Forestation of boreal peatlands: impacts of changing albedo and greenhouse gas fluxes on radiative forcing. Journal of Geophysical Research, 115(G04011):1489-1500.

Lucht W, Schaaf C B, Strahler A H, 2000. An algorithm for the retrieval of albedo from space using semiempirical BRDF models. IEEE Transactions on Geoscience & Remote Sensing, 38(2): 977-998.

Ma H Y, Song J, Guo P W, 2009. Impact of urban expansion on summer heat wave in Beijing//2009 3rd International Conference on Bioinformatics and Biomedical Engineering:4140-4143.

Marland G, Pielke R A, Apps M, et al., 2003. The climatic impacts of land surface change and carbon management, and the implications for climate-change mitigation policy. Climate Policy, 3(2): 149-157.

McPherson R A, 2007. A review of vegetation-atmosphere interactions and their influences on mesoscale phenomena. Progress in Physical Geography, 31(3): 261-285.

Ni W, Woodcock C E, 2000. Effect of canopy structure and the presence of snow on the albedo of boreal conifer forests. Journal of Geophysical Research, 105(D9): 11879-11888.

Nosetto M D, Jobb E G, Brizuela A B, et al., 2012. The hydrologic consequences of land cover change in central Argentina. Agriculture, Ecosystems and Environment, 154(3): 2-11.

Paeth H, Born K, Girmes R, et al., 2009. Regional climate change in tropical and Northern Africa due to greenhouse forcing and land use changes. Journal of Climate, 22(1): 114-132.

Pielke R A, Avissar R, Raupach M, et al., 1998. Interactions between the atmosphere and terrestrial ecosystems: influence on weather and climate. Global Change Biology, 4(5): 461-475.

Rotenberg E, Yakir D, 2010. Contribution of semi-arid forests to the climate system. Science, 327(5964): 451-454.

Sertel E, Ormeci C, Robock A, 2011. Modelling land cover change impact on the summer climate of the Marmara Region, Turkey. International Journal of Global Warming, 3(1/2): 194-202.

Sertel E, Robock A, Ormeci C, 2010. Impacts of land cover data quality on regional climate simulations. Internatinal Journal of Climatology, 30(13):1942-1953.

Snyder P K, Delire C, Foley J A, 2004. Evaluating the influence of different vegetation biomes on the global climate.

Climate Dynamics, 23 (3/4):279-302.

Tewari M, Chen F, Wang W, et al., 2004. Implementation and verification of the unified Noah land surface model in the WRF model//20th Conference on Weather Analysis and Forecasting/16th Conference on Numerical Weather Prediction, Seattle, Washington.

Werth D, Avissar R, 2002. The local and global effects of Amazon deforestation. Journal of Geophysical Research, 107(D20): 1-8.

Wickham J D, Wade T G, Riitters K H, 2012. Comparison of cropland and forest surface temperatures across the conterminous United States. Agricultural and Forest Meteorology, 166(10): 137-143.

Wickham J D, Wade T G, Riitters K H, 2013. Empirical analysis of the influence of forest extent on annual and seasonal surface temperatures for the continental United States. Global Ecology and Biogeography, 22(5): 620-629.

Xue Y, Zeng F J, Mitchell K, et al., 2001. The impact of land surface processes on the simulation of the U. S. hydrological cycle: a case study of 1993 US flood using the Eta/SSiB regional model. Monthly Weather Review, 129 (12): 2833-2860.

Yu L, Zhang S, Tang J, et al., 2015. The effect of deforestation on the regional temperature in Northeastern China. Theoretical and Applied Climatology, 120 (3/4): 761-771.

Zhang X L, Xiong Z, Zhang X Z, et al., 2015. Using multi-model ensembles to improve the simulated effects of land use/cover change on temperature: a case study over Northeast China. Climate Dynamics, 46 (3/4): 765-778.

Zhang X Z, Tang Q H, Zheng J Y, et al., 2013. Warming/cooling effects of cropland greenness changes during 1982-2006 in the North China Plain. Environmental Research Letters, 8(2): 024038.

6　基于 WRF 模式的积雪覆盖变化对区域地表热通量的影响研究

根据联合国政府间气候变化专门委员会（Intergovemmental Panel on Climate Change，IPCC）第四次报告，气候系统变暖是毋庸置疑的，全球温度普遍升高，在北半球高纬度地区温度升幅较大。在 20 世纪下半叶，北半球平均温度很可能高于过去 500 年中任何一个 50 年，并可能至少是过去 1300 年中平均温度最高的 50 年（IPCC，2007）。气候变化的影响是多层次、多尺度、全方位的，其最为直接的作用就是对全球冰冻圈的影响。地面冰雪覆盖是冰冻圈最广泛的成分，也是变化最迅速和季节性变化最强的冰冻圈变量（ACIA，2005）。气候变暖导致的现在和未来的冰雪覆盖的减少在全球变化领域是一个重要的课题（IPCC，2001）。已有研究表明，高纬度地区的增温促进了积雪的消退（Dye，2002；Brown，2000）。由于积雪的消退，反射的太阳能量减少，而吸收的能量和转换到大气中的能量增多（Groisma et al.，1994），这会导致正向的积雪一反照率反馈（全球气候系统中重要的反馈机制之一），从而加剧气候变暖。这些变化对中高纬度的陆地区域有着较大的影响，该地区反照率的季节性反差可以与植被类型之间的差异相提并论（Betts et al.，1997）。

6.1　积雪覆盖变化的气候反馈概述

6.1.1　积雪覆盖变化对地表辐射收支影响研究重要性

地球-大气系统的辐射收支是描述地球和宇宙空间能量交换的重要参量，地球-大气系统的入射和出射能量是地球-大气系统的重要能量循环过程，极大地影响着地球上各种天气过程的发生、发展以及各种时间、空间尺度的气候变化。地球表面的辐射通量通过对地气间能量交换的支配作用，对气候的形成与变化产生重要影响。地表辐射收支变化在检测、表征及量化地表变化，驱动全球及区域气候系统模型，准确模拟全球生物地球化学循环，支持环境政策和资源管理等方面发挥着至关重要的作用（Liang et al.，2010a，2010b）。在大气顶辐射收支的卫星观测取得一定成功后，人们企图通过卫星观测来了解全球的地面辐射收支，提出了地面辐射气候学研究计划。

大量的研究表明，无论通过观测还是气候模型模拟，地表辐射收支与能量平衡一直是地表气候变化研究的主要途径。地表辐射收支是地表能量分配引起大气循环与降水的主要驱动力，是形成各种天气的重要因素，同时也是地表能量平衡研究中不确定性最大的部分（Stephens et al.，2012；Trenberth et al.，2009；Kiehl et al.，1997）。

积雪覆盖作为一种变化较大的地表覆被类型，以下垫面的形式加入地表水热平衡当中。由于积雪的地面反照率明显高于其他覆被类型，因而积雪的出现与消融会引起地面反照率的显著变化（Jin et al.，2002），并且由于下垫面土地覆被类型的不同，这种变化具有明显的空间分异特征（Salminen et al.，2009；Betts，2001）。积雪除了具有比其他任何地表类型更高的反照率，可以反射掉大部分的太阳入射辐射，积雪的比辐射率较高、导热能力较低，可以作为地表的保温层使地表温度较其他的覆被类型高，使得地表发射的长波辐射较大，因此其覆盖面积的变化会在很大程度上改变地表的辐射平衡，对大气的热力和动力过程产生重要的影响，在全球辐射平衡中发挥重要的作用。这一平衡是全球大气环流系统以及相关气候变化的主要驱动因子。积雪辐射能量的分布既决定了地气环流的不同，也决定某地的气候状况，因而也影响该地区植被、土壤类型，以及各种自然景观的分布。生态系统各亚系统间能量流动及物质循环的物理过程最终归于辐射能量收支差异的分配（季英年，2001）。

然而，传统的土地利用/覆被变化气候效应机制研究只关注人类活动引发的土地利用变化在改变地表辐射平衡中的作用，而忽略了季节性土地覆被类型-积雪覆盖年际变化在改变地表参数引起辐射收支变化的巨大潜力（Barnes et al.，2010）。在此背景下，本章将土地系统科学与气候学相结合，基于长时间序列上积雪覆盖时空变化和土地覆被变化现状，重建历史时期地表物理参数数据库，从宏观上评估过去 50 年积雪覆盖时空变化对地表辐射平衡的影响。本章研究内容的开展将让读者更加全面地认识区域尺度上土地利用/覆被变化的气候响应机制，加深对地表物理参数的变化对辐射强迫的贡献的理解，减少土地利用/覆被变化辐射强迫评估的不确定性，对理解中高纬度地区气候系统的重要能量反馈过程和解释中高纬度地区为何升温最为显著都具有十分重要的意义。

6.1.2 积雪覆盖变化对地表辐射平衡的影响研究进展

积雪覆盖季节性的变化以及相关反照率的变化是气候系统的关键组分，由于这些变化对于温度的敏感性，它们被认为是反映气候变化的有效指标（Groisman et al.，1994；Karl et al.，1993）。积雪最显而易见的影响是它驱动低层大气和地表的辐射及能量收支的变化，间接导致气候的波动。因为大气的非绝热加热提供大气运动的动力，而大气的非绝热加热包括辐射、感热输送和潜热释放，积雪变化与气候变化的关系归根结底还是地表辐射收支和能量的变化（Cohen et al.，1991）。

积雪的异常变化可以引起下垫面能量和水分的异常，改变地表与大气之间的热量和水分交换，从而对气候及大气环流的变化产生重要的影响。积雪主要通过以下几种方式影响局地气温：①新雪具有很高的反照率，能够增加地面反照率，达 30%～50%；②Wagner（1973）指出，由于雪具有比大多数其他自然物体表面更高的热发射率，它往往会增加红外辐射量的丢失；③新雪热导率低，是热绝缘体，阻止了从地面到低层大气的正向显热通量；④融雪是一个潜热汇。积雪覆盖变化对辐射收支的影响研究主要分为以下三个方面：积雪变化对短波辐射的影响、积雪变化对长波辐射的影响、积雪变化对潜热和感热的影响。

由于积雪的高反照率，新雪面的反照率可达到 90%及以上，明显高于其他地表类型，积雪变化对短波辐射的影响主要体现在积雪对地面反照率的影响上（Hall et al.，2006；Qu et al.，2006；Hall，2004）。积雪—反照率反馈被认为是全球气候系统中重要的反馈之一，因此，对积雪反照率的研究受到国内外各界人士的关注。在中纬度和高纬度地区，与海洋—冰—反照率反馈协同作用的积雪—植被—反照率反馈，超过了生物地球化学进程的作用。Euskirchen 等（2007）的研究表明，1950～2005 年碳存储含量的增加导致的对大气加热的抵消量相比于积雪覆盖减少导致的大气加热的增量来说要小得多。考虑积雪覆盖与生态系统能量交换之间的内在联系十分重要，尽管气候模型把季节性的反照率差异列入研究内容已经有着很长的历史（Viterbo et al.，1999），但是反照率在不同的植被类型之间以及在有积雪和无积雪覆盖期间其值可能会有很大的反差这一现象直到 21 世纪才得到关注（Euskirchen et al.，2007）。

在积雪对辐射平衡的影响研究中，长波辐射相对于净短波辐射收支被重视程度远远不够，一部分原因是山区测量的稀缺性和不可靠性，另一部分原因是人们对积雪—反照率—气候反馈更加重视（Sicart et al.，2006）。然而，人们对全球变暖的关注开始强调长波通量在地表能量平衡的作用（Philipona et al.，2004）。同时，伴随着大气发射率的增加，净长波辐射在阴天的贡献率可能与净短波辐射相似甚至更高（Duguay，1993；Muller，1985）。长波辐射的变化在春季融雪时期是非常显著的，融雪季节雪层吸收的辐射能量越多，支出的能量越少，收支能量的差值越来越大，导致地表温度显著升高，使得地表发射的长波辐射以指数趋势增加。

与其他的物质如矿质土壤和有机质相比，雪具有较低的热导率，使之成为很好的热绝缘体（Zhang，2005；Sokratov et al.，2002；Zhang et al.，1997，1996；Goodrich，1982）。雪的热导率随时间变化，新鲜的雪面热导率为 0.1W/（m·K），压实的雪面和融雪的热导率为 0.5W/（m·K）（Zhang，2005）。雪有效地阻断了土壤和上面大气的热交换，使得土壤温度比上面的大气高 10～15K（Molders et al.，2004），这一绝热效应在秋季和早冬最明显（Vavrus，2007；Zhang，2005；Ling et al.，2003；Zhang et al.，2001），而在积雪动态变化显著的春季，太阳辐射迅速增强，积雪开始融化，净辐射加强，地面开始解冻，显热与潜热通量成为主要的形式。春季气温升高 1℃可能会导致地表能量通量平均提升 7%～10%，这个幅度比一年中任何其余时间都要大（Rouse，1984）。

目前大部分的研究关注积雪对各辐射量的影响，对反照率和长波辐射的研究最多，但是这些研究大部分是从观测点上展开。太阳短波辐射、长波辐射以及地表净辐射在不同的植被类型之间以及在有积雪和无积雪覆盖期间变化极大，但是目前不同植被类型上积雪覆盖年际变化的辐射反馈研究没有得到足够的重视。此外，在空间上定量评价积雪变化对地表辐射平衡影响的研究还不多见。

6.2 区域气候模式本地化与验证

6.2.1 WRF 模式模拟与方案设计

由于模式在区域预报的效果与参数化方案的适应性至关重要，目前很多参数化方案对中小尺度系统描述能力不足，所以选取适合本地域特点的参数化方案意义重大。WRF 模式的物理过程参数化方案主要包括五个方面：辐射过程参数化、微物理过程参数化、边界层参数化、积云对流参数化和陆面过程参数化。

本节采用 WRF V3.3 进行数值模拟研究。本章设计了一个双重嵌套方案，模拟区分为两个尺度，范围从大到小分别为 d01 和 d02，分辨率分别为 27km 和 9km，水平网格数分别为 152×152 和 322×289。其中 d01 的中心点位于 123.80°E、47.55°N，d02 为整个黑龙江流域的范围。数据投影类型为 Lambert，中央经线为 123.8°E，双纬线分别为 30°N 和 60°N。不同嵌套的模拟范围如图 6-1 所示。

由于本章中更注重陆面过程在模式模拟中的重要性，对于其他物理参数方案的选择，本章参照于恩涛（2013）对东北地区降雪数值模拟和黄海波等（2011）对降水模拟参数化方案等的研究，选择 RRTM 作为本章的长波辐射方案，Dudhia 作为短波辐射方案，微物理过程参数化方案选择 WRF Single_Moment_3_class （WSM3）方案，边界层方案选择 YSU 方案，积云参数化方案选择浅对流 EtaKain-Fritsch 方案。对于陆面过程方案，为了更好地呈现积雪作为一种下垫面在地表辐射平衡中起到的作用，本章将对三种陆面方案进行对比，选取最优方案，进而模拟积雪覆盖变化对地表辐射平衡及地表热量平衡的影响。

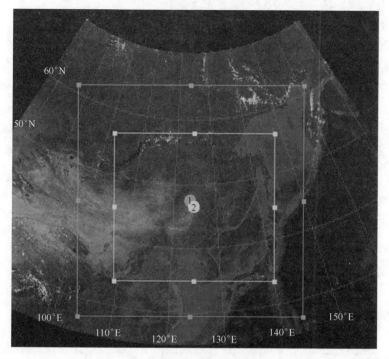

图 6-1　双重嵌套的模拟范围
1 和 2 分别表示嵌套 1 和嵌套 2

本章设计三个方案进行对比研究，陆面参数方案分别为热扩散方案、Noah 方案和 RUC 方案。三个方案中其他的物理参数方案相同，地表静态数据相同。采用 2010 年 3 月 31 日～4 月 2 日的气候场数据（FNL 数据）驱动 WRF 模式进行数值模拟，采用 2010 年 4 月 1 日的气象站点气温数据对三个方案第二层嵌套的模拟结果进行对比与验证，其中气象站点数据来自美国国家气象数据中心（National Climate Data Center，NCDC），包括覆盖 d02 的 298 个气象站点，对比中本章不考虑气象站点点尺度与网格尺度之间的尺度效应，即假设气象站点的数据能代表网格上的真实值。对比结果见图 6-2。

图 6-2 中，虚线表示气象站点值与模拟值完全一致的情况，同时也表示距离该虚线越近，模拟值与真实值越相近。由此可以看出，WRF 模式模拟的气温值与气象站点气温数据之间存在一定的差异，而且随着陆面方案的不同而不同。该图大体给出了不同陆面方案的模拟效果，其中 RUC 陆面方案模拟效果最好，其次为热扩散陆面方案，Noah 陆面方案模拟效果最差。

对 298 个点对进行统计表明，在 298 个气象站点中，Noah 陆面方案模拟误差小于 1℃的站点有 74 个，占总站点的 24.8%，误差小于 2℃的站点有 133 个，占总站点的 44.6%；热扩散陆面方案模拟误差小于 1℃的站点个数为 74 个，占所有站点的 24.8%，误差小于 2℃的站点个数为 156 个，占所有站点的 52.3%；RUC 陆面方案的模拟精度最高，模拟误差小于 1℃的站点个数为 130 个，占总站点个数的 43.6%，误差小于 2℃的站点个数为 180 个，占所有站点的 60.4%。由此可以看出，选择不同的陆面方案对模拟精度的影响是很大的，对比这三个方案的结果表明，对于本研究区，RUC 陆面方案的模拟精度最高，其次为热扩散陆面方案，Noah 陆面方案最差。在后面的研究中将采用 RUC 陆面方案作为不变的参数层。

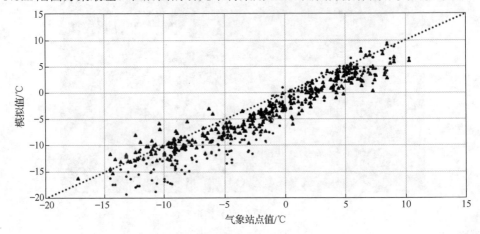

· Noah陆面方案 ▲ 热扩散陆面方案

（a）

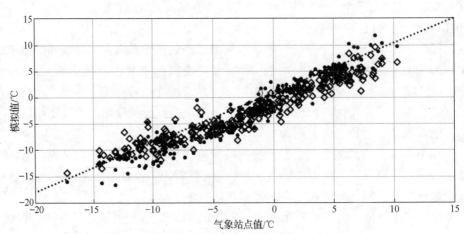

◇ 热扩散陆面方案 · RUC陆面方案

（b）

图 6-2　不同陆面方案模拟结果对比图

同时，通过统计对比分析可以看出模拟效果并不太理想，模拟值与真实值之间还存在一定的误差，因此，为了达到更好的精度，本章对影响陆面过程的主要参数进行本地化。

6.2.2 WRF 模式本地化

WRF 模式自带的地表参数集空间分辨率比较低，无法刻画研究区地表的空间异质性，为了使模拟效果更符合实际情况，本节采用高分辨率的地表数据来替换模型自带的参数集，这些数据替换方案包括土地覆被数据的更新和其他地表参数数据的本地化。

6.2.2.1 土地覆被数据更新

WRF 中自带地表静态数据中的土地覆被数据包括三个变量，即 LANDUSEF（土地比例数据）、LU_INDEX（土地索引数据）和 LANDMASK（土地掩膜数据），它们是基于 2001 年 MODIS 数据产品得到的全球数据，空间分辨率为 30s。变量 LANDUSEF 是各种土地覆被类型在每个水平网格上的比例，取值为 0～1，0 代表该网格不存在该土地覆被类型，1 代表该网格完全被此土地覆被类型占据。变量 LANDUSEF 为四维变量，包括东西、南北、类别和时间，MODIS 的 20 类土地覆被类型分别对应类别维中的 20 个数据层。变量 LU_INDEX 数据类型为整型，其取值为 1～20，代表每个水平网格中最主要的土地覆被类型。变量 LANDMASK 用于区别水体和非水体，其中，0 代表水体，1 代表非水体。

首先，在 WRF 模式设置的坐标和投影系统（Lambert）下，生成 d01 和 d02 双重嵌套的矢量网格，其中外层嵌套 d01 的中心点坐标为 123.80°E、47.55°N，包含 152×152 个网格，网格大小为 27km×27km，内层嵌套 d02 包含 322×289 个网格，网格大小为 9km×9km。生成的 d01 和 d02 的矢量网格与图 6-1 的范围一致。

然后，将 2010 年全球 MODIS 土地覆被数据用 d01 的范围进行掩膜，得到研究所需的土地覆被数据，并将该数据分别与 d01 和 d02 矢量网格进行空间统计运算，分别得到 d01 和 d02 中每个网格中（网格大小不同，分别为 27km 和 9km）每种土地覆被类型的比例、最主要的土地覆被类型和水体非水体图层。

最后，将得到的 d01 和 d02 范围内土地覆被的三个变量图层采用 MATLAB 编程的方式对输入 WRF 的 LANDUSF、LANDINDEX 和 LANDMASK 层进行替换更新。

6.2.2.2 地表参数数据本地化

WRF 模式中的地表静态数据不仅提供了土地覆被数据，也包含了大量的地表参数变量及数据。

这些地表参数随土地覆被类型的变化而变化,可以更好地表达地表的异质性。然而这些参数是全球性的统计结果,如果对其不作处理直接拿到区域上来应用,势必造成模拟效果的不确定性增高,无法准确定位区域变化在全球变化中的作用与地位。由于本章关注区域陆面过程在数值模拟中的重要性,加之各地表参数在影响陆面过程能量、动量交换中的重要作用,因此有必要将地面参数进行修正与本地化。同时,本章更加注重积雪覆盖变化的气候效应,只对与积雪覆盖变化显著相关的地表参数进行调整,这些参数包括地面反照率和叶面积指数。对于深雪最大地面反照率的上限(MAXALB)和雪水当量阈值深度(SNUP)我们不做调整的原因包括两个方面:一是因为这些参数值的获取是通过对中高纬度地区的积雪地表参量统计得到,与全球性的其他地表参数相比它更具有区域性;二是因为本章的模拟时间为 2010 年 4 月,该时期研究区的积雪正处于融化期,该上限和阈值对于描述积雪表面的物理特征是足够的。

WRF 模式中,调用地面反照率和叶面积指数数据的方式包括两类:调用表数据和调用空间数据。表数据是每种土地覆被类型对应不同的地表参数值,WRF 调用时会根据土地覆被比例数据调用地表参数,将其在空间上展布开来,这样做带来的问题是相同的土地覆被类型上的地表参数是相同的,而实际上却并非如此。对于空间数据的调用,主要来源于 WPS 生成的地表静态数据,将其作为输入 WRF 模式的变量进行运算,在空间上更加连续和符合实际。

WRF 模式中空间化的地面反照率数据包括有积雪覆盖时的反照率,即 SNOWALB 和逐月的无雪地面反照率 ALBEDO12m。由于本节的模拟时间为 4 月,是积雪时空变化明显的月份,因此需要用高精度的反照率数据对二者都进行替换。

基于以上论述,本章首先将采用 MODIS 数据产品得到 d01 范围内 2010 年 4 月无雪的地面反照率和有雪的地面反照率。其中 4 月无雪地面反照率利用第 113～120 天的 MCD43 产品进行反演,有雪的地面反照率通过第 73～80 天的 MCD43 产品反演。之所以选择临近时间点的反照率产品,是因为 4 月研究区植被刚刚复苏,时间上相邻的数据能最真实地表达地面反照率的空间分布。考虑第 73～80 天研究区内可能有区域是无雪的(比如纬度相对较低的研究区南部),113～120 天研究区内可能是有雪的(纬度较高的北部地区),为了得到整个研究区的无雪和有雪反照率空间分布图,本节将生成的 MODIS 反照率数据和 WRF 自带的有雪和无雪反照率数据进行融合,得到最终的反照率空间分布图(以 d02 为例),见图 6-3。由于 WRF 在调用地面反照率数据时,先判断该地区是否有雪覆盖,若有雪覆盖则调用积雪反照率,若无雪覆盖则调用无雪反照率,而 4 月初研究区北部地区有积雪覆盖，南部无积雪覆盖，所以融合的反照率空间数据不会由于融合了 WRF 本身自带的反照率数据对结果造成影响。

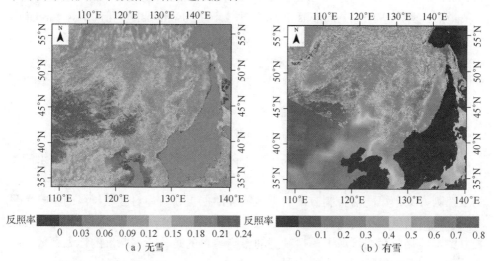

（a）无雪　　　　　　　　　　（b）有雪

图 6-3　d02 无雪地面反照率和有雪地面反照率空间分布图（见书后彩图）

对于叶面积指数数据，本节采用 MOD15 进行反演，得到研究区的 LAI 空间分布图（以 d02 为例），见图 6-4。

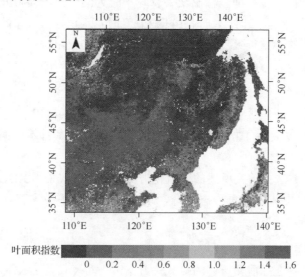

图 6-4　d02 LAI 空间分布图（见书后彩图）

其次，将空间数据添加到 WPS 中，具体添加到 geo_em.d01.nc 和 geo_em.d02.nc 中。而 geo_em.d01.nc 和 geo_em.d02.nc 中只包含 Albedo 变量，不包含 LAI 变量，

Albedo 变量直接替换 nc 文件中的 Albedo 即可，LAI 变量则需要在 nc 中添加名称为 LAI12m 的变量，并将空间化的数据导入其中。

最后，调整 WRF 的 namelist.input 文件，设置 usemonalb = .true., sst_update = 1, rdlai2d = .true., 同时设置 Also set auxinput4_inname ="wrflowinp_d<domain>", auxinput4_interval = 360, io_form_auxinput4 = 2。这样，WRF 模式就可以调用已经替换的 Albedo 和 LAI 空间化数据，并用时间变化和空间变化的地表参数数据进行长时间序列的模拟。

6.2.2.3 模拟方案设计

本节采用设置控制方案的方式比较不同地表参数本地化前后对模拟效果的影响。针对土地覆被数据的本地化和其他地表参数的本地化稍有不同，我们将设置两对控制方案：第一对控制方案为土地覆被数据更新前后对区域气温的影响，目的是分析高精度的土地覆被数据在区域气候模拟中的作用；第二对控制方案为地表参数本地化前后对区域上模拟精度的影响，目的是分析高精度的地表参数数据在陆面过程乃至气候模拟中的作用。

为了减少较长时间数据平均对模拟精度的平滑作用，我们利用 2010 年 4 月 1 日 0 时~4 月 2 日 0 时的数据进行模型的驱动和校正，利用 4 月 2 日 0 时~4 月 3 日 0 时的数据进行精度验证。输出结果以 6 小时为间隔，一天将分为 4 个间隔输出，分别对应北京时间 2 时、8 时、14 时和 20 时，这正好与气象站点计算日平均气温的算法需要的参量一致，将 4 月 2 日 4 个时间的气温进行平均得到当天的日平均气温空间分布。

1. 控制方案一

模拟方案一：选择前文所述的参数化方案，陆面模式采用 RUC 陆面方案，土地覆被数据采用 WRF 自带的地表静态数据，地表参数数据不做调整，气候场数据为 NCEP/FNL 数据。

模拟方案二：选择前文所述的参数化方案，陆面模式采用 RUC 陆面方案，土地覆被数据采用更新的地表静态数据，地表参数数据不做调整，气候场数据为 NCEP/FNL 数据。

2. 控制方案二

模拟方案一：选择前文所述的参数化方案，陆面模式采用 RUC 陆面方案，土地覆被数据采用控制方案一中模拟精度较高的土地覆被情景，地表参数数据不做调整，即采用查找表调用方式，气候场数据为 NCEP/FNL 数据。

模拟方案二：选择前文所述的参数化方案，陆面模式采用 RUC 陆面方案，土地覆被数据采用控制方案一中模拟精度较高的土地覆被情景，地面参量中的地面反照率和叶面积指数采用 WRF 自带的空间数据，气候场数据为 NCEP/FNL 数据。

模拟方案三：选择前文所述的参数化方案，陆面模式采用 RUC 陆面方案，土地覆被数据采用控制方案一中模拟精度较高的土地覆被情景，地面参量中的地面反照率和叶面积指数采用 MODIS 生成的空间数据，气候场数据为 NCEP/FNL 数据。

6.2.3 模拟结果验证与对比分析

针对不同模拟方案下 WRF 模式输出的结果，本节采用气象观测站点的气温数据作为验证数据，验证采用点对点的方式，即将 WRF 输出数据中气象站所在的栅格与气象站点数据进行对比。首先，对控制方案一的结果进行验证与对比，结果见图 6-5。

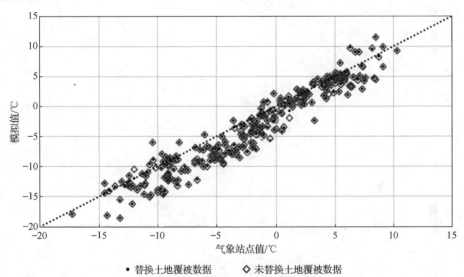

● 替换土地覆被数据　◇ 未替换土地覆被数据

图 6-5　土地覆被数据替换前后模拟结果验证

替换土地覆被数据后，模拟精度有了一定提升，其中模拟误差小于 1℃的站点个数由 130 个增加为 136 个，模拟精度由 43.6%增加到 45.6%，误差小于 2℃的站点个数由原来的 180 个增加到 189 个，占所有站点的 63.4%。同时，我们可以发现，替换土地覆被数据并没有使模拟精度显著提高，图 6-5 也显示在大于零度的区域模拟效果相对较高，而对于气温较低的区域模拟精度较低，模拟值普遍低于真实值，考虑积雪在影响地表辐射平衡中的重要作用，我们推测这与研究区北部积雪存在但是描述积雪覆盖的地表参数如反照率不够真实有关，这也是控制方案二所要探索的内容。

通过比较分析，替换后的土地覆被数据能够提高模拟精度，因此本节在控制方案二中利用替换后的土地覆被数据作为模型不变的输入值，探究地表参数地面反照率和叶面积指数的改进对模拟精度的影响，对不同模拟方案与气象站点数据进行比较，得到的结果见图6-6。

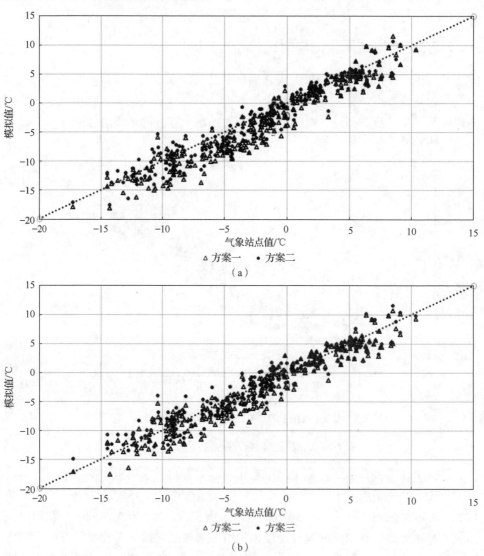

图6-6　不同地表参数方案模拟效果验证

由图 6-6 可以看出，方案三的模拟效果最好，其次为 WRF 自带的空间数据，最差的是利用地表参数表数据。其中利用 MODIS 产品更新后的地表参数数据明显提高了模拟效果，模拟误差在 2℃ 以下的站点个数增加到了 225 个，占所有站点的 75.5%，误差小于 1℃ 的站点个数为 148 个，占总站点的 49.67%。WRF 自带的地表参数空间数据模拟误差小于 2℃ 的有 214 个，小于 1℃ 的有 139 个，相比未采用空间化数据的方案一（误差小于 2℃ 和 1℃ 的分别为 189 个和 136 个），模拟效果也得到了大幅度提升。

综上所述，合适的陆面方案、本地化的地表土地覆被数据及地表参数数据都能改进模式的模拟精度。地表参数的改进对于更精确地描述陆面过程进而影响气候系统起到了重要作用。

6.3 积雪覆盖变化对地表热通量的影响

气候系统可用的能量受全球能量循环的控制，它在很大程度上受大气过程的支配。进入全球气候系统的 100 个单位的能量中，约 46 个单位被地表吸收，在地表吸收的能量中，约 31 个单位的能量转换为感热和潜热。地表显著地影响着这 31 个单位的能量中显热和潜热的分配方式，它们是在昼夜和季节时间尺度上储存能量的重要媒介，这使得地表成为气候系统的关键组成部分。

从气候系统的观点出发，尽可能好地模拟可用能量在感热和潜热之间的分配非常重要，因为更多的潜热有利于水汽向大气的输送，导致云和降水的增加，增加的感热趋向于加热行星边界层。考虑潜热和感热在气候系统中发挥的重要作用，尽可能好地模拟这些通量昼夜、季节和长期的变化则非常有必要，这也成为数值天气和气候模型表达陆面过程的重点。

积雪具有独特的辐射特性和热力性质：一方面积雪覆盖变化，可以通过影响地面反照率、地表比辐射率影响地表的辐射收支、热量平衡和水分平衡过程，从而对大气环流和气候产生重要影响；另一方面，雪盖的低导热率减少了下垫面与大气间的感热和潜热输送，而且融雪需要吸收大量的热量，故雪盖的存在无疑会影响地气系统的热量收支和大气中的物理过程。下一节拟从地表热量平衡的角度揭示积雪变化对整个地气系统的重要作用。

6.3.1 地表能量平衡 WRF 模拟

6.3.1.1 研究方案设计

为了更好地模拟研究区积雪覆盖变化对地表辐射收支及热量平衡的影响，本节将模拟时间选择为研究区积雪变动明显的 4 月，4 月初研究区北部有积雪覆盖，南部无积雪覆盖，有利于研究区内空间上的对比，随着气温的升高，北部的积雪会逐渐融化，可以对地表辐射和能量过程在时间上进行对比。根据 6.1 节和 6.2 节中对不同陆面模式的验证和地表参数改进前后的模拟精度分析，本节选择 RUC 陆面方案，土地覆被数据采用更新的数据，地表参数反照率和叶面积指数采用空间化的数据，并采用 NCEP/FNL 气候场数据驱动 WRF，模拟时间为 4 月 1 日～22 日，模拟范围和前文中保持一致，模拟结果每隔 6 小时输出一次。

6.3.1.2 地表能量平衡方程

地表净辐射是地表发射和吸收短波辐射、长波辐射的矢量和。地表净辐射在地表的分配包括湍流能量通量（感热和潜热）和地表热通量。根据热量收支平衡原理，陆地表层的能量收支平衡应满足地表能量平衡方程：

$$Rn = H + LE + G \tag{6-1}$$

式中，Rn 为到达地表的净辐射通量；LE 为潜热通量；H 为显热通量；G 为地表热通量。通常潜热通量和显热通量是利用地表净辐射减去地表热通量获得，因此地表热通量的计算也是一个关键问题。G 的计算通常被处理成一个简单的热扩散问题，采用驱动-恢复模型和多层土壤模型等一系列方法得到异质的土壤剖面的相位变化，以热扩散系数与垂直方向地表温度梯度的积来表示。目前，地表温度梯度采用遥感手段无法获得，因此采用遥感反演地表热通量也难以实现。同时，对于显热和潜热的分割通常需要模型（如 PCACA 模型）来实现，模型可能涉及大量的大气参数，受数据可获得性的限制，地表的热量平衡及各分量的测量与提取一直处于不断探索中。

6.3.1.3 地表辐射与能量平衡参数计算与提取

WRF 模式能够进行数值天气预报，并且也逐渐应用到气候研究中，WRF 模式不仅能够输出气象要素变量，同时也能够输出中间过程产生的变量，如辐射过程生成的辐射参数，水循环过程产生的水汽通量等参数。气候模式的出现省略了大量的计算过程，为地表通量研究提供了有利条件。

对于地表辐射收支的各个组成部分，在 WRF 模式的输出结果中，包含了地表下行短波辐射和地表下行长波辐射通量两个变量，而对于地表净辐射的计算还需要地表上行短波辐射通量和上行长波辐射通量。其中上行短波辐射通量是地表反射的太阳辐射，它取决于下行短波辐射通量和地面反照率：

$$R_s^{\uparrow} = \alpha R_s^{\downarrow} \tag{6-2}$$

向上长波辐射通量的计算需要分成两部分：地表发射的长波辐射和地表反射的大气逆辐射，计算方程为

$$R_l^\uparrow = \sigma \varepsilon_s T_s^4 + (1-\varepsilon_s) R_l^\downarrow \qquad (6\text{-}3)$$

式中，σ 为斯特藩-波尔兹曼常数 $[5.67\times10^{-8}\text{W/}(\text{m}^2\cdot\text{K}^4)]$；$\varepsilon_s$ 为地表比辐射率；T_s 为地表温度，单位为 K，地面反照率、地表比辐射率和地表温度都来自 WRF 模式的输出变量。

对于地表能量平衡方程中的各个变量，WRF 模式输出中都有对应的变量，输出的时间间隔为 6 小时。热量平衡方程中方程左边是地表净辐射的值，它也可以通过潜热、感热和地表热通量的加和得到，我们从地表辐射收支和地表能量平衡两个角度对地表净辐射进行对比，采用的数据为 4 月 1 日的均值，结果见图 6-7。

由图 6-7 可以看出，无论是通过地表辐射收支参数化计算还是由地表热通量加和得到的地表净辐射，在空间分布上是一致的。不同的是，图 6-7（a）中的高值和低值相比于图 6-7（b）更平滑一些。对二者进行空间叠加发现，二者差值小于 10W/m² 的栅格比例为 69.82%，差值小于 5W/m² 的栅格比例为 43.98%，这也从侧面证明了前文中利用地表各参量计算辐射强迫的合理性。

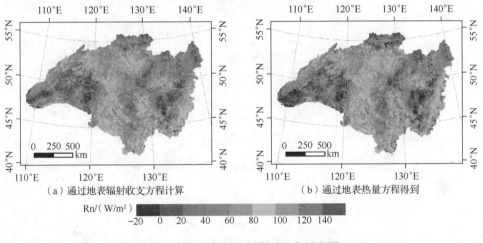

（a）通过地表辐射收支方程计算　　　　　（b）通过地表热量方程得到

图 6-7　地表净辐射比较图（见书后彩图）

6.3.2　积雪覆盖变化对区域地表热通量的影响

积雪特殊的物理特性能够改变下垫面能量平衡是毋庸置疑的，积雪的高反照率能够反射掉到达地表的大部分太阳辐射，改变地表的净辐射收支，同时积雪的热辐射特性又决定着地表的热量交换。本节将从空间尺度和时间尺度上对积雪覆盖变化对地表热通量的影响进行分析，验证积雪覆盖变化在地表辐射和热量平衡中的地位和作用。

6.3.2.1　积雪覆盖变化对区域地表热通量影响的空间量化

首先，利用 WRF 模拟的结果计算 4 月 1 日黑龙江流域日平均地表热通量（GRDFLUX）、感热通量（HFX）、潜热通量（LH）、地表净辐射（Rn）、气温（T2）、积雪覆盖比例（SNOW）以及波文比的空间分布（图 6-8）。然后，以空间代替时间，分析不同土地覆被类型上积雪覆盖变化与地表热通量以及气温的变化相关性。

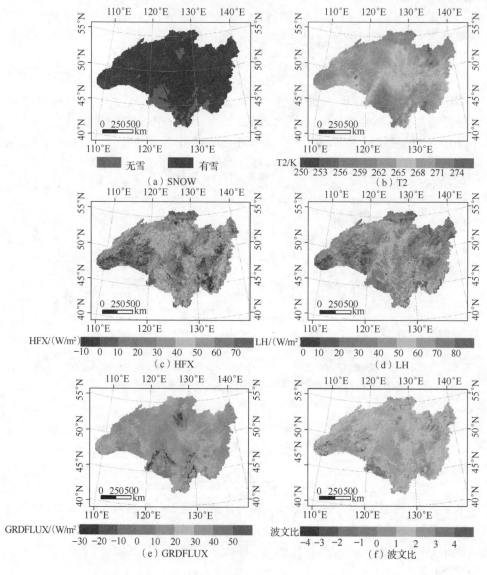

图 6-8　WRF 模拟的各变量的空间分布（见书后彩图）

由图 6-8 可以看出，各个变量在研究区具有较强的空间异质性，并且不同的变量显示了不同的特点。积雪覆盖图（SNOW）给出了 4 月 1 日的平均积雪覆盖范围，其中黑龙江流域南部及北部的一小部分区域处于无雪的状态，大部分区域处于有雪覆盖的状态。对应于无雪状态，地表净辐射相对于周围有雪的状态较高（图 6-7），同时，地表净辐射的空间分布不仅与有无积雪分布有很大的关联性，在有积雪覆盖的区域，地表净辐射与土地覆被类型的相关性也显现出来。其中，耕地、草地等低矮植被的地表净辐射普遍低于同纬度地区的林地，考虑影响地表净辐射的各因素，如太阳辐射、大气状况等（影响地表入射的短波辐射和长波辐射），它们不会造成地表净辐射如此有规律的空间差异性。也就是说，地表的性质在决定流域内地表净辐射的空间分布时起到了关键作用。其中最主要的影响因素当属地面反照率，有雪的情况下地面反照率在低矮植被和林地之间的反差巨大，会导致耕地和草地等反射掉大部分的太阳辐射，造成地表净辐射小于反照率相对较低的林地。

通过图 6-8 可以看出，无雪覆盖的区域相对于周边有雪覆盖的区域，气温较高、感热通量较高、潜热通量较低、地表热通量较低、波文比较高，反之亦然。也就是说，当地表被积雪覆盖时，将会阻碍地表向大气的热量的传输，积雪作为地表的保温层，促进地表向土壤的热量传输，而无雪时将会促进地表与大气的热量交换，以及土壤向地表的热量输送。

6.3.2.2 基于时间序列的积雪覆盖变化对区域地表热通量的影响

前文中利用流域内各变量的空间分布与积雪覆盖的空间变化进行了定性分析，为了更好地分析二者的相关性，需要从定量的角度进一步说明。本节采用 4 月 1 日～22 日 WRF 模拟值取逐日平均，对整个黑龙江流域内各个通量进行空间统计，从时间上分析流域整体气温、净辐射等变量与积雪覆盖变化的相关性。图 6-9 刻画了 GRDFLUX、HFX、LH、T2、Rn、波文比与 SNOW 的相关性。

由图 6-9 可以看出，地表热通量和潜热通量与积雪覆盖比例之间表现为正相关，随着积雪覆盖的增加，地表热通量和潜热通量增加，与前文中的分析一致。感热通量、气温、地表净辐射和波文比与积雪覆盖比例之间表现为负相关。其中地表净辐射与积雪覆盖比例之间的相关性最为显著，R^2 达到 0.8425。以上相关性分析在 95%的显著性区间上显著。

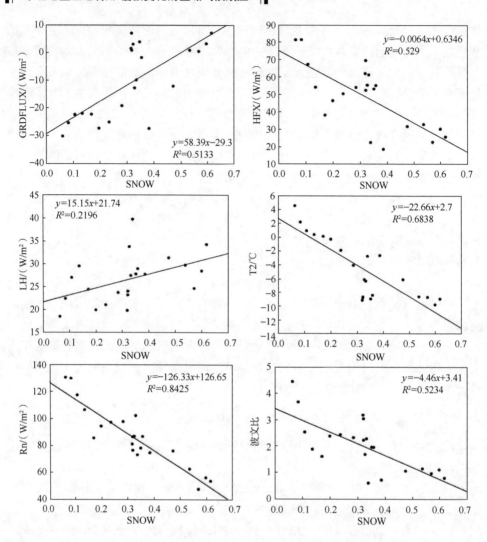

图 6-9 SNOW 与 GRDFLUX、HFX、LH、T2、Rn 以及波文比的相关性

6.3.3 典型土地覆被类型上积雪覆盖变化对地表辐射收支的影响

区域上的统计分析只能够给出整体的变化趋势，容易使局部特征趋于平滑，掩盖局部强信号。为了更好地分析不同下垫面类型上积雪覆盖的变化对地表辐射收支以及气温的影响，本节选择 6 个大小为 5.4km×5.4km 的典型研究区，包括有雪覆盖和无雪覆盖的林地、草地和耕地（每个典型研究区基本保证无混合像元，即林地典型区内几乎全部为林地，同时，典型区的选择遵循了位置相邻、纬度相近的原则，以此最大限度地保证地表各变量的变化是受积雪变化的影响，而非其他），进行空间

统计和时间序列的对比分析。首先利用 4 月 1 日 WRF 模式的模拟值对 6 个典型区 GRDFLUX、波文比、HFX、LH、Rn、SNOW、T2 七个变量进行空间提取与统计，得到有雪和无雪状态下林地、草地和耕地典型区内各变量的平均值（表 6-1），以空间代替时间，说明不同土地覆被类型上积雪覆盖变化对地表辐射和热量交换的影响。

表 6-1　典型区各变量的统计值

类型	序号	GRDFLUX/ （W/m²）	波文比	HFX/ （W/m²）	LH/ （W/m²）	Rn/ （W/m²）	SNOW	T2/K
无雪林地	1	−15.94	1.96	51.91	28.87	96.72	0.00	265.87
有雪林地	2	4.64	0.73	28.28	37.26	60.90	0.95	262.62
无雪草地	3	−20.26	3.36	73.84	22.38	116.48	0.00	266.83
有雪草地	4	11.50	0.55	14.58	26.63	29.71	1.00	259.76
无雪耕地	5	−5.37	0.52	31.60	61.34	98.30	0.01	270.11
有雪耕地	6	11.07	0.00	0.06	29.38	18.38	0.95	265.13

由表 6-1 可以看出，无论是林地、草地还是耕地，积雪的存在会使地表热通量增加、感热通量减少、潜热通量增加（耕地典型区除外，表现为下降）、波文比下降、地表净辐射减少、气温降低。这一结果进一步验证了前文中的结论。值得注意的是，积雪的存在会使草地和耕地的地表净辐射显著减少，减少幅度分别为 86.77 W/m² 和 79.92 W/m²，下降了 74.5% 和 81.3%，而林地仅仅减少了 35.82 W/m²，下降幅度为 37.03%。对于地表净辐射在感热、潜热和地表热通量之间的分配，不同的土地覆被类型从有雪变为无雪，地表热通量和潜热通量未表现出明显的差异性。而对于感热通量，积雪覆盖使林地的感热通量减少了 23.11 W/m²，减少幅度为 44.5%，草地和耕地的感热通量分别减少了 59.26 W/m² 和 31.54 W/m²，下降幅度分别为 80.3% 和 99.8%。

从另一种角度讲，积雪的反照率特征决定了不同土地覆被类型上地表净辐射的空间差异性，同时积雪作为地表的保温层又阻碍了地表向大气的感热传输，从而对气温造成一定的影响。表 6-1 的结果也显示了有雪的地表较周围同质地表具有更低的气温，林地的气温差值要小于耕地和草地，与地表净辐射和感热通量的变化有很好的对应关系。

在时间序列上，本节以耕地和林地典型区为例，计算典型区内地表净辐射（Rn）、地表热通量（GRDFLUX）、感热通量（HFX）和积雪覆盖比例（SNOW）随时间的变化曲线（图 6-10），其中 1 表示无雪林地，2 表示有雪林地，5 表示无雪耕地，6 表示有雪耕地。

由图 6-10 得出，典型研究区 1 和典型研究区 5 在该时间段内一直处于无雪状态，而对于典型研究区 2 和典型研究区 6 在该时间段内积雪覆盖从有雪逐渐融化到无雪状态。对于地表净辐射，无论是林地还是耕地在有积雪覆盖时其地表净辐射都低于无雪覆盖的典型区，但是耕地在有雪时地表净辐射明显低于林地，这说明积雪覆盖对耕地的影响远大于林地。伴随着积雪的融化，林地和耕地的地表净辐射都明显攀升，到积雪完全融化的时间段，有雪和无雪研究区的地表净辐射都趋于一致，这在一定程度上说明了该典型研究区的选择是具有可比性的，同时也增加了结果的可信性。

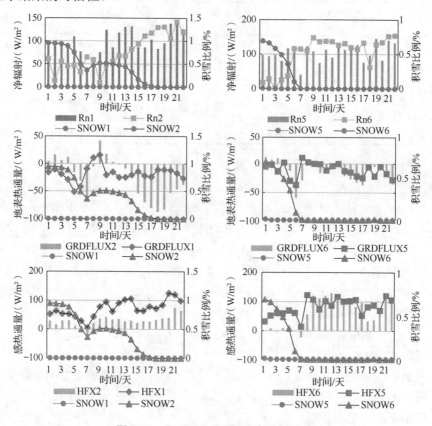

图 6-10　典型区内各变量随时间的变化

　　对于地表热通量，积雪的融化会使地表热通量减少，积雪覆盖的增加会使地表热通量增加，在无雪状态下地表热通量表现为负值，也就是土壤向地表的热量传输。对于感热通量，林地和耕地在有积雪覆盖时都较小，积雪融化完毕后，感热通量都得到明显的提升。耕地在有积雪覆盖时，其感热通量较林地小，其值近似于零，而当积雪完全融化后感热通量值发生突变迅速提升，明显高于林地的提升程度，这也说明了积雪对耕地下垫面感热通量的影响大于林地。

6.4 本章小结

本章首先对 WRF 模式做了简单的介绍，并设计了符合研究要求的模拟方案。模式分两个嵌套进行陆面过程和气候要素的模拟，嵌套的分辨率分别为 9km 和 27km。为了更好地刻画陆面过程，本节对 WRF 自带的陆面方案进行比较，结果说明 RUC 陆面方案比 Noah 方案和热扩散方案模拟效果更好，但是整体模拟精度不够理想。

其次，本章对影响地表性质的参数，即土地覆被数据和地表参数数据如地面反照率数据和叶面积指数数据，进行了本地化。本地化采用 MODIS 的产品数据，得到空间化的数据替换 WRF 自带的数据进行模拟，模拟结果显示本地化的地表参数数据能够明显提高模拟精度，其中地表参数本地化对于提高模拟精度起到了更大的作用。

然后，采用 RUC 陆面方案、替换后地表参数和土地覆被数据进行 WRF 模拟。本章从空间尺度和时间尺度对黑龙江流域的地表净辐射、地表热通量、感热通量、潜热通量、波文比、积雪覆盖比例、气温进行分析，在空间上有雪和无雪的区域在各变量上表现了不同的差异性。一般情况下，有雪区域比无雪区域具有更低的地表净辐射、感热通量、波文比、气温，更高的地表热通量和潜热通量。在时间尺度上对各个变量与积雪覆盖比例进行了相关性分析。分析显示，地表净辐射、感热通量、波文比、气温与积雪覆盖比例呈负相关，地表热通量和潜热通量与积雪覆盖比例呈正相关。其中，地表净辐射与积雪覆盖比例的相关性最为显著，相关系数达到 84.25%。

最后，为了减少区域平滑对结果的影响，本章选择了 6 个典型研究区，分别是有雪和无雪的林地、草地和耕地，对典型区上各变量进行时空变化分析。分析结果显示，无论是林地、草地还是耕地，积雪的存在会使地表热通量增加、感热通量减少、潜热通量增加（耕地典型区除外，表现为下降）、波文比下降、地表净辐射减少、气温降低。值得注意的是，在积雪条件发生变化时，耕地的地表净辐射和感热通量较林地变化幅度更大，也就是说积雪覆盖变化对耕地的影响要强于林地。同时还发现，积雪变化前后以及不同的土地覆被之间，潜热的变化相对较小，并未表现出明显的规律性。对典型研究区进行时间序列的分析发现，伴随着积雪的融化完毕，耕地的地表净辐射和感热通量会迅速提升，而林地提升没有耕地明显。

参 考 文 献

黄海波, 陈春艳, 朱雯娜, 2011. WRF 模式不同云微物理参数化方案及水平分辨率对降水预报效果的影响.气象科技, 39(5): 529-536.

季英年, 2001. 海北高寒草甸植被在生长期辐射能量收支探讨. 草地学报, 9(1): 58-63.

于恩涛, 2013. 我国东北地区季节降雪高分辨率数值模拟. 科学通报, 58(8): 690-698.

张学珍, 郑景云, 何凡能, 等, 2011. MODIS BRDF/Albedo 数据在中国温度模拟中的应用. 地理学报, 66(3): 356-366.

ACIA, 2005. Arctic Climate Impact Assessment: Scientific Report. Cambridge: Cambridge University Press:1042.

Alton P, 2009. A simple retrieval of ground albedo and vegetation absorptance from MODIS satellite data for parameterization of global Land-Surface Models. Agricultural and Forest Meteorology, 149(10): 1769-1775.

Barnes C A, Roy D P, 2010. Radiative forcing over the conterminous United States due to contemporary land cover land use change and sensitivity to snow and interannual albedo variability. Journal of Geophysical Research-Biogeosciences, 115(G04033): 1-14.

Betts A K, Ball J H, 1997. Albedo over the boreal forest. Journal of Geophysical Research-Atmospheres, 102(D24): 28901-28909.

Betts R A, 2001. Biogeophysical impacts of land use on present-day climate: near-surface temperature change and radiative forcing. Atmospheric Science Letters, 2(1/2/3/4): 39-51.

Brown R D, 2000. Northern hemisphere snow cover variability and change 1915-97. Journal of Climate, 13(13): 2339-2355.

Brown R, Derksen C, Wang L, et al., 2007. Assessment of spring snow cover duration variability over Northern Canada from satellite datasets. Remote Sensing of Environment, 111(2/3): 367-381.

Cohen J, Rind D, 1991. The effect of snow cover on the climate. Journal of Climate, 4(7): 689-706.

Duguay C R, 1993. Radiation modeling in mountainous terrain-review amd status. Mountain Research and Development, 13(4): 339-357.

Dye D G, 2002. Variability and trends in the annual snow-cover cycle in Northern Hemisphere land areas 1972-2000. Hydrological Processes, 16(15): 3065-3077.

Dyer J, 2008. Snow depth and streamflow relationships in large North American watersheds.Journal of Geophysical Research-Atmospheres, 113(D18): 1537-1546.

Euskirchen E S, Mcguire A D, Chapin F S, 2007. Energy feedbacks of northern high-latitude ecosystems to the climate system due to reduced snow cover during 20th century warming. Global Change Biology, 13(11): 2425-2438.

Gao F, Schaaf C B, Strahler A H, et al., 2005. MODIS bidirectional reflectance distribution function and albedo Climate Modeling Grid products and the variability of albedo for major global vegetation types. Journal of Geophysical Research, 110(D1): D01104.

Goodrich L E, 1982. The influence of snow cover on the ground thermal regime. Canadian Geotechnical Journal, 19 (4): 421-432.

Groisman P Y, Karl T R, Knight R W, et al., 1994. Observed impact of snow cover on the heat-balance and the rise of continental spring temperatures. Science, 263(5144): 198-200.

Hall A, 2004. The role of surface albedo feedback in climate. Meteorological Society, 17 (7): 1550-1568.

Hall A, Qu X, 2006. Using the current seasonal cycle to constrain snow albedo feedback in future climate change. Geophysical Research Letters, 330 (3): 155-170.

Jin Y, Dickinson R E, Kalnay E, et al., 2002. How does snow impact the albedo of vegetated land surfaces as analyzed with MODIS data? Geophysical Research Letters, 29(10): 1374-1380.

Karl T R, Groisman P Y, Knight R W, et al., 1993. Recent variations of snow cover and snowfall in North-America and their relation to precipitation and temperature-variations. Journal of Climate, 6(7): 1327-1344.

Kiehl J T, Trenberth K E, 1997. Earth's annual global mean energy budget. Meteorological Society, 78(2): 197-208.

Liang S, Fang H L, Chen M Z, et al., 2002. Validating MODIS land surface reflectance and albedo products: methods and preliminary results. Remote Sensing of Environment, 83(1): 149-162.

Liang S, Kustas W, Schaepman-Strub G, et al., 2010a. Impacts of climate change and land use changes on land surface radiation and energy budgets. IEEE Journal of Selected Topics in Applied Earth Observations and Remote Sensing, 3(3): 219-224.

Liang S, Wang K C, Zhang X T, et al., 2010b. Review on estimation of land surface radiation and energy budgets from ground measurement, remote sensing and model simulations. IEEE Journal of Selected Topics in Applied Earth Observations and Remote Sensing, 3(3): 225-240.

Ling F, Zhang T, 2003.Impact of the timing and duration of seasonal snow cover on the active layer and permafrost in the Alaskan Arctic. Permafrost Periglacial Process, 14(2): 141-150.

Lucht W, Schaaf C B, Strahler A H, 2000. An algorithm for the retrieval of albedo from space using semiempirical BRDF models. IEEE Transactions on Geoscience & Remote Sensing, 38(2): 977-998.

Molders N, Walsh J E, 2004. Atmospheric response to soil-frost and snow in Alaska in March. Theoretical and Applied Climatology, 77 (1/2): 77-105.

Muller H, 1985. On the radiation budget in the Alps. Journal of Climatology, 5(4): 445-462.

IPCC, 2001. Climate Change 2001. New York: Cambridge University Press.

IPCC, 2007. IPCC Fourth Assessment Report: Climate Change 2007 (AR4), Geneva, Switzerland.

Philipona R, Durr B, 2004. Greenhouse forcing outweighs decreasing solar radiation driving rapid temperature rise over land. Geophysical Research Letters, 31 (22): 217-244.

Qu X, Hall A, 2006. Assessing snow albedo feedback in simulated climate change. Journal of Climate, 19(11): 2617-2630.

Rouse W R, 1984. Microclimate at Arctic tree line 1. radiation balance of tundra and forest. Water Resources Research, 20(1): 57-66.

Salminen M, Pulliainen J, Metsamaki S, et al., 2009. The behaviour of snow and snow-free surface reflectance in boreal forests: Implications to the performance of snow covered area monitoring. Remote Sensing of Environment, 113(5): 907-918.

Salomon J, Schaaf C B, Strahler A H, et al., 2006. Validation of the MODIS bidirectional reflectance distribution function and albedo retrievals using combined observations from the Aqua and Terra platforms. IEEE Transactions on Geoscience & Remote Sensing, 44(6): 1555-1565.

Sicart J E, Pomeroy J W, Essery R L H, et al., 2006. Incoming longwave radiation to melting snow: observations, sensitivity and estimation in northern environments. Hydrological Processes, 20(17): 3697-3708.

Sokratov S A, Barry R G, 2002. Intraseasonal variation in the thermoinsulation effect of snow cover on soil temperatures and energy balance. Journal of Geophysical Research-Atmospheres, 107(D19): 1-6.

Stephens G L, Li J L, Wild M, et al., 2012. An update on earth's energy balance in light of the latest global observations. Nature Geoscience, 5(10): 691-696.

Trenberth K E, Fasullo J T, Kiehl J, 2009. Earth's global energy budget. Bulletin of the American Meteorological Society, 90(3): 311-323.

Vavrus S, 2007. The role of terrestrial snow cover in the climate system. Climate Dynamics, 29(1): 73-88.

Viterbo P, Betts A K, 1999. Impact on ECMWF forecasts of changes to the albedo of the boreal forests in the presence of snow. Journal of Geophysical Research-Atmospheres, 104 (D22): 27803-27810.

Wang Z, Zeng X, Barlage M, et al., 2004. Using MODIS BRDF and albedo data to evaluate global model land surface albedo. Journal of Hydrometeorology, 5(1): 3-14.

Wanger A J, 1973. The influence of average snow depth on monthly mean temperature anomaly. Monthly Weather

Review, 101(8): 624-626.

Zhang T, 2005. Influence of the seasonal snow cover on the ground thermal regime: an overview. Review of Geophysics, 43(4): 666-674.

Zhang T, Osterkamp T E, Stamnes K, 1996. Influence of the depth hoar layer of the seasonal snow cover on the ground thermal regime. Water Resource Research, 32 (7): 2075-2086.

Zhang T, Osterkamp T E, Stamnes K, 1997. Effects of climate on the active layer and permafrost on the North Slope of Alaska, USA. Permafrost Periglacial Process, 8(1): 45-67.

Zhang T, Stamnes K, Bowling S A, 2001. Impact of the atmospheric thickness on the atmospheric downwelling longwave radiation and snowmelt under clear-sky conditions in the Arctic and Subarctic. Journal of Climate, 14(5): 920-939.

7 基于遥感与观测数据的水田扩张对局地地表温度的影响

　　中国人口中有 65%以大米为主食,中国的水稻种植面积、水稻产量占世界首位(干紫露,2012)。除了南方温暖湿润的水稻主产区,近年来中国东北地区的水稻种植面积日益增加。在半干旱的吉林省西部,当地政府主导的“吉林省增产百亿斤商品粮工程计划”正在将旱地转变为水田,并开垦了较大面积的沼泽湿地和盐碱地种植水稻,以增加粮食产量。在三江平原,受经济利益的驱动,大量的旱地也向水田发生了转变。与原来的土地相比,水田的扩张会显著降低地表温度,增加空气湿度,并且在不同的生长季阶段具有不同的特点。作为人类活动强烈改变区域气候的典型区域,本章对吉林西部水田扩张引起局地温度的响应及其季节变化进行定量分析,为土地利用变化气候效应问题的研究提供又一案例参考。

　　旱地改水田(以下简称“旱改水”)是农业种植结构的调整,一般发生在水资源较丰富的地区,但人工灌溉设施的修建也可以在过境水资源较多的半干旱地区大面积种植水稻。半干旱地区的旱改水直接导致农作物生长期地表覆盖状况由半干旱状态直接转变为湿润状态,地表-大气能量交换过程中潜热通量大大增加,导致区域大气湿度的显著增加和近地表温度的显著降低。旱改水整体上表现为冷湿效应,与湿地萎缩的“暖干化”效应基本相反,在区域上形成了具有显著异质性的地表-大气过程,极大地增强了区域气候系统的复杂性。

　　目前土地覆被变化与地表生物物理过程之间关系的综合评估和模拟研究并没有得到广泛的认可,主要是由于缺少全面的观测支撑(Bright et al.,2017)。基于不同土地覆被状况下的通量观测,一些学者对土地覆被变化的气候效应进行了机理方面的研究。Lee 等(2011)基于能量平衡方法提出了一种能将地表生物物理过程中辐射强迫、地表粗糙度和波文比三部分效应分离的能量分配因子法,该方法在其他研究中也得到了广泛引用(Chen et al.,2016;Zhao et al.,2014)。此外,Luyssaert 等(2014)基于能量平衡方法,定量分析了由于入射辐射、地表粗糙度、地表热通量、感热通量和潜热通量对地表温度的影响。这些基于观测数据的方法耦合了时空连续的数据,不仅更全面深入地探索了地表生物物理过程的时空变化,还为评价气候模型中的土地覆盖变化效应提供了可行的方法。

　　本章分别以半干旱半湿润气候的中国东北地区中部和湿润的三江平原为研究

区，针对两个区域的旱改水问题，利用 Lee 等（2011）提出的能量分配因子法，耦合反照率、地表温度等 MODIS 陆地遥感产品数据和气象站观测数据，分析旱地转变为水田后地表温度的变化，以及该过程中反照率、蒸散的变化对地表温度变化的贡献程度，从而揭示较干旱地区水田开发对区域气候影响的典型效应。

7.1 吉林西部水田扩张对地表温度与地表能量分配的影响

2008 年以来，在吉林省西部土地整理重大项目的支持下，吉林省积极推进旱改水工程，特别是镇赉、大安、梨树等中西部大中型灌区新增了大面积水田，耕地的地表状态发生了显著变化。在半湿润半干旱大陆性气候的吉林省中西部，由于旱地、草地等下垫面水分不足，实际蒸散量远小于潜在蒸散量，因此在地表能量收支过程中，感热通量相对较大，表现为气温较高、湿度较小。大面积旱改水增加了地表下垫面的实际蒸散量，使地表和大气间的能量及水分传输发生了根本性变化，潜热通量显著增加，表现为气温降低、湿度增大的趋势。该变化过程不仅直接改变了局地气候现状，形成冷湿效应，更对区域气候系统产生了重要影响。这些气候的改变也作用于其他旱地、草地等地类的植被，影响了区域生态系统和农牧业生产。定量评估整个过程中地表状态改变对局地和区域气候的影响，并分析该变化对其他土地系统的影响，既是全球变化研究的重要内容，又能够为区域生态建设和农牧业生产提供科学指导。

在全球变化背景下，近几十年来吉林省中西部的气候表现为暖干化趋势，即气温升高、降水减少。而旱改水使地表蒸散和潜热通量显著增加，导致区域气温降低、湿度增加的冷湿效应。因此需要基于野外观测和模型模拟，定量评估该冷湿效应的影响范围和程度，进而分析包括旱地、草地在内的其他区域气温、降水、蒸散发等气候要素的相应变化，这也是吉林省西部生态恢复和相关产业发展的必然要求。本章在综合多源遥感数据与地表观测数据的基础上，采用能量平衡方法定量评估水田扩张对局地地表温度的影响，分析其能量分配过程并进行剖析，试图厘清吉林省西部水田扩张影响区域气温的生物物理过程及机制，为区域气候及区域农业可持续发展提供建议与对策。

7.1.1 研究区概况、数据来源与研究方法

7.1.1.1 研究区概况

吉林省西部（$43°59'27''\sim46°18'5''$N，$121°37'31''\sim126°10'43''$E）位于中国东北地区中部，主要包括吉林省白城市和松原市，气候属温带半湿润半

干旱大陆性气候，年降水量为 300~400mm，风速大，蒸散潜力远大于降水量，在生态区划中属于农牧交错带，生态环境脆弱。区内土地资源和过境水资源丰富，包括较大面积的盐碱化未利用地和洮儿河、嫩江、第二松花江等主要河流。2008年以来，该地区实施了"增产百亿斤商品粮能力建设工程"，使粮食生产在五年或稍长时间内从 $2.5×10^{10}$kg 增加到 $3×10^{10}$kg，粮食增产的关键在于水田的开发——大量的旱地（以种植玉米为主）、沼泽草甸和沙地碱地开发为水田。一般来说，研究区作物生长季节从 5 月到 10 月，雨养和灌溉的农田在 4 月播种。

7.1.1.2 数据来源

本节采用的吉林省西部土地利用数据包括 2007 年和 2016 年两期，其中 2007年土地利用数据来源于"中国北方及其毗邻地区综合科学考察"项目成果数据库，该数据基于 Landsat TM 影像以人机交互解译方式得到（张树文等，2006）；2016年土地利用数据是在 2007 年数据的基础上，基于 Landsat OLI 影像进行土地利用动态变化提取得到。通过对两期数据进行叠加分析，得到研究区 2007~2016 年水田变化格局。

7.1.1.3 地表能量分配因子与地表温度响应模型

对地表能量平衡方程中的地表长波辐射项进行线性化，能量再分配因子 f 就可以表示为（Bright et al.，2017；Zhao et al.，2014；Lee et al.，2011）

$$f = \frac{\lambda_0}{T_s - T_a}(R_n^* - G) - 1 \tag{7-1}$$

式中，T_s 为月平均地表温度（K）；T_a 为 2m 处月平均气温（K）；$\lambda_0 = 1/(4\sigma\varepsilon_s T_s^3)$，为由于产波辐射反馈得到的地表温度的敏感性，$\varepsilon_s$ 为月平均地表发射率；$R_n^* = S + L_\downarrow - \sigma T_a^4$，为月平均表面净辐射，$S$ 为净短波辐射，$L_\downarrow$ 为月平均入射长波辐射；G 为月平均地表热通量。

从公式（7-1）可以看出，f 值在很大程度上取决于 $T_s - T_a$ 的量。如果 $T_s > T_a$，则 $f>0$；当 T_s 稍大于 T_a，即 $T_s - T_a$ 趋向于+0，感热通量趋向于+0 时，f 趋向于+∞。根据 Bright 等（2017）、Zhao 等（2014）、Lee 等（2011）的研究，f 越大，能量分配中潜热通量所占比重越大。尽管如此，如果 $T_s < T_a$，则 $f<0$；当 T_s 稍小于 T_a，即 $T_s - T_a$ 趋向于-0，感热通量趋向于-0 时，f 趋向于-∞。那么，当 f 从-∞增加到 0 的过程就代表了 $T_s < T_a$ 且两者之差增加的过程。

在区域或者局地研究中，两种不同的土地利用类型上净短波辐射的差异性主要基于地面反照率的差异，而入射的长波辐射受地表覆盖类型的作用相对较小，本节采用再分析资料（MERRA）中的大气长波数据作为地表表观净辐射的输入值。

MEERA 数据从 1981 年开始生产,具有 $(1/2)° \times (2/3)°$ 的空间分辨率,采用 2008~2017 年的月平均值作为公式中的输入数据。

同时,本节中地表净短波辐射 S [MJ/ $(m^2 \cdot d)$] 可以通过公式(7-2)估算得到(Fischer et al.,2012)

$$S = \alpha(0.25 + 0.5r)37.586d(\psi \sin\varphi \sin\delta + \cos\varphi \cos\delta \sin\psi) \qquad (7-2)$$

式中, α 为地面反照率; r 为太阳光照比例,利用日实际光照时数与日最大光照时数之差得到; ψ 为太阳时角(rad); φ 为地理纬度(rad); δ 为太阳赤纬(rad); d 为日地相对距离(无量纲),可以通过公式(7-3)得到

$$d = 1 + 0.033 \times \cos[2\pi / (365 \times J)] \qquad (7-3)$$

其中, J 为一年中的天数。地表热通量可以通过公式(7-4)得到

$$G = 0.14(T_{a,n} - T_{a,n-1}) \qquad (7-4)$$

式中, $T_{a,n}$ 和 $T_{a,n-1}$ 分别为当月和上一个月的平均气温。

本节中逐月的地表温度数据来自 MODIS 8 天合成的地表温度产品 MYD11A2,空间分辨率为 1km。我们采用 Aqua 数据而不是 Terra 地表温度数据是因为在三江平原,Aqua 卫星的过境时间白天一般在 11:00~14:30,在夜晚一般在 23:00~2:30,而 Terra 卫星的过境时间要早于这个时间段。由于 8 天合成的数据是根据逐日的地表温度观测数据进行计算合成而来,Aqua 的地表温度产品将更接近于研究区真实的地表温度均值。地表温度产品包含了夜晚地表温度和白天地表温度,本节采用二者的平均作为 8 天合成的平均地表温度,然后合成逐月的地表温度数据,最后得到 2008~2017 年多年平均的逐月地表温度。

地面反照率利用 MODIS 16 天合成的反照率产品 MCD43B3 计算得到,空间分辨率为 1km。该数据包含了短波段的黑空反照率与白空反照率,在此基础上本节利用研究区的天空散射系数计算得到研究区真实的地面反照率,然后进一步合成逐月的地面反照率产品,最后得到多年平均的地面反照率空间分布值。2018 年 5 月 1 日,USGS 关闭了 MCD43B3 产品提供的服务,目前在网上可以下载的 MODIS 反照率产品为 MCD43A3。

逐月的 2m 气温数据和月平均日照时间来自 CMDC,分别通过 ANUSPLIN 和克里金插值得到,最后采用 2008~2017 年多年平均值作为输入数据。

假设水田与周边的其他土地利用类型具有相同的气候背景条件,那么土地利用变化导致的地表温度的响应就可以通过公式(7-5)来估算(Zhao et al.,2014;Lee et al.,2011):

$$\Delta T_s = \frac{\lambda_0}{1+f}\Delta S + \frac{-\lambda_0}{(1+f)(1+f+\Delta f)}(R_n^* - G)\Delta f \qquad (7-5)$$

式中，λ_0、f、R_n^*、G 为土地利用类型发生变化之前的值；ΔS 可以通过入射的短波辐射 $S_\downarrow$ 与 $(-\Delta a)$ 的乘积得到；Δf 为土地利用变化导致的能量分配因子的变化。

根据公式（7-5）可以计算得到土地利用变化导致的地表温度的变化，公式（7-5）右侧第一项和第二项分别代表反照率变化导致的辐射过程的贡献以及地表粗糙度和波文比变化导致的非辐射过程的贡献值。

7.1.2 基于土地利用数据的2008～2017年吉林西部水田变化分析

基于 2008 年和 2017 年吉林西部土地利用数据的空间分析，2008～2017 年该地区水田变化的空间分布如图 7-1 所示。

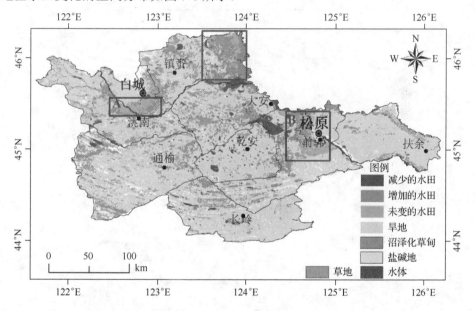

图 7-1 2008～2017 年吉林西部水田动态变化（见书后彩图）

2008～2017 年，吉林省西部的水田面积从 $166×10^3 hm^2$ 增加到 $400×10^3 hm^2$，年均增长 9.2%，达到 2.4 倍。新增的水田中，有 44.5%是从雨养的旱地转变而来，有 33.4%是从未利用地中开垦而来（包括 18.2%的盐碱地和 15.2%的沼泽地），此外还有 13%的草地，以及 9%的其他地类。得益于近年来在河流附近新建的引水灌溉设施，这些过去的旱地和沼泽地可以用来种植水稻，而盐碱地和草地中新增的水田则主要依赖抽取的地下水。河流附近具有较为稳定的水源，因此水田面积稳定增长，但在原来的盐碱地和草地中种植水稻具有不稳定性，时而发生撂荒的现象。从数据上来看，尽管 2017 年水田比 2008 年有了大面积的增长，但是仍有一部分在 2008 年种植水稻的土地被放弃，也就是图 7-1 中减少的水田。这些减少的水田一部分位于相对干旱的盐碱地和草地边缘，减少的原因可能是种植水稻后土壤质量的恶化，因为在弃耕的地块旁边又有新的水田被开垦出来的现象较为典型；另一部分位于河流灌溉区的边缘，减少的原因除了城市化以外，还有作物种植结构的年际调整。

7.1.3　旱地与水田平均地表温度的差异对比

本节利用 2008～2017 年 MODIS 地表温度数据，提取研究区不同季节的平均地表温度，如图 7-2 所示。

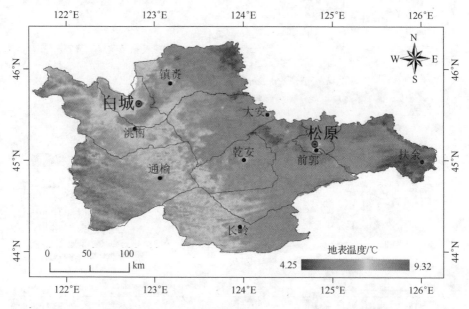

图 7-2　研究区 2008～2017 年平均地表温度分布图（见书后彩图）

7.1.3.1　地表温度的季节变化

研究区作物生长季为 5～9 月，且冬季较长，为 11 月至来年 3 月。研究区地表温度表现出自东北向西南递增的趋势，结合图 7-1 中水田的分布，可以看出水田的年均地表温度低于附近的旱地。为了进一步分析两种地类地表温度的差异和季节变化，本节提取了 2008～2017 年未变动的水田和旱地样点进行对比。具体做法是，根据 MODIS 数据的 1km×1km 栅格获得未变动水田面积≥95%的样点栅格，主要选择白城和松原两个水田集中且旱地较多的区域（图 7-1 中的 A 和 B）；而旱地样点则是这两块水田集中区附近 20km 且未变动的旱地面积≥95%的 MODIS 栅格。地表温度数据包括旱地的白天和夜晚、水田的白天和夜晚，数据序列为 2008～2017 年的每月平均值，如图 7-3 所示。

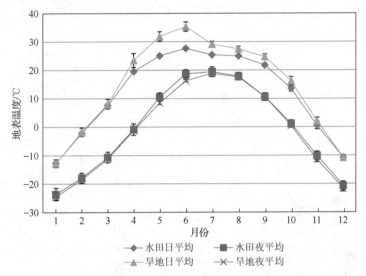

图 7-3 2008～2017 年研究区水田和旱地逐月白天和夜晚平均地表温度

研究区旱地主要农作物为玉米，5 月初种植，10 月初收割，水田中水稻的生长期与玉米类似。图 7-3 表明，对于白天的地表温度，冬季（11 月～来年 3 月）旱地和水田间地表温度的差异较小；4～10 月旱地地表温度普遍高于水田。4 月、5 月旱地地表温度迅速升高，升温速度比水田快。5 月和 6 月旱地和水田的地表温度之差最大，分别为 6.77℃（±2.29℃）和 7.69℃（±2.21℃）。7 月及以后，地表温度普遍下降，且旱地下降更显著。其原因主要为作物覆盖度增加，土壤接收到的直接太阳辐射减少，土壤的直接升温效应大大减弱。7～9 月作物覆盖度较大时，旱地地表温度比水田地表温度平均高 3.04℃（±1.49℃）。对于夜晚的地表温度，只有 5 月、6 月温度之差较为明显，平均为 2.22℃（±2.07℃），且表现为水田温度高于旱地温度，其他月份的差异不显著。

总的来说，在播种的前两个月（5 月、6 月），水田中裸露的水面较多，旱地中裸露的土壤较多，由于水的比热容大、水面蒸发大，水田的白天地表温度相对较低、夜晚地表温度相对较高；作物覆盖度较大后（7～9 月），水田白天地表温度仍高于旱地，但夜晚差异不显著。

7.1.3.2 地表温度变化的区域差异性

从图 7-2 可以看出，研究区地表温度具有较为典型的自东北向西南增加的趋势，其原因主要是干燥度自东北向西南的递增决定了地表蒸散量，从而影响潜热和感热通量分配，最终决定地表温度的分布格局。本节进一步对水田分布集中的A、B 两个区域分别进行分析，获得了不同湿润条件下旱地和水田地表温度的变化趋势，如图 7-4 所示。

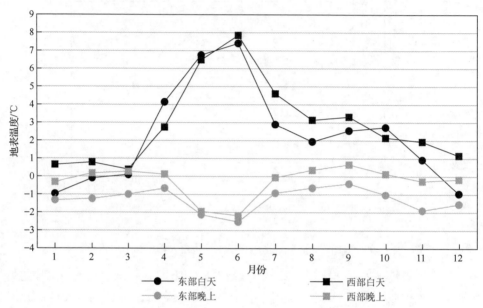

图 7-4 基于多年平均（2008～2017 年）的不同湿润区旱地和水田月
平均地表温度的年内变化差异

其中位于东部的区域 B 湿润度高于西部的区域 A

对于白天，4 月东部较湿润地区旱地地表温度比水田地表温度高 4.15℃（22.16～18.01℃），这个差异比西部的 2.75℃（25.22～22.47℃）高了 1.4℃，这说明在春季未播种前，湿润地区的水田更高的土壤湿度对降低地表温度的效应比西部较干燥地区更显著。结合两地年均气候干燥度数据，可以计算得出干燥度每增加 1，未种植农作物的 4 月旱地地表温度比未插秧的水田地表温度之差约降低3.333℃。5 月两个地区刚插秧的水田地表状态基本一致，旱地降水较少，差别也不大，导致地表温度之差基本一致。6～9 月，尽管两地地表温度之差都在下降，但西部地区的温度差仍然显著比东部地区高，7～9 月平均高 1.23℃。结合两地年均气候干燥度数据，可以计算得出干燥度每增加 1，作物覆盖度较高的 7～9 月旱地地表温度比水田地表温度之差约增加 2.93℃。对于夜晚，只有 5 月和 6 月水田中水量较大的时期旱地与水田地表温度之差比较明显，而东部温差比西部稍微大一些。

7.1.4 水田扩张对地表温度的影响

7.1.4.1 水田扩张导致的地表能量分配的变化

本节关注与农业活动相关的地表能量再分配过程,计算研究区生长季 4~10 月地表能量再分配因子的空间分布 [图 7-5 (a)] 以及不同的土地利用类型,包括旱地、水田、盐碱地和沼泽化草甸生长季内(4~10 月)f 值的变化 [图 7-5 (b)]。选择 2008~2017 年三个区域周边(A、B、C)未发生土地利用变化的纯像元(1km×1km 网格内 95%的像元未发生变化),即旱地、水田、盐碱地和沼泽化草甸的纯像元作为统计样本,为了避免随机误差对结果的影响,选择统计区间中间 90%的部分进行统计分析。

比较图 7-5 和图 7-1 可以发现,与其他三种土地利用类型相比,水田具有较高的 f 值。水田的扩张会导致 f 值的显著升高。更高的值对应于更高效率的非辐射交换过程,也就是更高效率的蒸散或者湍流交换,这通常与地表-大气边界层温度梯度较低有关。

在 f 值的月变化过程中,四种土地利用类型的 f 最大值都在 7 月,其次是 8 月,表明 7 月、8 月的蒸散量或者湍流交换的效率较高。四种土地利用类型 f 值的季节差异取决于土壤水分和季节性植被覆盖差异。水稻田具有较高的 f 值说明灌

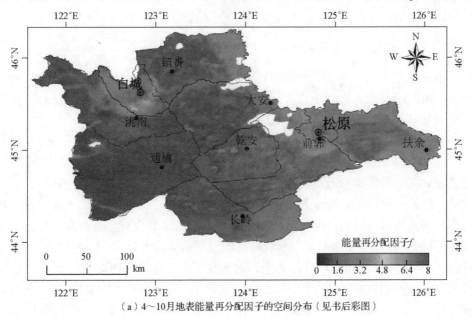

(a)4~10月地表能量再分配因子的空间分布(见书后彩图)

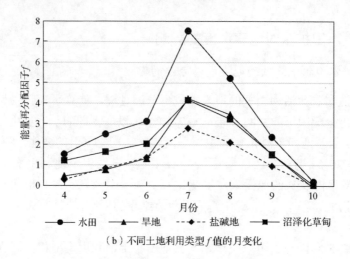

（b）不同土地利用类型f值的月变化

图7-5　4～10月能量再分配因子f（不包含水体）的空间分布和不同土地
利用类型f值的月变化

溉对水田的蒸发起到了重要的促进作用，这主要包括植被冠层未完全长成之前的裸露地面蒸发和植被冠层的作物蒸腾。在7月、8月，种植玉米的旱地的f值高于沼泽化草甸的f值，表明半干旱区玉米地的蒸散效率高于当地的沼泽化草甸。4～6月，沼泽化草甸的f值高于玉米地和盐碱地，这主要是4～6月玉米地和盐碱地的植被覆盖率都相对较低造成的。

7.1.4.2　水田扩张对地表温度的影响及影响机制

根据公式（7-5）分别计算旱地转变为水田、盐碱地转变为水田和盐碱地转变为水田所对应的地表温度（T_s）变化量，以及反照率变化和非辐射过程的分量，并将其与基于遥感的地表温度变化进行对比，如图7-6所示。

从图7-6中可以看出，$R_s\_\Delta T_s$和Cal$\_\Delta T_s$的变化趋势基本一致，那么不同土地利用变化导致的反照率变化的贡献（ΔT_s_a）和能量再分配因子变化的贡献（ΔT_s_f）能够较好地指示地表温度变化中辐射和非辐射过程的效应。图7-6（a）表明，对于旱地到水田的转变，在4～6月反照率的降低具有一定的增温效应，蒸散和湍流过程具有降温效应，整体上具有较显著的降温效应，平均约1.85K；而在7～9月，反照率变化不大，蒸散和湍流过程的差异也减小，Cal$\_\Delta T_s$整体上具有约1.5K的降温。图7-6（b）表明，对于盐碱地到水田的转变，4～6月反照率降低导致的增温效应只比蒸散和湍流过程导致的降温效应稍小，整体上具有较弱的降温效应；在7～9月反照率变化的效应变小，而蒸散和湍流过程的差异则持续较大，

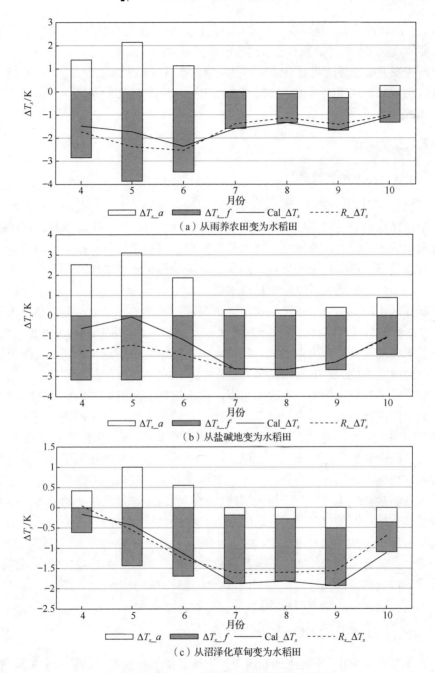

（a）从雨养农田变为水稻田

（b）从盐碱地变为水稻田

（c）从沼泽化草甸变为水稻田

图7-6 水田扩张引起的地表温度的季节变化

基于遥感数据计算得到的地表温度的变化（$R_s\_\Delta T_s$）；基于能量平衡计算得到的地表温度的变化（$Cal\_\Delta T_s$）；

反照率变化导致的地表温度的变化（ΔT_s_a）；能量分配因子变化导致的地表温度的变化（ΔT_s_f）

整体上降温效应明显。图 7-6（c）表明，沼泽化草甸转变为水田后，地表温度的变化主要体现在 6～9 月蒸散和湍流过程的差异导致的降温效应，但该数量与旱地和盐碱地转变的数量相比明显小。反照率的变化在 4～6 月为增温效应，而在 7～10 月为降温效应，表明沼泽化草甸转变为水田后，反照率在 4～6 月降低，而 7～10 月升高。

7.1.5　讨论

7.1.5.1　水田扩张的原因

研究区水田面积的大量增加主要受经济利益驱动的农户自发的"旱改水"行为和沼泽化草甸开垦的影响，此外，盐碱地改造具有明显的生态效益，在国家及地方政策的驱动下，一些地区开展盐碱地种稻。得益于近年来在河流附近新建的引水灌溉设施，这些过去的旱地和沼泽化草甸被用来种植水稻，基于一些农业改良措施，一些盐碱地也可以用来种植水稻。

研究区水田分布集中的区域属于几条河流冲积形成的低地，是较早的水稻产区，过去实行的玉米临时收储政策提升了农户种植玉米的积极性，水田面积减少。由于玉米产能过剩，作为中国最重要玉米生产基地的中国东北地区，近年来玉米临时收储政策调整为"市场化收购"加"补贴"，种植玉米的预期收益显著低于种植水稻，较多农户重新将旱地改为水田，占水田新增面积的 44.5%。同时，水稻种植效益的提高，激发了农户开垦沼泽化草甸的积极性，以前未开发的河流低地（如图 7-1 中的 C 区）也成为水稻面积增加的重要来源，占水田新增面积的 21.7%。

为了改造研究区较大面积的盐碱地，中国的一些研究者开发出了一系列盐碱地种稻的措施，包括土壤改良、品种选育以及配套的栽培和灌溉技术等。这些措施既改良了盐碱化土地表层土壤的理化性质，局地生态景观和功能显著提高，又发挥了其土地资源的生产功能，政府和农户积极性较高，但该土地利用方式还没有大范围应用。从土地利用数据的变化上看，盐碱地中种植的水稻分散在盐碱地的边缘，且具有不稳定性，时而发生撂荒的现象。此外，当前发生的水田扩张需要持续的地表水资源支持，然而该地区气候背景的暖干化较为典型，因此对水田扩张的风险性评估是必不可少的。

7.1.5.2　能量分配因子估算

在本节的研究中，不同土地利用类型上地表能量分配因子的估算是关键问题。在 Bright 等（2017）的研究中，首先基于公式（7-1）估算区域上的 f 值，然后以基于遥感、气候数据集和再分析资料提取的辐射、温度、降水等数据对 f 进行尺度上推，实现全球尺度的连续制图。将本节估算的旱地 f 值与其对比，差异不大。从公式（7-1）可以看出，将地表和近地表大气作为整体进行研究，在 R_n^* 基本一致的情况下，T_s–T_a 对 f 值的大小具有决定作用，呈典型负相关。地温与气温之差越大，表明地表能量越难以通过潜热和感热的形式传递给大气，那么相应的辐射过程带走了更多的地表能量，即生物地球物理过程弱，f 小，反之也成立。在 Lee 等（2011）的研究中，首先基于站点观测的感热通量、潜热通量、空气动力阻抗等数据得到波文比，然后利用 ref* (S9) 的公式估算 f，而波文比的估算中 T_s–T_a 仍然是决定性因素。因此，尽管基于地表能量分配因子可以较好地指示地表辐射和非辐射过程，但是其前提是假设近地表大气中的热量完全来源于地表，即 T_s>T_a。当 T_s 接近于 T_a 或者 T_s<T_a 时，f 值的大小不再有指示意义。

对于本节中的公式（7-5），我们在 Lee 等（2011）ref* (S10) 的基础上进行了修改。在局地尺度上，既然已经得到了两种土地利用类型的 f 值，那么公式（7-5）右边第二项的分母便可不再用 $(1+f)^2$ 近似，而是直接用 $(1+f_1)(1+f_2)$。当 f 值因土地利用变化具有较显著的变化时，如旱地转水田，本节的修正使得 ΔT_s 更加趋向于观测值。

在本节的分析中，基于遥感的 MODIS 地表温度数据反演是重要的数据源。尽管基于遥感的地表温度变化研究具有一些不足（Bright et al.，2017；Li et al.，2015），但是从分析结果来看（图 7-3），基于遥感的地表温度变化和基于能量分配平衡的地表温度变化之间具有较好的一致性。受 MODIS 数据的过境时间限制，基于该数据的平均地表温度需要采用更优化的反演模型。

7.1.5.3 与其他灌溉地对局地地表温度影响的研究对比

每块土地都具有单独的能量收支过程，且随着植被（作物）的变化而变化。地表温度能够直接反映地表生物地球物理特征对能量平衡的影响（Jin et al.，2010），观测和模拟研究表明，灌溉对耕地水分的增加造成的冷湿效应使地表温度显著降低（Sacks et al.，2009；Kueppers et al.，2007；Haddeland et al.，2006）。本节关注的是水田扩张引起的地表温度变化，如同 Kueppers 等（2007）研究所发现的，这种变化具有典型的季节差异。Kueppers 等（2007）的研究表明，美国西部灌溉耕地与自然植被温度的最大差异在较为干旱的夏季月份，如 7 月和 8 月，而我们的研究表明水田与旱地最大地表温度差异体现在 5 月和 6 月，水田与盐碱地、沼泽化草甸的最大地表温度差异体现在 7~9 月。

本节研究区水田在 5 月和 6 月需要有积水，而这一季节的旱地则由于作物覆盖率低，地表蒸散较小。在半干旱的气候背景下，水田中强烈的蒸散降低了地表温度。在 7 月、8 月，水田中的积水消失，而旱地作物覆盖度也几乎达到 100%，蒸散增加,两者反照率也近似,导致两者地表温度的差异并不大。这种特点与中国其他地区的水田具有显著的差异。例如,在基于水分平衡和传输的模型研究中,Puma 等(2010)认为中国大多数灌溉耕地中的蒸散并没有显著增加,其原因是水田分布区蒸散的主要限制因子是能量而非水分。本研究区 5 月、6 月水分是蒸散的主要限制因子,从而引起地表温度的显著差异。

除了蒸散,反照率的变化在水田扩张中的地表温度变化中起到的作用是正效应,即水田的低反照率使地表温度趋向于升温,这种差异在旱地和盐碱地中较为典型。在 4~6 月,旱地和盐碱地土壤水分少,植被覆盖度低,而水田土壤湿度大,造成了反照率的较大差异,在很大程度上抵消了蒸散增加引起的降温效应。而在 7 月、8 月,水田中的蒸散效应显著大于盐碱地的蒸散,反照率差异变小,地表温度差异最显著。对于沼泽化草甸转变为水田,4~6 月反照率的变化较小,但 7~9 月植被蒸散的增加介于旱地和盐碱地之间,整体上不如旱地和盐碱地变化显著。

7.2 三江平原水田扩张对地表温度的影响

水田具有较低的地面反照率和较高的植被蒸散和水面蒸发能力,能够显著改变局地温度(Puma et al.,2010;Kueppers et al.,2007)。与城市热岛效应相比,水田与湿地类似,具有较小的波文比,可以通过蒸发潜热带走大量的热量,可被视为冷岛(Sacks et al.,2009;Kueppers et al.,2007)。水田的降温效应可能会超过自然湿地,其冷却幅度在某些季节很可能会超过城市热岛效应(Diffenbaugh,2009;Lobell et al.,2008;Bonfils et al.,2007)。尽管许多气候模型已经研究并证明了灌溉地的直接和间接气候响应(Douglas et al.,2009;Lobell et al.,2009;Saeed et al.,2009;Kueppers et al.,2007;Haddeland et al.,2006),但仍然存在很大的不确定性,特别是对于稻田,因为模型对水田的水文动力学的描述不够好(Puma et al.,2010)。20 世纪 50 年代以来三江平原经历了大规模的耕地开垦,70%的自然湿地受到严重破坏(Yan et al.,2016),导致区域尺度的气候变暖、变干(Liu et al.,2015)。受土地管理政策的影响和经济利益的驱动,2005 年以来,许多旱地已迅速转变为稻田(Yan et al.,2017)。然而,目前对于稻田扩张如何影响局地地表温度变化的机制仍不够明确,与该研究区其他的土地利用变化相比,水田扩张扮演着什么样的角色仍不够明晰。

本节重点研究三江平原水田扩张对局部温度的影响及其生物地球物理机制。首先,基于遥感数据比较旱地和水田反照率和植被蒸发量的差异,以量化和了解它们的生物物理特征的季节变化差异;然后,基于多源遥感数据与观测资料,用能量平衡方程估算研究区的能量再分配因子的空间分布，并对水田扩张对局地地表温度的影响进行量化与评价；最后，讨论地表温度响应的不确定性，并与其他研究结果进行比较。总体上，本节对水田扩张的地表温度效应和辐射及非辐射过程的作用进行分离，这些研究结果将有助于了解、模拟过去和未来的气候变化，为土地利用管理或者调整提供建议或借鉴。

7.2.1 研究区概况、数据来源与研究方法

7.2.1.1 研究区概况

三江平原位于黑龙江省东北部（45°01′05″~48°27′56″N，130°13′10″~135°05′26″E），北自黑龙江，南抵兴凯湖，西起小兴安岭东麓，东至乌苏里江，全区总面积约 10.89 万 km²。三江平原由黑龙江、乌苏里江和松花江冲积而成。它是中国最大的淡水沼泽湿地分布区。三江平原由 23 个县（市）组成，分别是抚远、同江、鹤岗、萝北、绥滨、富锦、饶河、桦川、集贤、友谊、汤原、佳木斯、双鸭山、宝清、虎林、依兰、桦南、七台河、勃利、密山、鸡西、鸡东、穆棱。

三江平原地貌广阔低平，降水集中于夏秋，气候冷湿，径流缓慢，洪峰突发的河流，以及季节性冻融的黏重土质，促使地表长期过湿，积水过多，形成大面积沼泽水体和沼泽化植被、土壤，构成了独特的沼泽景观，是中国最大的淡水沼泽分布区。湿生和沼生植物主要有小叶樟、沼柳、苔草和芦苇等。其中以苔草沼泽分布最广，占沼泽总面积的 85%左右，其次是芦苇沼泽。土壤类型主要有黑土、白浆土、草甸土、沼泽土等，而以草甸土和沼泽土分布最广。

三江平原属温带湿润、半湿润大陆性季风气候，全年日照时数 2400~2500h，平均气温在 1.4~4.3℃；月平均最高气温为 7 月，约为 22℃，而 1 月最低月平均气温约为-21℃。1 月均温-21~-18℃，7 月均温 21~22℃，无霜期 120~140 天，10℃以上活动积温 2300~2500℃。三江平原年平均降水量在 500~650mm，75%~85%集中在 6~10 月。三江平原雨热同季，适于农作物（尤其是水稻和大豆）的生长。

新中国成立以来，三江平原出现三次开荒高潮，分别出现在 1956 年、1970~1972 年、20 世纪 70 年代末 80 年代初（刘兴土等，2000）。进入 90 年代，各农场以旱田改水田、改造中低产田为主，开荒面积明显减少。由于大面积的开荒，且开垦的基本上是天然沼泽湿地，使三江平原湿地面积锐减。同时，三江平原也由"北大荒"变为"北大仓"，成为国家重要的商品粮基地。

7.2.1.2 数据处理

基于本书学科组多年的学术积累，我们已经通过对多时相的遥感数据进行人

机交互解译获取了 2005 年和 2015 年的土地利用数据，空间分辨率为 30m。其中，2005 年的土地利用数据是基于 Landsat TM 5 影像解译而来，而 2015 年的土地利用数据是基于 2015 年的 Landsat OLI 影像解译得到。为了区分水田和旱地，我们采用春季 5 月、6 月的影像，此时水田积水较多，在影像上呈现与水体相似的又具有水田独有的纹理特征。土地利用分类体系采用中国土地利用/覆被遥感监测数据分类系统，它包含了 6 个一级类和 25 个二级类（表 7-1）。

表 7-1   中国土地利用/覆被遥感监测数据分类系统（刘纪远等，2002）

代码	一级分类	代码	二级分类	划分技术标准
1	耕地	11	水田	指有水源保证和灌溉设施，在一般年景能正常灌溉，用以种植水稻、莲藕等水生农作物的耕地，包括实行水稻和旱地作物轮种的耕地
		12	旱地	指无灌溉水源及设施，靠天然降水生长作物的耕地；有水源和浇灌设施，在一般年景下能正常灌溉的旱作物耕地；以种菜为主的耕地；正常轮作的休闲地和轮歇地
2	林地	21	有林地	指郁闭度>30%的天然林和人工林。包括用材林、经济林、防护林等成片林地
		22	灌木林地	指郁闭度>40%、高度在 2m 以下的矮林地和灌丛林地
		23	疏林地	指郁闭度为 10%~30%的稀疏林地
		24	其他林地	指未成林造林地、迹地、苗圃及各类园地（果园、桑园、茶园、热作林园等）
3	草地	31	高覆盖度草地	指覆盖度>50%的天然草地、改良草地和割草地。此类草地一般水分条件较好，草被生长茂密
		32	中覆盖度草地	指覆盖度在 20%~50%的天然草地和改良草地，此类草地一般水分不足，草被较稀疏
		33	低覆盖度草地	指覆盖度在 5%~20%的天然草地，此类草地水分缺乏，草被稀疏，牧业利用条件差
4	水体	41	河渠	指天然形成或人工开挖的河流及主干渠常年水位以下的土地。人工渠包括堤岸
		42	湖泊	指天然形成的积水区常年水位以下的土地
		43	水库、坑塘	指人工修建的蓄水区常年水位以下的土地
		44	永久性冰川雪地	指常年被冰川和积雪覆盖的土地
		45	滩涂	指沿海大潮高潮位与低潮位之间的潮浸地带
		46	滩地	指河、湖水域平水期水位与洪水期水位之间的土地
5	城市与建成区	51	城镇用地	指大城市、中等城市、小城市及县镇以上的建成区用地
		52	农村居民点用地	指镇以下的居民点用地
		53	工交建设用地	指独立于各级居民点以外的厂矿、大型工业区、油田、盐场、采石场等用地，以及交通道路、机场、码头及特殊用地

续表

代码	一级分类	代码	二级分类	划分技术标准
6	未利用地	61	沙地	地表为沙覆盖、植被覆盖度在 5% 以下的土地,含沙漠,不含水系中的沙滩
		62	戈壁	指地表以碎砾石为主、植被覆盖度在 5% 以下的土地
		63	盐碱地	指地表盐碱聚集、植被稀少,只能生长耐盐碱植物的土地
		64	沼泽地	指地势平坦低洼、排水不畅、长期潮湿、季节性积水或者常年积水、表层生长湿植物的土地
		65	裸土地	指植被覆盖度在 5% 以下的土地
		66	裸岩石砾地	指地表为岩石或石砾,其覆盖面积>50%的土地
		67	其他	指其他未利用地,包括高寒荒漠、苔原(长白山天池)等

在三江平原,25 个土地利用二级类的总体精度为 91.2%,Kappa 系数为 0.88。为了更好地刻画三江平原水田的扩张过程,我们采用林地、草地、水体、城市与建成区四个一级类,旱地、水田和沼泽地三个二级类进行土地利用变化分析。由于该区未利用地全部为沼泽地,所以上述 7 种土地利用类型囊括了三江平原所有的土地利用类型。本节采用 1km×1km 的网格对 2005 年和 2015 年的土地利用数据进行统计,得到每种土地利用类型在 1km×1km 网格内的比例,以及 2005~2015 年每种土地利用变化类型的比例。当某种土地利用类型的比例高于 90%时可被视为纯像元。此外,本节采用 ArcGIS 的空间分析工具获得 2005~2015 年未发生变化的纯旱地和纯水田像元,只有纯像元才会用于土地利用类型的生物物理特征和能量再分配因子的统计和分析。

本节使用 16 天合成的 MODIS 反照率产品 MCD43B3,该产品在 2018 年已经对外关闭,包括黑空和白空反照率。本书采用白空反照率近似实际反照率,利用 8 天合成的 MODIS 全球蒸散产品(MOD16A2)获得了各土地覆盖类型的植被蒸散量。本节还使用 MODIS 地表温度产品(MYD11A2)来获得研究区的地表温度,对白天表面温度和夜间表面温度取平均值,以估计 8 天合成数据的平均地表温度。

本节还利用气象观测资料,包括 2m 的月气温和日照百分比资料,利用 ANUSSPLIN 软件(澳大利亚)和克里金插值法分别获得研究区气温和日照百分比的空间分布。由于气温受海拔高度的影响,本节使用 ASTER DEM(先进的星载热发射和反射辐射计全球数字高程模型)生成的高程信息作为协变量进行气温的空间插值。此外,本节从 MERRA 再分析数据集中获得了月向下长波辐射数据,其空间分辨率为 $0.5° ×(2/3)°$。

除了分析中使用的土地使用数据以外,所有数据都是 2006~2015 年的十年平均值,以清除随机因素对结果的影响。在处理中,首先计算每个变量的合成时间值,然后将值聚合为每月平均值。此外,仅选择质量控制值等于 0 和 1 的 MODIS

产品的良好质量值来计算反照率、蒸散和地表温度。所有数据集的投影方式转换为阿尔伯斯投影，空间分辨率为1km。

7.2.1.3 地表温度响应模型

基于能量平衡方程，对长波辐射项进行线性化可以得到地表温度对土地利用变化的响应方程（Lee et al.，2011）：

$$\Delta T_s = \frac{\lambda_0}{1+f}\Delta S + \frac{-\lambda_0}{1+f}\Delta G + \frac{-\lambda_0}{(1+f)^2}(R_n^* - G)\Delta f \qquad (7\text{-}6)$$

公式（7-6）中各变量值同公式（7-5）。与上一节中公式（7-5）不同的是，我们不仅评估了土地利用变化导致的地面反照率的变化以及地表能量分配因子的变化的贡献，还评估了土地利用变化导致的地表热通量的变化的贡献。

7.2.2 三江平原水田扩张动态分析

基于课题组前期研究获取的东北地区2005年和2015年的土地利用图，本节提取三江平原的土地利用分布数据，为了更明确水田扩张的过程，采用土地利用一级类进行比较与分析，由于三江平原未利用地的主要类型为沼泽地，本节将沼泽地而不是未利用地作为土地利用一级类的类型，结果见图7-7。

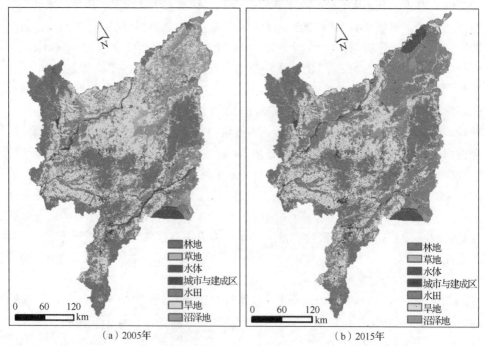

（a）2005年　　　　　　　　　　（b）2015年

图 7-7　三江平原 2005 年和 2015 年土地利用分布图（见书后彩图）

图 7-7 为三江平原 2005 年和 2015 年的土地利用图，2005 年主要的土地利用类型分别是旱地、林地、水田和沼泽地，分别占总面积的 37.4%、30.7%、12.1% 和 9.5%；而在 2015 年旱地、林地和水田变成了三江平原主要的土地利用类型，占总面积的 31.0%、29.3% 和 26.2%。通过两期土地利用图的对比分析可以发现，2005~2015 年三江平原发生了剧烈的土地利用变化，其中水田扩张是该阶段最重要、最显著的土地利用变化特征。为了明确统计该阶段的土地利用变化特征，本节计算了 2005~2015 年 7 种土地利用类型之间的土地利用转移矩阵（表 7-2）。

表 7-2   2005~2015 年三江平原土地利用转移矩阵   （单位：%）

	林地	草地	水域	城市与建成区	水田	旱地	沼泽地
林地	27.43	0.21	0.11	0.08	0.36	1.98	0.54
草地	0.33	0.31	0.22	0.03	1.53	1.70	0.56
水域	0.01	0.01	2.65	0.02	0.30	0.44	0.18
城市与建成区	0.03	0.01	0.01	1.70	0.09	0.22	0.01
水田	0.09	0.01	0.07	0.11	10.06	1.69	0.04
旱地	1.28	0.12	0.59	0.65	11.29	23.27	0.17
沼泽地	0.17	0.25	0.61	0.02	2.57	1.71	4.18

结果表明，超过三江平原总面积 15% 的土地发生了水田扩张，超过 70% 的水田扩张来源于旱地向水田的转变。

7.2.3   旱地与水田地表生物物理参数对比分析

地表覆被通过改变地表的辐射过程和非辐射过程影响区域气候。本节选择决定辐射过程的反照率和决定非辐射过程的蒸散作为对比的主要生物物理参数。利用 2005~2015 年未发生类型转变的旱地和水田纯像元，在地面反照率和地表蒸散逐月十年平均数据的基础上，提取旱地和水田纯像元的反照率和蒸散的年内变化，然后统计对比水田与旱地的反照率（图 7-8）和蒸散（图 7-9）的差异与归因。

从图 7-8 可以看出，在冬季旱地与水田的反照率都较高，但差异并不明显，这主要是因为冬季积雪的存在形成了较为均质的地表覆被。但是伴随着积雪的融化，春季 5 月水田灌水、6 月水田储水使水田的反照率更趋近于水体的反照率，导致其明显低于旱地，二者的差值分别为 -0.035±0.006 和 -0.028±0.006，随着植被的生长，植被覆盖度增加，水田的反照率更多地表现为植被的反照率，在 7 月、8 月水田和旱地的反照率无明显差异，但水田略高，二者的差值分别为 0.004±0.001 和 0.004±0.002。秋季作物的收割方式不同以及秸秆的燃烧使得水田的反照率比旱地高。

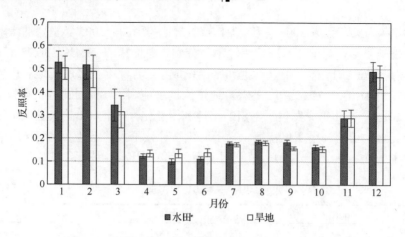

图 7-8　旱地与水田反照率年内变化差异与均方根误差

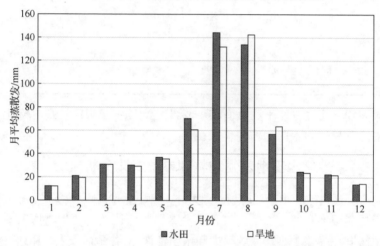

图 7-9　旱地与水田蒸散年内变化差异及均方根误差

由图 7-9 可以看出，冬季旱地与水田的蒸散较小（小于 130mm），而且不存在显著的差异性，从 5 月开始水田灌水使水分增多导致水田的蒸散开始高于旱地，二者的差值为 1.31±0.80mm，随着植被的生长，加之植被底层的水分充足，6 月、7 月水田的蒸散明显高于旱地，二者的差异分别为 9.64±0.94mm 和 12.29±4.32mm，8 月、9 月水田水分的干涸，旱地植被生长达到峰值，使旱地的蒸散超过了水田，二者的差值分别为-8.44±3.03mm 和-6.73±0.29mm。10 月开始二者又趋向于一致。

通过比较可以发现，冬季旱地与水田反照率和蒸散并无明显的差异性，因此旱地和水田之间的转变基本不会通过改变反照率和蒸散来影像区域冬季气温的变化，也就是说农作物的生长季是旱地与水田生物物理差异的主要时间来源。

同时，雨养农田和水田反照率及 ET 随季节变化而变化。然而，从 5 月到 9 月，二者的差异从正变为负或从负变为正，这与 Kueppers 等（2008）的研究结果是不同的，在他们的研究中灌溉的土地和自然植被的物理特性之间的差异符号是不变的，例如灌溉地的反照率在整个季节都高于自然植被。而耕地和水田物理特性差异的正负变化无疑会增加模拟和分析辐射和能量收支过程的复杂度和难度，这也在一定程度上解释了为什么水田的气候效应在数值模拟中存在较大的不确定性。

7.2.4 能量分配因子的空间分布

由 7.2.3 节可以看出，水田与旱地的生物物理参数之间存在明显的季节性差异，暗示着地表入射太阳辐射、能量交换以及能量再分配因子也都存在季节性变化。根据公式（7-1），我们计算了 2005～2015 年三江平原不同季节能量平衡因子的空间分布（图 7-10）。由于在冬季，$R_n^* - G$ 小于 0，使得 f 的值小于 0，f 就缺乏物理意义，再加上旱地和水田冬季无植被覆盖，受积雪覆盖的影响，水田和旱地下垫面相对均质，冬季水田和旱地的地表温度基本未显示出差异性，也就是说辐射过程和非辐射过程对地表温度基本没有影响。因此本节将着重讨论春季、夏季、秋季以及整个生长季（5～9 月）的 f 值的空间分布。

图 7-10 所示的空间连续分布的能量再分配因子不仅能反映特定土地利用类型的能量再分配特征，而且能反映土地利用的变化信息。对于不变的土地利用纯像元，十年平均的 f 值代表了对应于某种土地利用类型的能量再分配属性，而对于 2005～2015 年发生土地利用转变的像元，利用十年平均的数据计算而来的 f 值则是两种或者多种土地利用类型能量再分配因子的平均值，包含了多种土地利用类型的属性。总的来说，三江平原的土地利用类型中森林的能量贡献因子最高，其次是沼泽、水田、旱地和城建用地，这与 Bright 等（2017）的研究结果是一致的。有趣的是，本节还发现了三江平原 f 值的季节变化。在区域尺度上，对于不同土地利用类型，年平均 f 值可能在一定程度上掩盖了强烈的季节性信号，特别是对于受人类影响较大的作物。对于整个研究区，夏季的 f 值都普遍高于春季和秋季，因为夏季植物蒸腾达到峰值。

对比 2005 年和 2015 年的土地利用图中水田和旱地未发生变化的纯像元可以发现，在春季水田的 f 值集中在 2～3，而旱地主要在 1～2 范围内；在夏季水田的 f 值多位于 5 左右甚至大于 5，而旱地多处于 3.5～4.5；在秋季，这种差异性不明显；对于生长季，表现出类似的差异性，水田虽然没有森林植被的能量分配因子高，但与邻近的旱地相比，f 值更高。这主要是因为水田在春季灌水，水分的供给

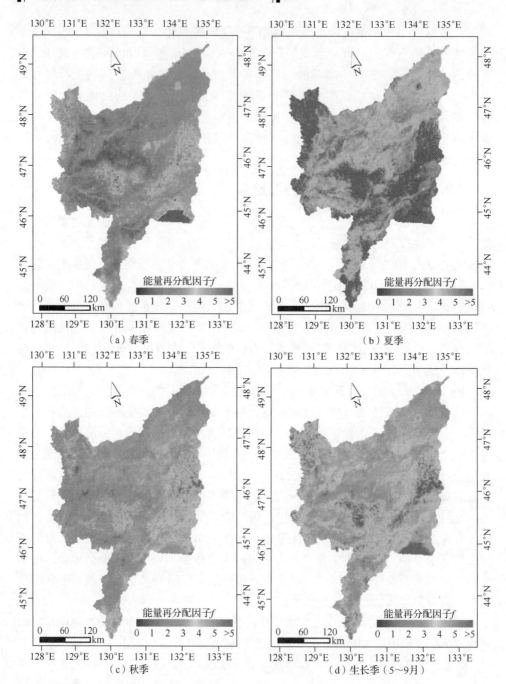

图 7-10　三江平原能量分配因子 f 的空间分布（见书后彩图）

使植被在春夏季蒸腾作用大大增加，同时水田的蒸发以潜热的方式带走了大量的热量，而对于旱地在春夏季水分条件没有水田充分，其潜热的释放主要依赖于植被的蒸腾作用，水分条件是限制植被蒸腾的一个很主要的因素。但是受作物类型的影响，夏季旱地植被生长旺盛，在植被生长达到峰值时，植被蒸腾甚至会赶超水田，使得 f 值也变大，变大的速率甚至会高于水田，所以表现出 f 值的差异变小。

此外，选择 2005～2015 年未发生变化的旱地和水田纯像元的 f 值进行统计分析，以量化二者 f 值的差异。采用样本的中间 90%的数据进行统计，得到不同月份 f 值的均值，以及水田与旱地能量再分配因子之间的差值 Δf，结果见表 7-3。

表 7-3　5～9 月份旱地和水田纯像元的 f 值以及二者的差值 Δf

土地类型	5 月	6 月	7 月	8 月	9 月	生长季
水田 f	2.28	3.15	5.70	5.16	2.74	3.81
旱地 f	1.42	1.79	4.26	4.31	2.06	2.78
Δf	0.87	1.36	1.43	0.85	0.68	1.03

通过表 7-3 可以看出，无论是水田还是旱地，f 值都是先升高后下降的趋势，峰值出现在 7 月，水田 f 值的均值为 5.70，旱地则为 4.26，Δf 也显示了相似的趋势，最高值分别为 1.36 和 1.43，出现在 6 月和 7 月。虽然 8 月旱地和水田的 f 值都较大，但 Δf 仅为 0.85，甚至低于 5 月，因为在夏季末，植被蒸腾作用已经成为影响潜热的主导因素。统计结果表明，在生长季，稻田和雨养农田的 f 值分别为 3.81±0.56 和 2.78±0.44，产生的 Δf 约为 1.03。

7.2.5　水田扩张对区域地表温度的影响及机制分析

7.2.5.1　地表温度对水田扩张的响应及各部分的贡献

对于水田扩张的区域，图 7-10 所示三江平原的能量再分配因子的空间分布为十年平均值，既包含了旱地的能量再分配特性，也包含了水田的特性。但纯像元上的 f 值代表纯旱地和纯水田像元的能量再分配特征。因此，本节首先基于旱地 f 值的区域统计值（表 7-3）作为水田扩张之前旱地的 f 值，然后基于公式（7-6）和月平均净辐射、月平均地表热通量、月平均气温、月平均地表温度及地面反照率等数据计算得到区域上旱地转变为水田导致的地表温度的变化值，以及反照率变化、地表热通量变化和能量再分配因子变化在地表温度变化中的贡献（图 7-11）。

图 7-11 表示水田扩张的地表温度响应以及反照率变化（Δalb）、地表热通量的变化（ΔG）和能量再分配因子的变化（Δf）的贡献。水田的扩张在不同的季节都会产生降温的效应。在春季，水田扩张能够产生-2.06±0.17K 的冷效应，冷效应最强，在夏季和秋季降温效应分别为-1.30±0.06K 和-0.77±0.08K。在上述

三个季节中，能量再分配因子变化的贡献在地表温度的变化中起到了决定性的作用，贡献率分别为119%、108%和77%，在生长季节中贡献率为108%。

然而，地表温度的变化以及各组成部分都具有明显的季节变化。在春季，人工灌溉使水田具备足够的水分进行植被蒸腾和土壤蒸发，这将会通过潜热的方式带走大量的热量，导致2.46K的降温效应。与能量再分配因子的影响相反，水田扩张通过降低地面反照率，吸收了更多的太阳辐射，导致0.40±0.01K的增温。在夏季，尽管水田的土壤水分条件仍优于旱地，但是植被冠层的快速生长以及湿润的气候条件使旱地和水田的植被蒸散和地面反照率的差异变小，特别是在夏季末，这种差异会变得更小，使得旱地与水田在夏季的地表温度差明显小于春季。该结果表明，在三江平原，夏季土壤湿度并不是不同作物类型如水稻和玉米蒸散量的主要限制因素。在秋季，水田和旱地的蒸散特征变得更相似，因为水田的积水已经蒸散完毕，导致了生长季过程中最小的地表温度的差异。与夏季和春季地面反照率造成的正效应相比，在秋季水田扩张导致反照率的升高从而引起冷效应。最后，地表热通量变化导致的地表温度的变化是很小的，在整个生长季约产生0.007K的热效应，这与 Lee 等（2011）的研究一致的。

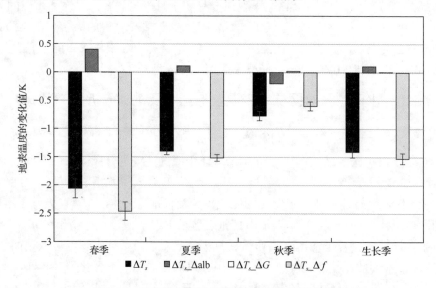

图 7-11　旱地转水田引起的地表温度的季节性响应

7.2.5.2　像元尺度上地表温度变化的不确定性分析

在上一节采用区域统计的旱地 f 值、旱地与水田之间能量分配因子之间的差值 Δf 以及能量平衡方程估算了旱地转水田导致的局地地表温度的变化。然而，由于地理环境如海拔、土壤水分差异，旱地的 f 值存在空间差异性，这就会导致局地地表温度响应的空间差异性，这在全球性的研究中表现最为明显。因此，本节采用上节得到的三江平原包含土地利用变化信息的空间连续的 f 值，在像元尺度上估计旱地转变为水田导致的地表温度的变化以及不确定性。

　　首先，假设从旱地到水田的转变都发生在 2006 年，也就是说发生转变的区域的 f 值代表了水田的 f 值，通过表 7-3 给出的 Δf 值可以得出这些区域变成水田之前的旱地的 f 值，根据地表温度的响应模型，结合水田扩张的比例空间数据，可以在空间上估算出三江平原水田扩张导致的地表温度的变化 ΔT_s ［图 7-12（a）］。而实际情况是旱地向水田的转变可能发生在 2005～2015 年的任何时候，我们反演得到的 f 值可能既代表了旱地也代表了水田的能量分配特征，数值上应该小于真实的水田的 f 值，导致我们得到的旱地的 f 值偏小，造成了潜在的最大地表温度的变化。另外，假设所有的水田扩张发生在 2015 年，那么 f 值几乎代表了水田扩张前旱地的 f 值，该值会大于旱地实际的 f 值，这会导致潜在的最小的地表温度的变化 ［图 7-12（b）］。

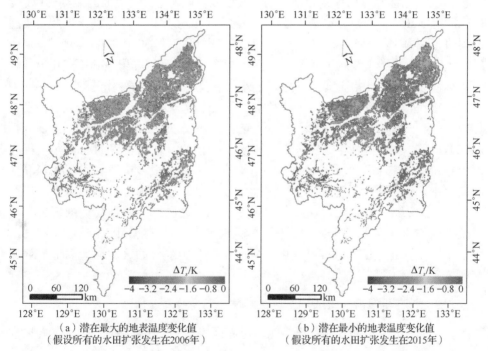

　（a）潜在最大的地表温度变化值　　　　　　　　（b）潜在最小的地表温度变化值
　　（假设所有的水田扩张发生在2006年）　　　　　　（假设所有的水田扩张发生在2015年）

图 7-12　三江平原像元尺度上地表温度变化的不确定性分析（见书后彩图）

　　由图 7-12 可以看出，三江平原水田扩张对地表温度产生了显著的影响，在区域上存在明显的异质性。越强的冷效应表明旱地向水田的转化率越高。很多土地利用变化气候效应的研究者在全球尺度的研究结果表明，不同的地理环境对局地气候的影响存在明显的差异性，在区域或者局地尺度上，地理条件如土壤、水分和气温等都可能是影响地表温度响应空间差异的原因。此外，图 7-12 中潜在最大地表温度的变化和潜在最小地表温度的变化的差值代表研究区水田扩张对局地地表温度影响的不确定性，也就是说如果我们知道一个具体像元水田扩张的时间和扩张的范围，那么可以根据水田扩张时间与两个假设的相近程度以及潜在最大地表温度变化、潜在最小地表温度变化值推测该像元真实的地表温度值。

7.2.6 讨论

7.2.6.1 局地尺度上的能量再分配因子

与全球尺度上不同土地利用类型的能量分配因子相比（Bright et al.，2017），我们基于高时空分辨率的遥感影像和地表观测数据估算了区域尺度上空间连续的 f 值的分布，它能够更好地刻画地表的异质性以及地表与大气界面的能量交换。与 Bright 等（2017）的研究结果一致的是，在我们的研究区，不同的土地利用类型之间的 f 值排序是相似的，例如林地具有更高的 f 值，其次为水田、旱地等。但同时，我们的研究结果显示了明显的季节性差异，这对于解释土地利用变化气候响应的季节性差异是非常必要的。除此之外，在发生土地利用变化的像元，空间连续的 f 值代表了不仅仅是单一土地利用类型的能量再分配特征。随着人类活动的加剧，三江平原发生了剧烈的土地利用变化（Fan et al.，2015；Kanamaru et al.，2008），因此，我们很难寻找十年间未发生变化的旱地和水田的纯像元进行尺度上推得到区域上的能量再分配特征，这也是为什么很多土地利用变化气候效应研究中，尽管特定研究区发生了显著的土地利用变化却没有体现出强的气候变化信号的原因（Bright et al.，2017；Li et al.，2015）。根据我们的研究结果以及之前的研究，我们发现三江平原旱转水是非常显著的，因此我们获取的高分辨率的空间连续的 f 分布可能更适宜于土地利用变化的区域或者局地气候效应研究。

7.2.6.2 不同灌溉类型及不同区域对局地温度的影响对比

大量的气候模型和观测结果表明，灌溉地相比于自然植被具有明显的冷效应（Zhang et al.，2017；Puma et al.，2010；Diffenbaugh，2009；Lobell et al.，2009；Sacks et al.，2009；Kanamaru et al.，2008；Lobell et al.，2008；Bonfils et al.，2007；Kueppers et al.，2007；Haddeland et al.，2006）。但是受区域气候条件和不同的灌溉类型的影响，这种冷效应的强度是有差异的（Selman et al.，2017；Sorooshian et al.，

2011；Lobell et al.，2009；Sacks et al.，2009）。然而，大多数的研究更关注灌溉地与自然植被之间的调节气候方面的差异（Sacks et al.，2009；Saeed et al.，2009；Lobell et al.，2008；Kueppers et al.，2007），我们的研究更关注由于土地利用结构调整引起的旱地向水田转变带来的区域气候的影响，即人类活动的作用导致的耕地类型转变带来的局地地表温度的影响。

与 Kueppers 等（2007）的研究结果一致的是，我们发现水田的降温效应也具有明显的季节差异性。在他们的研究中，美国西部干旱半干旱区旱地灌溉所造成的地表降温最大值出现在 7 月、8 月，即干旱月份，而在我们的研究结果中，水田扩张的冷效应在 5 月、6 月最明显，此时水田与旱地的土壤湿度差异是最大的。水稻田是三江平原主要的灌溉农业用地，与灌溉旱地不同的是，水稻田在 5 月、6 月需要大量的灌溉，使稻田内有一定深度的积水，而在其生长季的其他月份则无须继续灌溉，这就导致了与灌溉旱地完全不同的季节响应规律以及响应强度。

此外，三江平原气候湿润，降雨主要集中在 7 月和 8 月，导致土壤水分不是制约雨养作物如玉米夏季蒸腾的主要因素。因此可以推断，如果水田扩张发生在半干旱和干旱地区，那么降温效应可能变得更为显著，显著的地表温度的响应可能会持续到 7~8 月。换句话说，灌溉地的降温效应不仅发生在一年中的旱季或者是长时间序列中的干旱年份，在干旱的区域可能会更加显著。

通过与前人的研究结果的比较可以发现，灌溉水稻田与灌溉的旱地在生物物理性质和地表温度响应机制方面都存在较大的差异性（Puma et al.，2010）。水稻田春季积水时反照率明显低于灌溉的旱地，其反照率与落叶阔叶林相似（Kueppers et al.，2008），水稻田会吸收更多的太阳辐射，表现为辐射过程的暖效应。但同时，水稻田的春季积水使其具有比灌溉旱地更强的将地表能量从感热转变为潜热的能力，也就是更强的非辐射降温效应。由于灌溉地与非灌溉地影响区域地表温度的过程中，非辐射过程占主导作用，辐射过程和非辐射过程相互抵消掉一部分，最终表现为降温效应。随着农作物的快速生长、水稻田的积水消耗，灌溉旱地的降温效应很可能在某个节点超越水稻田，这也可以间接解释为什么水田扩张在秋季的降温效应明显低于春季与夏季。

7.2.6.3 未来的研究

20 世纪 50 年代以来三江平原经历了大规模的湿地开垦，湿地减少产生了显著的增温效应，而 2005~2015 年的水田扩张产生了冷效应，这就意味着水田的扩张在一定程度上掩盖了湿地减少带来的增温效应。然而，尽管水田可以被视为一种人工湿地，但是它们的生物地球物理特征以及调节水分和能量平衡的机制却不尽相同。从更长的时间尺度来看，水田的扩张在多大程度上抵消了湿地减少带来的暖效应，水田扩张与湿地减少引起的地表温度的季节响应是否存在差异性，这些都是值得我们继续探索的问题。

此外，尽管三江平原的水田有继续扩张的趋势，也可能带来更强的冷效应，但是灌溉率在很大程度上依赖于地表及地下水资源的可用性（Kundzewicz et al.，2009）。如果水资源变得不可持续，那么这种冷效应将会消失甚至会变成暖效应，严重影响粮食安全（Puma et al.，2010）。因此，当我们在模拟和分析水田扩张的气候效应时，除了考虑能量平衡外，还应该关注水的平衡问题。

7.3 本章小结

本章利用遥感和气象观测资料分别估算了吉林西部和三江平原水田扩张对地表温度的影响及其辐射和非辐射机制。

在针对吉林西部水田扩张的研究中我们发现，尽管降水较少、蒸发较大，但吉林西部地区水田的种植面积在近十几年内有了较大面积的增长，其来源主要是旱地、沼泽化草甸和盐碱地。灌溉水田中较大的土壤湿度极大地增加了地表-大气过程中的潜热通量，从而使地表温度具有显著的降温效应。而不同土地利用类型中反照率变化的效应则主要体现在作物郁闭之前的4～6月，水田较低的反照率使其具有一定的增温效应。本章基于地表能量分配因子对这些过程导致的地表温度的变化进行了定量评估，分离了其中辐射和非辐射过程的分量。结果表明，不同土地利用类型到水田的变化使地表温度的季节变化具有显著的差异，其中旱地到水田的转变导致4～6月具有最大的 ΔT_s，平均1.85K，7～9月的 ΔT_s 反而不大，约1.5K；盐碱地转变为水田使得在4～6月地面反照率显著下降，其增温效应大大抵消了蒸散增加导致的降温效应，同时7月和8月的 ΔT_s 由于植被覆盖度的显著差异而较大，平均接近3K；对于沼泽化草甸，反照率变化的效应不大，蒸散有一定的增加，从而在7～9月具有接近1.5～2K的降温。该结果与基于遥感的地表温度变化具有整体上的一致性。

对三江平原的研究结果表明，水田扩张导致的春季、夏季、秋季近地表降温幅度分别为-2.06±0.17K、-1.30±0.06K和-0.77±0.08K，对整个生长季而言，产生了1.41℃的降温效应，表明水田扩张可能在一定程度上掩盖了2005～2015年三江平原的全球变暖信号。非辐射机制主导了三江平原水田扩张的局部温度响应过程。蒸散和对流组合变化对春季、夏季和秋季地表温度变化的贡献分别为-2.46K、-1.5K和-0.6K，而反照率变化的贡献约为0.4K、0.1K和-0.2K。然而，由于旱地与水田生物地球物理特性的季节变化差异，地表温度的响应也表现出明显的季节变化特征。结果表明水田扩张的降温效应在干燥的春季而不是温暖湿润的夏季最为明显。这一结果表明，在气候相对湿润、季节变化显著的地区，地表温度的季节响应是应该着重考虑的。此外，基于两种水田扩张的假设以及 2005～2015 年水田扩张比例空间分布图，本章估算了三江平原水田扩张对地表温度影响的不确定性，在该结果的基础上，如果我们知道了一个特定像元上水田扩张确切的时间和变化程度，就可以根据真实的水田扩张过程与两个假设的相近程度，估算出像元尺度上地表温度的实际变化值。最后，本章的研究为人类活动导致的土地利用变化能够显著调节区域或者局地气候提供了又一实际案例。

水田主要分布在全球中低纬度湿润半湿润的农业区，本章中研究区主要位于北半球中纬度地区，气候特征分别为半干旱和湿润气候。发生在该地区的水田扩张不仅通过碳循环影响全球气候，而且更显著地改变了地表温度，是人类活动改变地表状态，进而影响气候的典型案例。针对同一问题的区域对比研究更有利于厘清其影响区域气候的内在机制与过程。本章的研究为全面评估农业土地利用管理方式的多尺度影响及区域农业的可持续发展政策的制定提供了借鉴。

参 考 文 献

刘纪远, 刘明亮, 庄大方, 等, 2002. 中国近期土地利用变化的空间格局分析. 中国科学 D 辑, 32(12): 1031-1040.

刘兴土, 马学慧, 2000. 三江平原大面积开荒对自然环境影响及区域生态环境保护. 地理科学, 20(1), 14-19.

王紫露, 2012. 中国水稻产业布局变迁的经济和生态分析. 杭州: 浙江大学.

张树文, 张养贞, 李颖, 等, 2006. 东北地区土地利用/覆被时空特征分析. 北京: 科学出版社.

Bonfils C, Lobell D, 2007. Empirical evidence for a recent slowdown in irrigation-induced cooling. Proceedings of the National Academy of Sciences of the United States of America, 104(34): 13582-13587.

Bright R M, Davin E, O'Halloran T, et al., 2017. Local temperature response to land cover and management change driven by non-radiative processes. Nature Climate Change, 7(4): 296-302.

Chen L, Dirmeyer P, 2016. Adapting observationally based metrics of biogeophysical feedbacks from land cover/land use change to climate modeling. Environmental Research Letters, 11(3): 4002-4008.

Diffenbaugh N S, 2009. Influence of modern land cover on the climate of the United States. Climate Dynamics, 33 (7/8): 945-958.

Douglas E M, Beltran-Przekurat A, Niyogi D, et al., 2009. The impact of agricultural intensification and irrigation on land-atmosphere interactions and Indian monsoon precipitation—a mesoscale modeling perspective. Global and Planetary Change, 67(1): 117-128.

Fan X G, Ma Z G, Yang Q, et al., 2015. Land use/land cover changes and regional climate over the Loess Plateau during 2001—2009. Part I: observational evidence. Climatic Change, 129(3/4): 427-440.

Fischer G, Nachtergaele F O, Prieler S, et al., 2012. Global Agro-Ecological Zones (GAEZ v3.0). IIASA Laxenburg Austria & FAO Rome Italy.

Haddeland I, Lettenmaier D P, Skaugen T, 2006. Effects of irrigation on the water and energy balances of the Colorado and Mekong River basins. Journal of Hydrology, 324(1): 210-223.

Jin M, Dickinson R, 2010. Land surface skin temperature climatology: benefitting from the strengths of satellite observations. Environmental Research Letters, 5(4): 044004-044010.

Kanamaru H, Kanamitsu M, 2008. Model diagnosis of nighttime minimum temperature warming during summer due to irrigation in the California Central Valley. Journal of Hydrometeorology, 9(5): 1061-1072.

Kueppers L M, Snyder M A, Sloan L C, 2007. Irrigation cooling effect: regional climate forcing by land-use change. Geophysical Research Letters, 34(3): L03703.

Kueppers L M, Snyder M A, Sloan L C, et al., 2008. Seasonal temperature responses to land-use change in the Western United States. Global and Planetary Change, 60(3): 250-264.

Kundzewicz Z W, Doll P, 2009. Will groundwater ease freshwater stress under climate change?. Hydrological Sciences Journal-Journal Des Sciences Hydrologiques, 54(4): 665-675.

Lee X, Goulden M L, Hollinger D Y, et al., 2011. Observed increase in local cooling effect of deforestation at higher latitudes. Nature, 479(7373): 384-387.

Li Y, Zhao M S, Motesharrei S, et al., 2015. Local cooling and warming effects of forests based on satellite observations. Nature Communications, 6(6603): 1-8.

Liu Y, Sheng L X, Liu J P, 2015. Impact of wetland change on local climate in semi-arid zone of Northeast China. Chinese Geographical Science, 25(3): 309-320.

Lobell D, Bala G, Mirin A, et al., 2009. Regional differences in the influence of irrigation on climate. Journal of Climate, 22(8): 2248-2255.

Lobell D B, Bonfils C, Faures J M, 2008. The role of irrigation expansion in past and future temperature trends. Earth Interactions, 12(3): 1-11.

Luyssaert S, Jammet M, Stoy P C, et al., 2014. Land management and land-cover change have impacts of similar magnitude on surface temperature. Nature Climate Change, 4(5): 389-393.

Pielke R A, Adegoke J O, Chase T N, et al., 2007. A new paradigm for assessing the role of agriculture in the climate system and in climate change. Agricultural and Forest Meteorology, 142(2): 234-254.

Puma M J, Cook B I, 2010. Effects of irrigation on global climate during the 20th century. Journal of Geophysical Research-Atmospheres, 115(D16): 1-15.

Sacks W J, Cook B I, Buenning N, et al., 2009. Effects of global irrigation on the near-surface climate. Climate Dynamics, 33(2/3): 159-175.

Saeed F, Hagemann S, Jacob D, 2009. Impact of irrigation on the South Asian summer monsoon. Geophysical Research Letters, 36(20): 1437-1454.

Selman C, Misra V, 2017. The impact of an extreme case of irrigation on the Southeastern United States climate. Climate Dynamics, 48(3/4): 1-19.

Sorooshian S, Li J L, Hsu K L, et al., 2011. How significant is the impact of irrigation on the local hydroclimate in California's Central Valley? Comparison of model results with ground and remote-sensing data. Journal of Geophysical Research-Atmospheres, 116(D6): 1-11.

Yan F Q, Zhang S W, Liu X T, et al., 2016. The effects of spatiotemporal changes in land degradation on ecosystem services values in Sanjiang Plain, China. Remote Sensing, 8(11): 97-105.

Yan F Q, Zhang S W, Liu X T, et al., 2017. Monitoring spatiotemporal changes of marshes in the Sanjiang Plain, China. Ecological Engineering, 104(1): 184-194.

Zhang X Z, Xiong Z, Tang Q H, 2017. Modeled effects of irrigation on surface climate in the Heihe river basin Northwest China. Journal of Geophysical Research-Atmospheres, 122(15): 7881-7895.

Zhao L, Lee X, Smith R B, et al., 2014. Strong contributions of local background climate to urban heat islands. Nature, 511(7508): 216-219.

Zhou Y T, Xiao X M, Qin Y W, et al., 2016. Mapping paddy rice planting area in rice-wetland coexistent areas through analysis of Landsat 8 OLI and MODIS images. International Journal of Applied Earth Observation and Geoinformation, 46(1): 1-12.

8 三江平原沼泽湿地变化对区域气候的影响研究

对土地覆被变化的气候效应研究一直是土地系统科学和全球变化科学关注的重要问题。目前，人们对全球性的土地覆被变化诸如森林砍伐、城市化的区域气候效应已经进行了深入的研究并得到了广泛的验证。由于气候变暖和人类活动的加剧，沼泽湿地面积明显萎缩，对区域生态环境造成了显著的影响。然而，目前对沼泽湿地变化的区域气候效应研究尚不够深入。伴随着遥感技术的快速发展，对沼泽湿地地表物理特征的参数化描述更容易在时间和空间上展开。沼泽湿地变化对区域气候的影响研究需要在更长的时间尺度上、从点上升到面，将基于观测点的机理研究与基于多源遥感信息的模型研究相结合，在区域尺度上定量评价沼泽湿地变化对区域气候变化的贡献程度。

本章选择三江平原为研究区，定位于沼泽湿地变化对区域气候的影响这一问题。首先基于多源遥感信息形成时空连续的高精度沼泽湿地地表参数数据集，然后基于地表能量平衡模型分析三江平原沼泽湿地变化对区域地表辐射收支、水热分配格局和区域气候的影响，从而揭示沼泽湿地变化通过生物地球物理过程影响区域气候的机理，为评估未来三江平原"退耕还湿"对区域气候的影响以及保障区域生态安全提供科学依据。

8.1 湿地变化的气候效应研究概述

8.1.1 研究目的与意义

陆地生态系统与全球变化的相互关系是全球变化研究的核心领域之一，其中陆地生态系统对气候变化的响应与反馈一直是焦点问题（傅伯杰等，2005；曹明奎等，2000；陈宜瑜，1995）。作为陆地生态系统的重要组成部分，沼泽湿地生态系统对全球变化高度敏感（吕宪国，2004；刘兴土等，2002；Turner et al.，2000），同时沼泽湿地生态系统在缓解全球气候变化和调节区域气候方面具有重要作用（Liu et al.，2015；Frolking et al.，2007）。在人类活动和全球气候变化的双重影响下，沼泽湿地大面积萎缩和退化带来的气候效应研究已成为湿地科学研究的热点领域和重要方向（Huang et al.，2010；Lin et al.，2009）。在全球尺度上，沼泽湿地变化通过影响全球碳循环对全球气候系统的扰动已得到广泛关注（IPCC，2013；

Mitsch et al.，2013；Houghton et al.，2003）。然而在区域尺度上，沼泽湿地变化通过生物地球物理特征的反馈来影响区域气候的机制尚缺乏足够重视与定量评估。研究和评估沼泽湿地通过影响陆地表层水热分配格局和过程来影响区域气候的机理与效应，既是科学认识人类活动对全球气候变化的影响所必须解决的核心科学问题之一，又对揭示湿地生态功能、评价湿地在全球生态环境中的地位具有重要意义。

三江平原是我国最大的淡水沼泽湿地集中分布区，在全球温带湿地生态系统中具有典型性和代表性（刘兴土等，2000）。三江平原地区先后经历了四次大规模农业开发，沼泽湿地遭到严重破坏，成为研究沼泽湿地退化对区域气候和生态环境影响的典型区（Wang et al.，2011；宋开山等，2008；张树文等，2006）。本章以三江平原为研究区，基于多源遥感信息和观测数据定量分析三江平原沼泽湿地变化对区域地表辐射收支、水热分配格局和区域气候的影响，为科学认识气候变化与区域土地覆被变化间的影响和反馈作用提供理论基础和案例参考。

8.1.2　国内外研究现状

8.1.2.1　湿地变化研究

20 世纪 90 年代以来，随着 IGBP、IHDP、土地利用/覆被计划和 GLP 等国际研究计划在世界范围内展开，国内外研究者对湿地变化及相关问题进行了大量的探索和研究，湿地变化成为土地变化科学研究的热点问题之一（Ghermandi et al.，2010；张树文等，2006；杨永兴，2002）。在中国，湿地变化研究起源于湿地资源调查。从 20 世纪 70～80 年代起，中国科学院和国家林业局先后对中国湿地资源进行了基础调查，初步揭示了中国湿地资源状况。随着遥感（remote sensing，RS）、GIS 技术和景观生态学的发展，国内外学者开展了大量的湿地时空变化和模拟研究，主要集中于湿地时空特征变化、景观格局变化、驱动力分析以及湿地格局优化等内容（Song et al.，2014；Tang et al.，2009；Cyrannoski，2009）。研究方法由过去仅局限于湿地特征描述的定性评价，发展到湿地变化定量、定位研究，遥感（remote sensing）、地理信息系统（geographic information system）、全球定位系统（global positioning system）3S 技术和以景观指数为代表的景观格局分析法成为目前湿地变化研究的主要手段（Martinez-Lopez et al.，2014；Li et al.，2012；Chen et al.，2011）。

三江平原地区先后经历了四次大规模农业开发，沼泽湿地遭到严重破坏，沼泽湿地面积减少了 70%以上（Yan et al.，2016），成为沼泽湿地变化的敏感区和典型区。特别是 21 世纪以来，多源遥感数据产品的不断涌现与定量遥感研究的不断深入为沼泽湿地变化研究提供了更加丰富的数据源和分析方法。在基于高空间分辨率遥感数据探索沼泽湿地结构、分布格局改变的同时（Wang et al.，2011），能够利用高时间分辨率的遥感产品进一步对沼泽湿地的状态、功能和生态过程进行空间量化（毛德华，2014），这无疑深化了人们对湿地变化研究的认知。

8.1.2.2 湿地变化与区域气候变化关系研究

湿地是对全球气候变化最敏感的生态系统，其结构、功能、分布、生态过程等都与气候因子休戚相关（Lahmer et al.，2001；Burkett et al.，2000），当前关于湿地变化与气候变化的关系的研究多侧重于气候变化对湿地的影响。国内外大量的研究表明，在排除人为干扰的情况下，湿地消长与气候变化密切相关（Wang et al.，2011；Erwin，2009；Larson，1995），气候是控制湿地消长最根本的外部动力因素，气候变化对湿地中的物质流和能量流、湿地生产力、湿地动植物均会产生重大影响（Dietrich et al.，2012；傅国斌等，2001），其中气候变化对湿地最直观、最明显的影响是湿地面积和分布格局的变化（Song et al.，2014）。一般地，湿地面积的变化与气温变化成负相关关系，与降水、湿度变化成正相关关系（张仲胜等，2015）。由于区域间湿地水源补给方式不同，气候变化对不同地区湿地的消长影响有显著差异（Poiani et al.，1993）。

与此同时，湿地消长能够对区域气候产生重要的反馈作用（Huang et al.，2010；Lin et al.，2009；Foley et al.，2005），但对这种反馈作用的研究有待进一步定量和深化。初步研究表明，湿地巨大的热容量以及强烈的植被和水分蒸散使其形成"冷湿"的局地小气候（Krinner，2003；Anderson et al.，2003），这种增湿降温作用与下垫面性质、湿地面积、植被类型等因素有关（张芸等，2004）。在自然因素和人类活动的共同干扰下，湿地萎缩和严重退化导致湿地集中分布区"暖干化"趋势明显（Liu et al.，2015；郭安红等，2010）。作为中国最大的淡水沼泽分布区的三江平原，几十年来沼泽湿地遭到大面积破坏，区域气候的冷湿效应减弱，甚至向"暖干化"趋势发展（闫敏华等，2005）。然而就目前而言，湿地变化的区域气候效应研究多为站点观测和定性研究，缺少湿地变化通过生物地球物理过程影响区域整体气候的定量评估，而这对于全面认识人类活动对区域气候变化的影响是必不可少的。

8.2 三江平原气候变化特征

8.2.1 气温变化

20 世纪 50 年代至 2014 年，三江平原的平均气温呈上升趋势（图 8-1）。研究区最高温出现在 2007 年（4.78℃），最低温出现在 1969 年（1.03℃），平均气温的增长速率约为 0.23℃/10a。1954～2014 年，三江平原平均气温为 3.3℃，年际变化比较大。1954～1984 年的平均气温为 2.88℃，1985～2014 年的平均气温为 3.75℃，且 1985 年之后平均气温全部在 3℃以上。

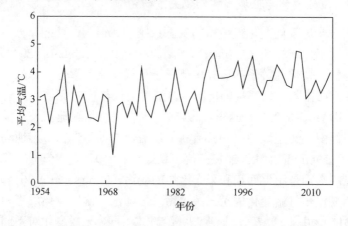

图 8-1　年平均气温变化图（1954～2014 年）

　　1954～2014 年，三江平原年均最低温的增长速度（0.37℃/10a）高于年均最高温的增长速度（0.14℃/10a），如图 8-2 和图 8-3 所示，尤其是 20 世纪 80 年代以来，年均最低温的增长对三江平原 1954～2014 年年均气温增长的贡献更大。1954～2014 年，三江平原年均最高气温约为 9.0℃，年均最低气温约为-2.0℃。1954～1984 年的平均最高气温为 8.75℃，1985～2014 年的平均最高气温为 9.25℃，1954～1984 年的平均最低气温为-2.68℃，1985～2014 年的平均最低气温为-1.35℃。

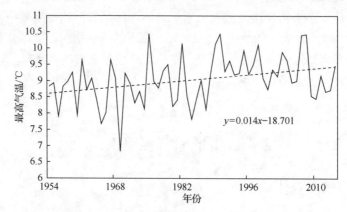

图 8-2　最高年平均气温变化图（1954～2014 年）

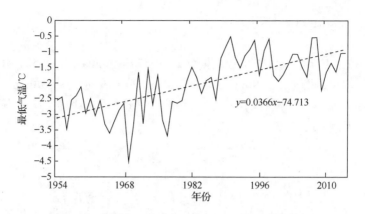

图 8-3　最低年平均气温变化图（1954～2014 年）

　　本节利用 ArcInfo Workstation 的 AML 编程语言，对研究区的气温的空间分布
（1954～1964 年和 2004～2014 年）进行制图（图 8-4）。从图 8-4 可以看出，整个
研究区年平均气温在空间上上升也十分显著。

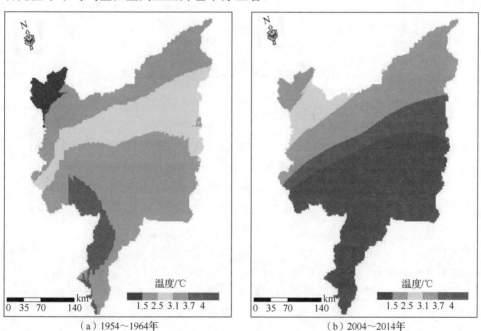

（a）1954～1964年　　　　　　　　　　　（b）2004～2014年

图 8-4　1954～1964 年和 2004～2014 年平均气温空间分布

8.2.2 降水变化

1954～2014 年，三江平原年均降水量为 577.41mm/a（图 8-5），年际变化比较大。最大降水量可达 758.89mm（2013 年），最小降水量可达 375.40mm（1967 年）。三江平原年降水量变化没有明显的变化趋势，呈现微弱的增长趋势。降水量总体呈现先降低后增加的趋势。

图 8-5　年平均降水变化图（1954～2014 年）

8.3　三江平原土地利用变化时空特征

8.3.1　数据处理与分析方法

本节的数据源为 1954 年、1976 年、1986 年、2000 年、2013 年的土地利用数据。土地利用分类体系根据中国土地利用/覆被遥感监测数据分类系统（表 7-1）进行归类和合并，包括水田、旱地、林地（有林地、疏林地、灌木林、其他林地）、草地（高覆盖度草地、中覆盖度草地、低覆盖度草地）、水体（河流、湖泊、水库、坑塘等）、建设用地（城镇居民点、农村居民地点、其他建设用地）、沼泽、其他未利用地（滩地、裸地等）。

本节用土地利用转换概率来分析三江平原 1954～2013 年土地利用时空变化。

土地利用转换概率被用于分析不同时期之间不同土地利用类型的动态变化。计算公式为

$$P_{ij}^t = S_{ij}^t / S_i^t \times 100\% \tag{8-1}$$

式中，P_{ij}^t 是研究期间土地利用/覆被变化从类别 i 到 j 的转换概率；i 和 j 是土地利用类型；S_{ij}^t 是在时间 t 和 $t+1$ 之间从类别 i 变化到 j 的面积；S_i^t 是在时间 t 上类型 i 的面积（Huang et al.，2013；Zheng et al.，2013）。公式（8-1）可用于分析土

地利用类型之间的转换。然而，它不能比较不同的土地利用类型之间土地利用强度的差异，因为不同的土地利用类型占据整个研究区域的面积比例不同。在这种情况下，本节改进公式（8-1）来得到新的土地利用转换概率指数：

$$P_{ij}^{t'} = S_{ij}^t / S_T \times 100\% \qquad (8-2)$$

式中，S_T 是总面积。为了得到空间分布，本节利用 ArcGIS 软件将研究区划分为 4km×4km 的单元格（95 列，151 行），并使用 ArcInfo Workstation 的 AML 编程语言计算每个单元格上 $P_{ij}^{t'}$ 的空间分布。

土地利用转换概率可以表示某一时间段内各土地利用类型之间的转换概率。但是当研究时间间隔较多时，有些地类在不同的时间间隔内存在逆转换现象，例如，在三江平原存在旱地改水田后又转变为旱地现象。仅仅使用转换概率这一指标无法从总体上把握土地利用变化的规律，因此，本节还利用累积转换率 P_{ij} 来反映研究区整体的土地利用变化。累积转换率是指在研究时期的各个时间间隔内，一种地类转化为另一种地类的面积之和与研究区土地总面积的比值，这里用土地总面积而非各个土地利用类型面积是为了使各种土地利用类型之间在数量上更具有可比性。其计算公式为（Yang et al.，2014）

$$P_{ij} = \sum_{i=1}^n \frac{S_{ij}^t}{S_T} \times 100\% \qquad (8-3)$$

式中，S_{ij}^t 是在时间 t 和 $t+1$ 之间从类别 i 变化到 j 的面积；S_T 是总面积；n 是时间间隔的数量，在本节中 $n=4$。

8.3.2 三江平原土地利用变化特征

研究结果（图 8-6、图 8-7）表明，1954～2013 年，旱地、林地和沼泽是三江平原主要的土地利用类型，约占三江平原总面积的 70%。水田和建设用地面积持续增加，而林地、草地和沼泽面积呈现下降趋势。旱地呈现先增加（1954～1986 年）后下降（1986～2013 年）的趋势，这与 20 世纪 90 年代中国东北地区的"旱地转水田"政策有很大的关系。1954～2013 年，旱地面积增长最大（约占三江平原总面积的 21.5%），其次是水田（约占三江平原总面积的 16%），而沼泽和草地面积下降最为严重，下降面积分别占三江平原总面积的 25.9% 和 9.9%。水体面积波动较小，由 1954 年的 3.1% 下降到 2013 年的 2.4%。以上分析表明，1954～2013 年，三江平原经历了比较剧烈的土地利用变化。统计数据表明，1954～2013 年，沼泽面积约下降了 79.4%（大约 299 万 hm^2）。沼泽面积在 1954～1986 年下降严重，在 1986～2013 年下降趋势有所缓和。

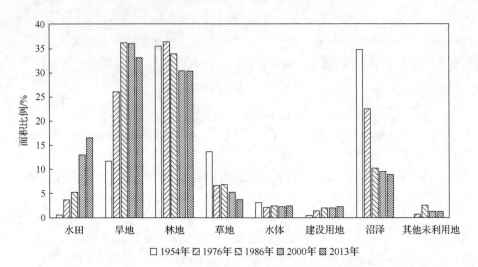

图 8-6　1954～2013 年各土地利用类型的面积比例

由于 1954 年没有遥感数据，没有把其他未利用地区分出来，所以 1954 年其他未利用地没有数据

图 8-8 给出了不同时期三江平原的六种主要的土地利用变化类型（即所占面积比例排名前六）。1954～1976 年，三江平原主要的土地利用/覆被变化类型主要包括沼泽、草地和林地向旱地的转化以及草地转林地、沼泽转草地和沼泽转水田。

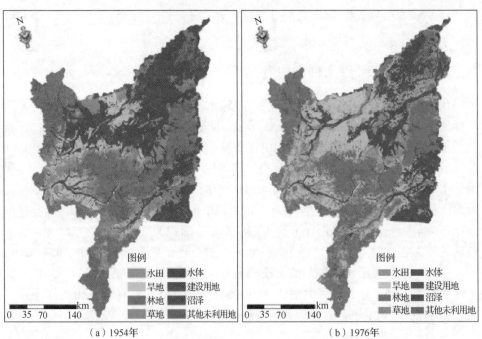

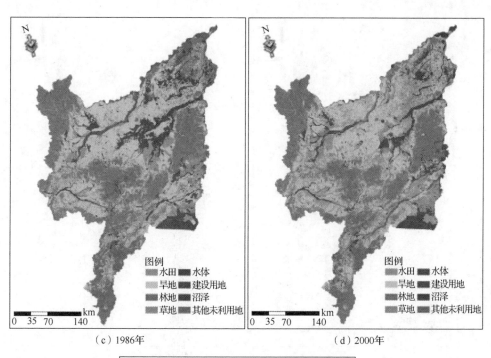

（c）1986年　　　　　　　　　　　（d）2000年

（e）2013年

图 8-7　不同时期的土地利用/覆被变化图（见书后彩图）

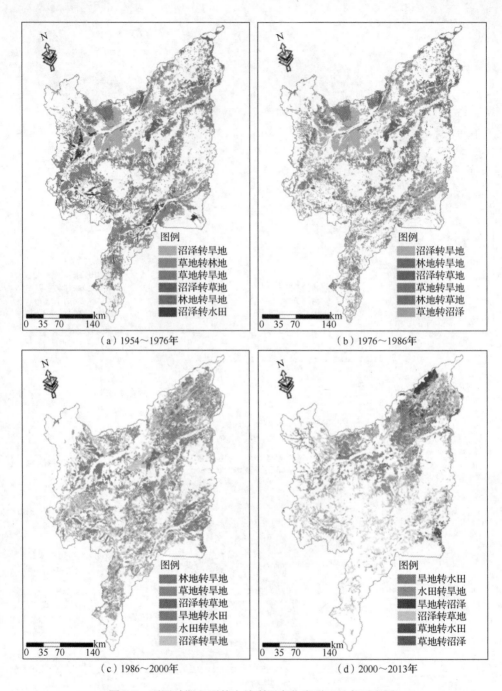

图 8-8　不同时期主要的土地利用变化类型（见书后彩图）

1976～1986 年，从林地到草地的转化以及从草地到沼泽的转化代替草地向林地的转化和沼泽到水田的转化成为主要的变化类型。1986～2000 年，从水田到旱地的转换成为主要的土地利用变化类型之一。2000～2013 年，旱地转沼泽成为主要的土地利用变化类型之一。这些主要的土地利用变化类型的变化与国家政策有很大的关系。20 世纪 90 年代，国家出台"发展优质农田，促进旱地转水田"政策，东北地区出现较大面积的"旱地改水田"。20 世纪初，人们开始意识到湿地的重要价值，政府开始采取行动保护湿地，所以在 2000～2013 年，旱地转沼泽成为主要的土地利用变化类型之一。

图 8-9 给出了 1954～2013 年主要的土地利用/覆被变化的 P_{ij}'' 的空间分布。1954～2013 年双年际监测表明沼泽转水田的面积大于沼泽转旱地的面积。这主要由大面积的旱地向水田的转化引起。也就是说，一定面积的沼泽先转化为旱地，然后转化为水田。这也表明了采用累积转换率进行土地利用/覆被变化的必要性。同时，P_{ij}'' 的空间分布表明沼泽转旱地几乎发生在三江平原的每个角落，而沼泽向水田的转化相对集中，这与水田需水量大有一定关系。从林地到旱地的转化主要发生在三江平原的南部。在 1954～2013 年，研究区草地更多地转化为旱地而不是水田。

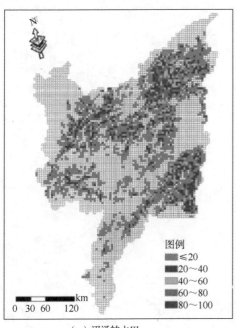

（a）沼泽转水田

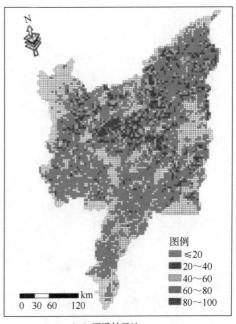

（b）沼泽转旱地

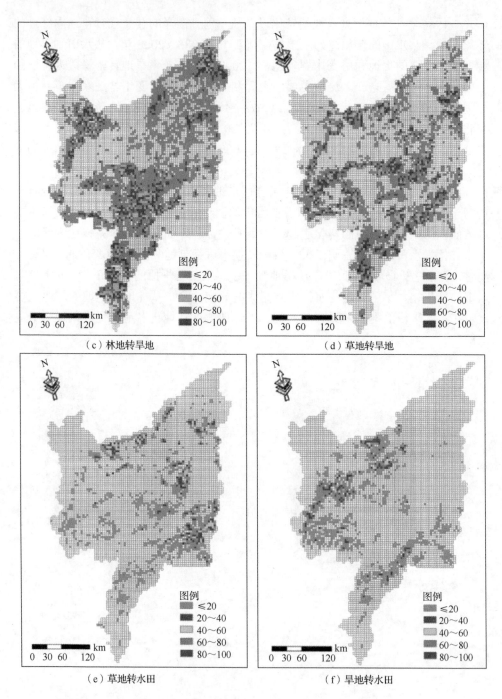

图 8-9　1954～2013 年不同土地利用/覆被变化类型的转换概率指数的空间分布

在 4 个时间段里，沼泽累积转化率最大（38.9%），其次是草地和旱地。沼泽主要转化为耕地（22.5%），这些变化主要由人类垦殖和环境恶化引起。草地主要转化为旱地和林地，而旱地主要转化为水田，这些转化与垦殖、林地种植和"旱地转水田"政策有较大关系。三江平原的旱地和水田转化频繁。表 8-1 表明水田到旱地的累积转化率是 6.3%而旱地到水田的转化率为 15.6%，旱地转水田的面积大于水田转旱地的面积。

表 8-1　研究期间的累积转换率 P_{ij}　　　　（单位：%）

	水田	旱地	林地	草地	水体	建设用地	沼泽	其他未利用地	总计
水田	0.0	6.3	0.1	0.3	0.0	0.2	0.7	0.1	7.8
旱地	15.6	0.0	3.0	1.8	0.2	2.1	2.6	0.9	26.1
林地	0.5	11.0	0.0	4.9	0.2	0.4	3.6	0.3	20.8
草地	2.2	10.9	7.1	0.0	0.3	0.3	4.2	1.1	26.1
水体	0.1	0.2	0.2	0.3	0.0	0.0	0.8	0.4	2.1
建设用地	0.2	1.0	0.1	0.1	0.0	0.0	0.0	0.0	1.5
沼泽	5.1	17.4	4.8	8.2	0.6	0.3	0.0	2.5	38.9
其他	0.1	0.7	0.2	0.7	0.3	0.0	1.1	0.0	3.1

鉴于沼泽有最大的累积转化率，且主要转化为耕地（水田与旱地），本节对各时期沼泽转耕地（水田与旱地）及旱地转水田的空间变化进行分析。图 8-10 显示了 1954～2013 年沼泽转水田的转换概率指数 P_{ij}'' 的空间分布。P_{ij}'' 的空间分布表明，在 1954～2013 年，沼泽转水田逐渐向北移动。

图 8-11 显示了 1954～2013 年从沼泽到旱地转变的转换概率指数 P_{ij}'' 的空间分布。P_{ij}'' 的空间分布清楚地表明，1954～1986 年，从沼泽到旱地的转换在三江平原的分布比较分散，1986～2013 年沼泽转化为旱地的面积与 1954～1986 年相比有所减少。在 1986～2000 年，沼泽向旱地的变化主要发生在三江平原北部。

考虑在过去几十年有大面积的沼泽到水田的转化，本节还研究了 1954～2013 年三江平原从旱地向水田转变的转换概率指数空间分布（图 8-12）。1954～1976 年，只有小面积旱地转水田。1976 年以来，越来越多的旱地转为水田，从水田到旱地转变逐渐向北移动。1954～1976 年，旱地转水田的变化仅发生在三江平原西部和南部的部分区域，1976～1986 年，旱地转水田的变化零星出现在三江平原北部，1986 年之后，旱地转水田的重心转向三江平原北部，尤其是 2000～2013 年，旱地转水田的转化主要集中于三江平原北部。

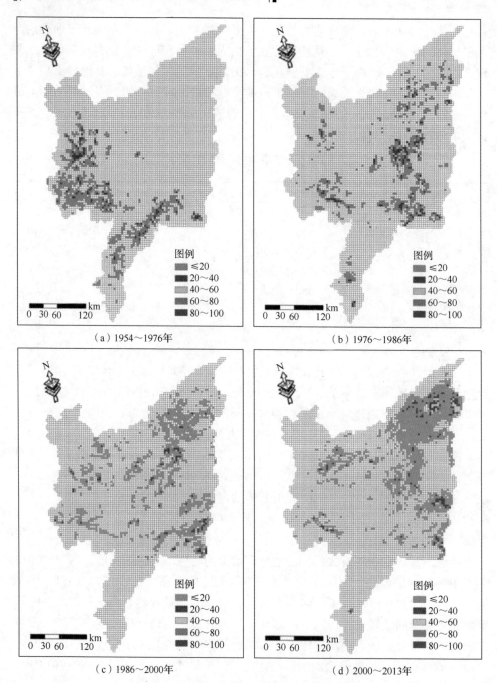

（a）1954～1976年 （b）1976～1986年

（c）1986～2000年 （d）2000～2013年

图 8-10 沼泽转水田的转换概率指数空间分布

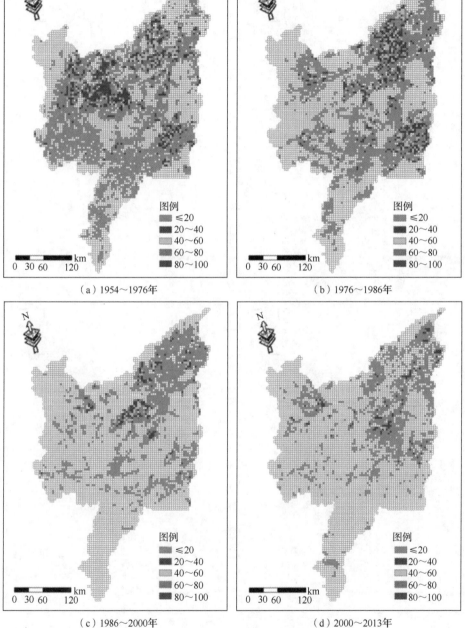

（a）1954~1976年　　　　　　　　（b）1976~1986年

（c）1986~2000年　　　　　　　　（d）2000~2013年

图 8-11　沼泽转旱地的转换概率指数空间分布

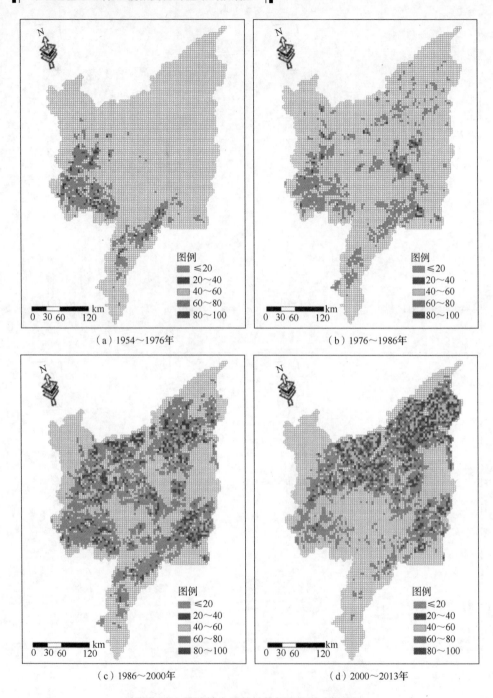

图 8-12　旱地转水田的转换概率指数空间分布

8.4 湿地变化对区域气温的影响

8.4.1 数据处理与研究方法

8.4.1.1 数据处理

本节采用的土地利用数据同本书 7.2 节。

本节采用 MODIS 地表温度产品 MYD11A2 获取白天和夜间的地表温度，由于 Aqua 的过境时间大约为 23:00～2:30 和 11:00～14:30，因此可以利用白天和夜间的地表温度平均值近似日平均地表温度值。在数据处理中，仅选择数据质量较好的数据进行运算，先由 8 天合成的数据生成月平均值，再利用多年平均，生成多年逐月平均值。多年平均主要是为了消除极端或者异常值对结果的影响，使结果更稳定。

本节采用 MODIS 16 天合成的地面反照率产品 MCD43B3 获取研究区不同土地利用类型的地面反照率特征。该产品包含黑空反照率和白空反照率，本节采用白空反照率近似地表真实的反照率，因为在研究区黑空反照率和白空反照率具有很好的相关性，是否利用天空散射系数对真实地面反照率的影响很小。与地表温度数据类似，只将质量好的数据用于计算，先形成月值，然后形成多年月平均地面反照率的值。

地表气象观测数据采用 CMDC（6 个）以及中国科学院东北地理与农业生态研究所三江平原试验站（1 个）观测的月平均气温数据，数据可用性是 1951～2016 年。由于本节中关注的是生长季的地表温度和气温的变化，因此，只采用 4～10 月的数据进行统计与分析。选择发生土地利用变化的区域的气象站点进行分析。通过对比气象站点在土地利用图中的位置，我们发现 7 个站点都经历了湿地开发与水田的扩张过程，所有的气象站点的海拔都低于 280m。

再分析资料采用被广泛使用与验证的 NCEP/NARR 数据，空间分辨率为 $2.5°×2.5°$，该数据的时间尺度为 1948～2018 年，包含了本节的研究时段，与其他再分析资料相比，具有更长的时间跨度，这也是本节采用该数据而不是更高分辨率的再分析资料的主要原因。

8.4.1.2 研究方法

1. 地表温度响应模型

本节采用改进的地表温度响应模型，见公式（7-5）。

2. 观测减再分析方法

Kalnay 等（2003）提出了从长期的气候变化中分离出土地覆被变化气候效应的方法，即观测减再分析（observation minus reanalysis，OMR）方法。他们利用空间上不连续的气象站点数据和再分析资料之间趋势的差值来量化土地覆被变化导致的气候变化，分析了美国本土 1950~1999 年城市化和土地利用变化对地表温度的增暖效应。一些再分析资料没有将地表温度同化进去，因此 OMR 方法可以将土地覆被变化的效应从大气环流变化引起的人为或自然气候变化分开，因为后者是包括在再分析资料中的（Kalnay et al.，2008）。此后该方法在土地利用变化气候效应的研究中得到了广泛的应用，特别是城市化过程和城市热岛效应的研究。其中，Zhou 等（2004）在对中国东南部研究中利用该方法分析了长江三角洲和珠江三角洲城市化增暖问题，结果表现出了显著的区域差异性。Yang 等（2011）基于 463 个气象站点数据和 NCEP/NCAR 再分析资料分析了中国东部城市化对近地表气温的影响。Zhang 等（2005）、Ren 等（2008）、Yan 等（2010）也利用该方法对不同地区开展了研究。此外，Fall 等（2010）基于该方法评估了土地覆被变化对美国本土气温变化趋势的影响。Qian（2016）还用 OMR 方法分析了中国改革开放以来土地利用/覆被变化对地表太阳辐射的影响。Wang 等（2013）在利用 OMR 方法研究中国东部城市化和土地覆被变化对气温的影响时发现，通过调整再分析资料中的年际变化，可提高 OMR 方法对气候效应趋势性的可解释性。

8.4.2　能量再分配因子

结合图 8-13（a）和研究区土地利用图，三江平原中较高的能量分配因子主要分布在森林中，其次为水田和沼泽相对集中的区域，旱地整体较低。对于三江平原东北部，水田、沼泽和旱地相间分布，且近年来土地利用变化较为显著，多年平均值并不高。较高的 f 值对应着更高效率的非辐射过程，包括蒸散和湍流热交换，一般与近地表较低的气温梯度具有正相关关系。

从旱地、水田和沼泽中 f 的季节变化可以看出，在 4~6 月，沼泽的 f 最大，水田次之，旱地最小；7 月、8 月水田最大，沼泽和旱地相差不大。7 月、8 月三种地类的 f 值显著大于其他月份，其中水田和沼泽的最大值出现在 7 月，而旱地的最大值出现在 8 月。此外，在 6 月的基础上，旱地和水田的 f 值在 7 月、8 月的增加幅度大于沼泽的增加幅度，表明农作物在 7 月、8 月几乎达到 100%的覆盖度，极大地增强了地表的非辐射过程。9 月、10 月 f 值迅速下降，水田和沼泽湿地相差不大，旱地较小。这个结果也表明湿地、旱地以及水田在改变地表能量平衡中的季节性差异，暗示着这三种类型相互转变过程中在影响局地以及区域气候时会产生不同的季节响应。

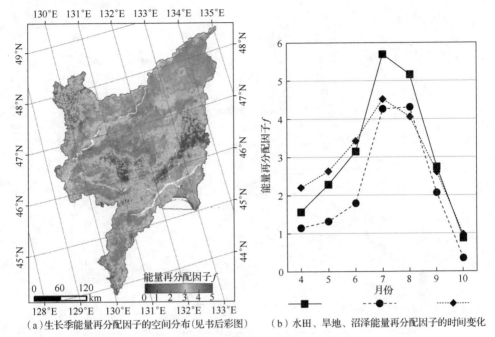

（a）生长季能量再分配因子的空间分布(见书后彩图)　　（b）水田、旱地、沼泽能量再分配因子的时间变化

图 8-13　三江平原生长季能量再分配因子的空间分布和水田、旱地、
沼泽能量再分配因子的时间变化

8.4.3　土地利用变化对局地地表温度的影响

本节基于公式（7-5），分别计算了湿地转变为旱地［图 8-14（a）］、湿地转变为水田［图 8-14（b）］以及旱地转变为水田［图 8-14（c）］对地表温度的影响，以及影响过程中辐射部分和非辐射部分的贡献值（图 8-14）。此外，本节还利用基于遥感数据计算得到的不同土地利用类型之间地表温度的差异与基于公式（7-5）得到的土地利用变化引起的地表温度变化进行了对比验证。

从图 8-14 中可以看出，基于遥感数据和基于能量平衡得到的地表温度的变化基本一致，那么反照率变化在影响地表温度变化中的贡献（ΔT_s_a）和能量再分配因子的贡献能够较好地指示地表温度变化中辐射（反照率）和非辐射过程（蒸散和湍流）的效应。图 8-14（a）表明，对于湿地到旱地的转变，反照率的影响并不大，但 4～6 月非辐射过程的减弱导致温度的显著升高，Cal_ΔT_s 具有平均 2.0～3.2K 的增温，而 7 月、8 月差异不大，9 月、10 月稍有升温，但不显著。图 8-14（b）表明，对于湿地转水田，4～6 月反照率增加和非辐射过程的减弱都导致一定程度

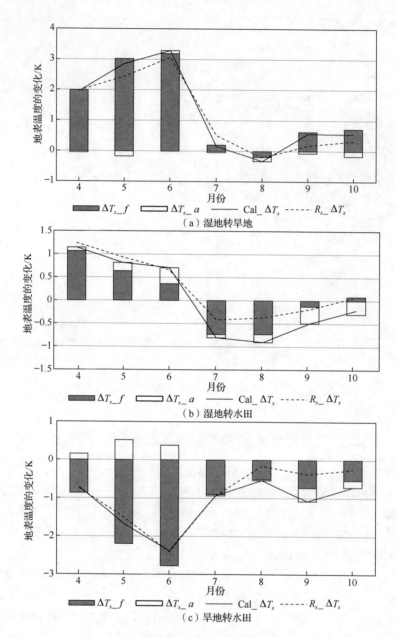

图 8-14 不同土地利用变化导致的地表温度变化

基于遥感数据计算得到的地表温度的变化（Cal_ΔT_s）和基于能量平衡计算得到的地表温度的差值（Cal_ΔT_s），以及湿地变为旱地、湿地变为水田、旱地转变为水田导致的反照率变化（ΔT_s_a）和能量再分配因子变化（ΔT_s_f）在影响地表温度变化中的贡献

的增温效应，7～10月反照率降低和非辐射过程增强都导致一定程度的降温效应，但整体上温度变化都较小。图8-14（c）表明，旱地转水田在所有月份都导致非辐射过程的增强，从而具有降温的效应，而4～6月反照率的降低具有一定的升温效应，9月、10月反照率增加具有一定的降温效应，整体上5月、6月的降温效应最显著，分别降温1.67K和2.41K。

通过对比这三个变化导致的地表温度的差异可以发现，对整个生长季来说湿地变为旱地会导致1.29K的增温，湿地转变为水田会导致0.04K的增温，旱地转变为水田会导致1.14K的降温。对于这三种土地利用类型的转变，非辐射过程起明显的主导作用，反照率的影响小于0.1K。通过比较还可以发现湿地的冷岛效应在4～6月十分显著，尤其是与旱地相比时，7～10月其冷岛效应甚至不如水田显著，导致当旱地变为水田时在夏秋季也会有明显的降温作用。

8.4.4 土地利用变化对区域气温的影响

地表温度的变化会直接影响气温的变化，基于观测数据的近地表气温数据能够为8.4.3节的结果提供验证。本节利用观测数据的距平值减去再分析资料的距平值得到1951～2016年三江平原的观测和再分析资料气温数据序列，两个数据之间存在很高的相关性，相关系数为80%。通过图8-15（a）可以看出，无论是观测数据还是再分析资料在1951～2016年都呈现明显的上升趋势，表明这60年间三江平原区域气候总体呈现变暖的趋势，这与大量的研究结果是一致的。然后通过生长季期间的观测序列减再分析资料序列的结果得到1953～1990年和1991～2016年的OMR距平序列［图8-15（b）和8-15（c）］。

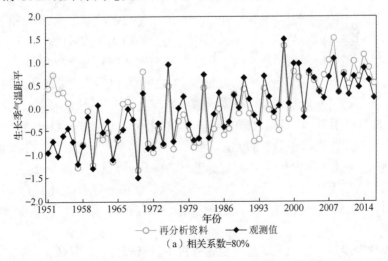

（a）相关系数=80%

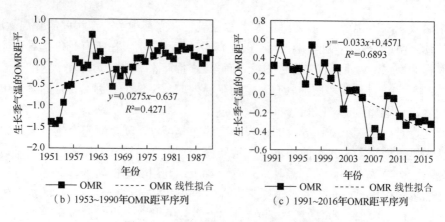

图 8-15 三江平原生长季气温变化序列

该结果显示，OMR 的趋势呈现明显的阶段性，其中 1951～1990 年呈现明显的上升趋势，气温以 0.275℃/10a 的速率增高，表明这期间土地利用变化在区域上表现为升温的效应，这主要与三江平原该阶段的大规模农业开发有关。一方面湿地的开垦会导致自身冷效应的消失；另一方面森林的砍伐导致一定程度的暖效应，因为在中纬度地区植被的生长季，森林的非辐射过程占主要作用，也会造成增温，草地的开垦造成一定程度的降温。与之相反的，1991～2016 年的气温以 0.33℃/10a 的速度下降。这与 8.4.3 节中水田扩张产生冷效应是相一致的。

8.4.5 讨论

8.4.5.1 能量再分配因子的修订

针对局地上的土地覆盖变化，能量分配因子使我们能够量化该变化中辐射、非辐射过程对温度影响的贡献（Lee et al.，2011）。该因子指示的是地表非辐射过程散发热量的能力，包括蒸散和湍流交换。较高的 f 值代表蒸散和湍流交换强，而长波辐射弱，即 T_s-T_a 较小。这从公式（7-5）中可以得出，将地表和近地表大气作为整体进行研究，在 R_n^*–G 基本一致的情况下，T_s-T_a 对 f 值的大小具有决定作用，呈典型负相关。在多源数据的支撑下，利用尺度上推方法，Bright 等（2017）估算了全球主要土地覆盖类型的 f 值。对比本节与该研究中的结果，本节估算的 f 值与其同纬度的值域相差不大，而且更进一步得到了 f 值的季节变化趋势。同时，本节 f 值与它们不同的是，公式（7-5）右边第二项的分母不再用 $(1+f)^2$ 近似，而是直接用 $(1+f_1)(1+f_1+\Delta f)$。当 f 值变化较大时，基于 f 值估算的 ΔT_s 更加趋向于观测值。

尽管地表能量分配因子在温度变化分析中具有较好的度量依据，但该方法仍然有一定的局限性。首先，f 的估算依赖于 T_s–T_a 的值，当 T_s 接近于 T_a，甚至 T_s 小于 T_a 时，f 值就不再有比较意义。其次，利用公式（7-5）在 f 值变化的基础上估算的 ΔT_s 受 f 值影响较大，当 f 值较大时，得到的 ΔT_s 偏小。因此，今后针对地表能量分配因子的研究一方面需要考虑能量在水平方向上的传递，将站点观测与区域变化分析相结合；另一方面，还需要进一步研究不同地区、不同土地覆盖类型上 T_s 与 T_a 相互作用的垂直高度，更有效地刻画地表与大气间水分和能量交换的三维时空分布。

8.4.5.2 湿地减少与水田扩张对地表温度影响对比分析

通过本节的研究可以发现，湿地的开垦和水田的扩张对区域或者局地气温的影响是相反的，虽然 20 世纪 90 年代以前湿地的大面积开垦导致了区域的显著增温，但是 20 世纪 90 年代以后灌溉条件的改进使得水田大面积扩张导致区域的显著降温效应。这无疑对区域气候和区域农业的可持续发展是有好处的。但是通过比较 8.4.3 节中的结果可以发现，尽管二者具有相反的效应，但是它们存在明显的季节差异性，相比于人工湿地的水田，自然植被湿地的冷岛效应主要表现在夏天来临之前，如 4~6 月，而水田的冷岛效应虽然也在春季最显著，但在其他月份甚至会赶超湿地。这就意味着不论是土地利用方式的转变还是土地管理方式的转变都会造成区域气温的变化，但是气温响应的月份和幅度是存在差异性的。同时，湿地转变为旱地和旱地转变为水田影响局地和区域气候的过程中非辐射过程都是占主导地位的，但水田作为一种人工湿地，其生物物理特征如反照率和蒸散与湿地更为相似，湿地转变为旱地和旱地转变为水田两个过程它们影响区域气候的生物物理机制也是相反的。从更长的时间尺度上来讲，20 世纪 50 年代以来土地利用变化对区域气候的影响被相互抵消了。

8.5 本章小结

本章利用多源遥感和实地观测资料估算和比较了 20 世纪 50 年代至 2015 年三江平原湿地减少和水田扩张引起的局部地表温度变化。利用 Lee 等（2011）提出的地表温度响应模型，对土地利用变化导致的能量平衡和再分配过程进行了分析。结果表明，由于湿地向旱地和水田的转化，生长季的近地表温度增加了 1.29K 和 0.04K，而旱地向水田的转化会导致 1.14K 的降温效应。无论是湿地的复垦还是土地利用管理的变化，非辐射过程在调节地表温度的过程中起主导作用，反照率变化对整个生长季平均地表温度的影响小于 0.1K。此外，我们还发现，虽然湿地和稻田都会产生降温效应，但其影响的幅度和季节变化是不同的。

总的来说，湿地和稻田都会导致冷岛效应，也就是说从三江平原湿地开发再到水田的扩张，从长时间尺度来讲二者的作用在一定程度上互相抵消。该研究结果可为土地利用的调整或优化以适应气候变化提供新的证据，而水田扩张所产生的气候调节无疑有利于该地区区域生态和农业的可持续发展。

参 考 文 献

曹明奎, 李克让, 2000. 陆地生态系统与气候相互作用的研究进展. 地球科学进展, 15(4): 446-452.

陈宜瑜, 1995. 中国湿地研究. 长春: 吉林科学技术出版社: 66-69.

傅伯杰, 牛栋, 赵士洞, 2005. 全球变化与陆地生态系统研究: 回顾与展望. 地球科学进展, 20(5): 556-560.

傅国斌, 李克让, 2001. 全球变暖与湿地生态系统的研究进展. 地理研究, 20(1): 120-128.

郭安红, 王兰宁, 李凤霞, 2010. 三江源区湿地变化对区域气候影响的数模拟分析. 气候与环境研究, 15(6): 743-755.

刘兴土, 马学慧, 2000. 三江平原大面积开荒对自然环境影响及区域生态环境保护. 地理科学, 20(1): 14-19.

刘兴土, 马学慧, 2002. 三江平原自然环境变化与生态保育. 北京: 科学出版社.

吕宪国, 2004. 湿地生态系统保护与管理. 北京: 化学工业出版社: 35-46.

毛德华, 2014. 定量评价人类活动对东北地区沼泽湿地植被 NPP 的影响. 北京: 中国科学院大学.

宋开山, 刘殿伟, 王宗明, 等, 2008. 1954 年以来三江平原土地利用变化及驱动力. 地理学报, 63(1): 93-104.

闫敏华, 陈泮勤, 邓伟, 等, 2005. 三江平原气候变暖的进一步认识: 最高和最低气温的变化. 生态环境, 14(2): 151-156.

杨永兴, 2002. 国际湿地科学研究进展和中国湿地科学研究优先领域与展望. 地球科学进展, 17(4): 508-514.

张树文, 张养贞, 李颖, 等, 2006. 东北地区土地利用/覆被时空特征分析. 北京:科学出版社.

张芸, 吕宪国, 倪健, 2004. 三江平原典型湿地冷湿效应的初步研究. 生态环境, 13(1): 37-39.

张仲胜, 薛振山, 吕宪国, 2015. 气候变化对沼泽面积影响的定量分析. 湿地科学, 13(2): 161-165.

Anderson F E, Snyder R L, Miller R L, et al., 2003. A micrometeorological investigation of a restored california wetland ecosystem. Bulletin of the American Meteorological Society, 84(9): 1170-1172.

Bright R M, Davin E, O'Halloran T, et al., 2017. Local temperature response to land cover and management change driven by non-radiative processes. Nature Climate Change, 7(4): 296-305.

Burkett V, Kusler J, 2000. Climate change: potential impacts and interactions in wetlands of the united states. Journal of the American Water Resources Association, 36(2): 313-320.

Chen T S, Lin H J, 2011. Application of a landscape development intensity index for assessing wetlands in Taiwan. Wetlands, 31(4): 745-756.

Cyranoski D, 2009. Putting China's wetlands on the map. Nature, 458(7235): 134.

Dietrich O, Steidl J, Pavlik D, 2012. The impact of global change on the water balance of large wetlands in the elbe lowland. Regional Environment Change, 12(4): 701-713.

Erwin K L, 2009. Wetlands and global climate change: the role of wetland restoration in a changing world. Wetland Ecology Management, 17(1): 71-84.

Fall S, Dev N, Alexander G, et al., 2010.Impacts of land use land cover on temperature trends over the continental United States: assessment using the North American Regional Reanalysis. International Journal of Climatology, 30(13): 1980-1993.

Foley J A, DeFries R, Asner G P, et al., 2005. Global consequences of land use. Science, 309(5734): 570-574.

Frolking S, Roulet N T, 2007. Holocene radiative forcing impact of northern peatland carbon accumulation and methane emissions. Global Change Biology, 13(5): 1079-1088.

Ghermandi A, van den Bergh J C J M, Brander L M, et al., 2010. Values of natural and human-made wetlands: a meta-analysis. Water Resource Research, 46(12): 137-139.

Houghton R A, Hackler J L, 2003. Sources and sinks of carbon from land-use change in China. Global Biogeochemical Cycles, 17(2): 1034.

Huang Y, Sun W J, Zhang W, et al., 2010. Marshland conversion to cropland in Northeast China from 1950 to 2000 reduced the greenhouse effect. Global Change Biology, 16(2): 680-695.

Huang Y, Xia B, Yang L, 2013. Relationship study on land use spatial distribution structure and energy-related carbon emission intensity in different land use types of Guangdong, China, 1996-2008. The Scientific World Journal, 2013(5): 1-15.

IPCC, 2013. Climate Change 2013: the Physical Science Basis (Contribution of Working Group I to the Fifth Assessment Report of the Intergovernmental Panel on Climate Change). Cambridge/New York: Cambridge University Press: 1535.

Kalnay E, Cai M, 2003. Impact of urbanization and land-use change on climate. Nature, 423(6939): 528-531.

Kalnay E, Cai M, Nunez M, et al., 2008. Impacts of urbanization and land surface changes on climate trends. International Association for Urban Climate, 27(1): 5-9.

Krinner G, 2003. Impact of lakes and wetlands on boreal climate. Journal of Geophysical Research-Atmospheres, 108(D16): 1-18.

Lahmer W, Pfutzner B, Becker A, 2001. Assessment of land use and climate change impacts on the mesoscale. Physics and Chemistry of the Earth, 26(7): 565-575.

Larson D L, 1995. Effects of climate on numbers of northern prairie wetlands. Climatic Change, 30(2): 169-180.

Lee X, Goulden M L, Hollinger D Y, et al., 2011. Observed increase in local cooling effect of deforestation at higher latitudes. Nature, 479(7373): 384-387.

Li W L, Xu J, 2012. Typical alpine wetland landscape changes in eastern tibetan plateau under climate change over 15 years. 2012 IEEE International Geoscience and Remote Sensing Symposium: 4907-4910.

Lin W S, Zhang L, Du D S, 2009. Quantification of land use/land cover changes in Pearl River delta and its impact on regional climate in summer using numerical modeling. Regional Environment Change, 9(2): 75-82.

Liu T X, Zhang S W, Yu L X, et al., 2016. Simulation of regional temperature change effect of land cover change in agroforestry ecotone of Nenjiang River Basin in China. Theoretical and Applied Climatology, 19(10): 1-11.

Liu Y, Sheng L X, Liu J P, 2015. Impact of wetland change on local climate in semi-arid zone of Northeast China. Chinese Geography Science, 25(3): 309-320.

Martinez-Lopez J, Carreno M F, Martinez-Fernandez J, et al., 2014. Wetland and landscape indices for assessing the condition of semiarid Mediterranean saline wetlands under agricultural hydrological pressures. Ecological Indictors, 36(1): 400-408.

Mitsch W J, Bernal B, Nahlik A M, et al., 2013. Wetlands, carbon, and climate change. Landscape Ecology, 28(4): 583-597.

Poiani K A, Johnson W C, 1993. Potential effects of climate-change on a semi-permanent prairie wetland. Climatic Change, 24(3): 213-232.

Qian C, 2016. Impact of land use/land cover change on changes in surface solar radiation in Eastern China since the reform and opening up. Theoretical and Applied Climatology, 123(1/2): 131-139.

Ren G, Zhou Y Q, Chu Z Y, et al., 2008. Urbanization effects on observed surface air temperature trends in North China. Journal of Climate, 21(6): 1333-1348.

Song K S, Wang Z M, Du J, et al., 2014. Wetland degradation: its driving forces and environmental impacts in the Sanjiang Plain, China. Environment Management, 54(2): 255-271.

Tang D J, Cheng Q, Lou Q J, 2009. Spatiotemporal landscape pattern change of Hangzhou Xixi urban wetland growth in China. Remote Sensing for Environmental Monitoring, Gis Applications, and Geology Ix, 7478: 1-8.

Turner R K, van den Bergh J C J M, Soderqvist T, et al., 2000. Ecological-economic analysis of wetlands: scientific integration for management and policy. Ecological Economy, 35(1): 7-23.

Wang J, Yan Z W, Jones P D, et al., 2013. On "Observation minus reanalysis" method: a view from multidecadal variability. Journal of Geophysical Research-Atmospheres, 118(14): 7450-7458

Wang Z M, Song K S, Ma W H, et al., 2011. Loss and fragmentation of marshes in the Sanjiang Plain, Northeast China, 1954—2005. Wetlands, 31(5), 945-954.

Yan Z, Li Z, Li Q, et al., 2010. Effects of site change and urbanisation in the Beijing temperature series 1977—2006. International Journal of Climatology, 30(8): 1226-1234.

Yan F Q, Zhang S W, Liu X T, et al., 2016. The effects of spatiotemporal changes in land degradation on ecosystem services values in Sanjiang Plain, China. Remote Sensing, 8(11): 917-925.

Yang X, Hou Y, Chen B, 2011. Observed surface warming induced by urbanization in East China. Journal of Geophysical Research, 116: D14113.

Yang Y, Zhang S, Wang D, et al., 2014. Spatiotemporal changes of farming-pastoral ecotone in Northern China, 1954—2005: a case study in Zhenlai County, Jilin Province. Sustainability, 7(1): 1-22.

Zhang J Y, Dong W J, Wu L Y, et al., 2005. Impact of land use changes on surface warming in China. Advances in Atmospheric Sciences, 22(3): 343-348.

Zheng X, Xia T, Yang X, et al., 2013. The land Gini coefficient and its application for land use structure analysis in China. PLoS One, 8(10): e76165.

Zhou L, Dickinson R E, Tian Y, et al., 2004. Evidence for a significant urbanization effect on climate in China, PNAS, 101(26): 9540-9544.

9 城市热岛效应时空异质性分布研究
——以长春市为例

9.1 城市热岛效应概述

9.1.1 研究背景与意义

过去的几十年，全球经历了快速的城市化进程（Cohen，2006；Kalnay et al.，2003）。依据联合国人口组织统计资料，全球城市人口从 1950 年开始迅猛增加，2014 年世界 54%的人口居住在城市区域，预估到 2050 年城市人口比例将达到 66%（Un，2015）。2011 年末，中国城市化率首次突破 50%，达到 51.27%，中国城市进入关键发展阶段（盛来运，2011）。21 世纪被认为是城市化的世纪，城市作为社会经济、地缘政治和环境过程交互作用产生的复杂系统，其发展给人类带来福祉的同时也引起局地尺度上的土地利用/覆被、生物多样性、水文系统的剧烈变化，产生了诸如生态环境退化、交通拥挤、城市热岛等负面影响，从而影响区域生态系统甚至对全球生物地球化学循环和气候变化产生重要影响（Zhang et al.，2012；Madlener et al.，2011；Jenerette et al.，2010；Seto et al.，2009；季崇萍等，2006；刘耀彬等，2005）。在这些影响中，被人所熟知的城市热岛效应，即城市区域温度高于周边农村区域的现象，是人类影响地球系统重要的案例之一（Rizwan et al.，2008；Voogt et al.，2003）。

城市面积虽然仅占全球陆地总面积的 2%左右，但其特殊的下垫面组成会对能量收支平衡和水文循环产生重要影响。理解城市空间结构特征及其对城市热环境的影响机制对于缓解城市热岛效应甚至缓解全球气候变化有着重大意义。快速的城市化进程将自然存在的表面，例如农田、森林、水域等，转变为由沥青、水泥、金属等化学材料构成的不透水面。这种转变减缓了地表蒸发量和水分可用性，增强了显热通量，减少了降水量（Owen et al.，1998；Carlson et al.，1981）。城市地区常常伴随着工业活动并消耗大量合成材料，建筑材料能够存储大量的太阳辐射并进行再辐射，加上人为热源，是导致城市热岛效应的主要原因（Rizwan et al.，2008）。此外，城市扩张不仅体现在平面上，第三维的高度也是城市格局的重要组成部分（寿亦萱等，2012）。有研究表明，城市冠层建筑物的三维几何特征对城市热岛效应的影响远远大于其他因素。探索城市三维结构对城市热环境空间分布的影响机制是缓解城市热岛效应、实现城市可持续发展的重要前提。

9.1.2 国内外研究现状

城市热岛效应最早的研究可以追到 19 世纪初，英国化学家 Howard（1818）在研究伦敦城市气候问题时首先发现城区温度高于郊区温度的现象，并在《伦敦的气候》一书中详细记录该现象，但此问题在当时并没有引起足够的重视。20 世纪 50 年代，Manley（1958）将此现象正式定义为"城市热岛效应"，由此打开了后续学者快速研究该问题的大门，使得该问题逐渐成为科学家和工程师高度感兴趣的领域，并成为城市气候和城市生态研究的焦点。

城市热岛效应的形成、发展及空间分布受很多因素的影响，这些因素包括城市地表因子、城市土地利用以及城市三维结构等。近年来，许多学者通过卫星数据反演与地表热环境相关描述因子来估算城市空间结构与城市热环境之间的关系（Cao et al.，2010；Lu et al.，2006；Weng et al.，2004）。

城市热岛研究中习惯上使用植被指数作为植被丰富度的指示因子来估算地表温度与植被之间的关系（Weng et al.，2004；王鹏新等，2003）。Gallo 等使用植被指数估算城市热岛效应，使用散点图证明归一化植被指数与地表温度存在负相关关系后（Gallo et al.，1993），NDVI 与地表温度的相关关系成为热岛效应影响因素研究的热点（韩丽娟等，2005）。Goward 等（2002）的研究表明不同的光谱植被指数，例如 NDVI 和简单的比值指数，与叶面积指数和绿色生物量有关，但是 NDVI 并不能够估算植被量，可能并不是定量分析植被的良好指标。有研究者在不同尺度上推算了植被盖度，对比了 NDVI 和植被盖度作为城市热格局指示因子的有效性，结果表明植被盖度与 NDVI 相比，与地表温度有着更强的负相关关系（Weng et al.，2004；李俊祥等，2003）。

人工建筑物直接改变了地表的潜热和显热的交换情况，对城市气候造成较为显著的影响（Mallick et al.，2013；Liu et al.，2011；Weng et al.，2008；Yuan et al.，2007）。遥感提取的城市不透水面及构建的建筑指数常作为指示因子表征城市热岛效应（徐永明等，2013；徐涵秋，2009；林云杉等，2007）。城市不透水面是评估城市生态环境和社会经济的关键指示性因子，对于城市规划和资源管理有着重要意义。有研究指出，城市热效应与城市发展密度相关的不透水面比例有关，较高的不透水面比例通常与较高的地表温度相吻合（Mallick et al.，2013；Yuan et al.，2007）。

以上研究集中于地表温度与某个地表特征因子之间的关系研究。尽管以上研究的地区、方法、对象有所不同，但是可以得到一般性的结论：在城市热环境中，植被区域和水域对缓解城市热岛效应具有重要作用，而建筑（或不透水面）有着明显增温作用。这些结论将有助于探讨发现城市热岛效应的驱动机制。单个因子在解释城市热环境分布、形成等内容时存在较大不确定性，城市土地利用与城市地表热环境之间的关系得到越来越多学者的广泛关注。

城市土地利用类型及其变化会对城市热岛效应产生重要影响（刘纪远等，2011；刘宇等，2006）。不同土地利用类型的热学特性、辐射特征等不同导致对热岛效应形成的贡献有所差异（张新乐等，2008）。大量研究表明，土地利用变化是城市热岛效应形成、演变的主要因素。土地利用变化与城市热岛效应之间的关系研究得到空前的重视（Coseo et al.，2014；Feng et al.，2014；Song et al.，2014；Zheng et al.，2014）。Goward（1981）发现城市覆被与城市温度格局之间有着紧密的联系，但并没有对城市内部的结构进行详尽的探讨。Li 等（2012）选择上海为研究案例，定量分析土地利用变化对地表城市热岛效应产生的巨大影响。Zheng等（2014）研究了人为土地覆被组成和空间格局对地表温度的影响，结果发现建筑物的组成和空间格局对地表温度的影响最小，而那些铺砌表面对地表温度影响较大。

有学者用景观生态学方法来探索城市土地利用格局与城市热环境之间的关系（Estoque et al.，2017；Li et al.，2011；Zhou et al.，2011a；Goward，1981）。两类指数常被用来表征城市景观格局：景观组成指数和景观配置指数（Gustafson，1998；McGarigal et al.，1995）。景观组成指数能够区分每种土地利用类型但是无法提供空间信息；景观配置指数可以充分考虑不同土地利用类型各自的地理特征，许多指数用来测量景观配置的影响，例如，周长-面积比、景观形状指数、边缘和斑块密度等（Li et al.，2011；Zhou et al.，2011b；Weng et al.，2008）。FRAGSTATS软件是常用的指数计算软件（McGarigal et al.，2002）。Wu 等（2014）使用半径分维来定量热中心在不同土地利用类型的空间变化，发现地表温度与三个景观为基础的指数密切相关。研究地表温度与景观格局关系的方法中常采用定量定性结合的模型。定量研究不同土地覆被类型对地表温度的影响常使用派尔森相关、散点图、曲线适配以及传统的回归模型等方法（Li et al.，2011；Weng et al.，2004）。

在众多城市土地利用类型中，城市绿色空间的降温作用受到广泛关注（Zhang et al.，2014；王蕾等，2014；Hamada et al.，2010；Santamouris，2001）。一些学者单独针对城市绿地对城市热岛效应的缓解作用开展了研究（刘凤凤等，2017；Li et al.，2015；Chang et al.，2014；李延明等，2004；周红妹等，2002）。Cao 等（2010）利用高分辨率遥感影像 IKONOS 得到日本名古屋城市公园的细节信息，用于研究其冷岛效应，结果表明公园冷岛效应的强度取决于公园大小和内部乔木、灌木比例以及公园的形状等因素。Maimaitiyiming 等（2014）使用景观格局指数包括景观格局的比例、边缘密度和斑块密度探讨了绿色空间对地表温度的影响。研究城市绿地有很强的目的性，因为城市绿地能够有效缓解城市热岛效应，有着较强的实践意义（王蕾等，2014）。

城市扩张不仅体现在平面上，第三维的高度也是城市空间结构的重要组成部分。虽然目前三维温度场与城市三维结构的研究较少，但有着重要意义，是未来发展的重要方向之一。有研究表明，城市冠层建筑物的三维几何结构对城市热岛的影响远大于其他因素（Bonacquisti et al.，2006）。以遥感影像为主的城市热环境研究对热场内部结构的探究略微不足，其中对城市热岛的垂直结构研究尤其薄弱，急需进一步的探索（寿亦萱等，2012；胡华浪等，2005）。

在最初阶段，城市热岛效应研究较为简单，常包含单一的主题。近年来相关研究变得丰富，研究者通常将形态结构、过程变化以及机理综合起来对城市热岛进行全面的研究，从而更好地理解城市热岛效应的形成机制，减轻城市热岛的负面效应，提出切实可行的缓解措施，为城市规划和可持续发展提供理论、方法和实践指导借鉴。

9.2 城市扩张及其热岛效应

9.2.1 长春市城市扩张过程

本节基于 Landsat TM 和 Landsat OLI 遥感影像，通过人机交互解译获取了长春市 1984 年、1992 年、2000 年、2007 年和 2014 年五期土地利用数据，如图 9-1 所示。

从图 9-1 中可以看出，在 30 年的时间里，随着经济的快速发展和城市化的不断深入，长春土地利用/覆被格局发生了较大的变化。

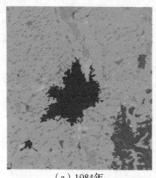 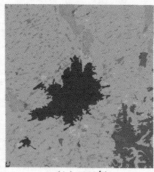 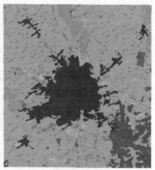

（a）1984 年　　　　　　（b）1992 年　　　　　　（c）2000 年

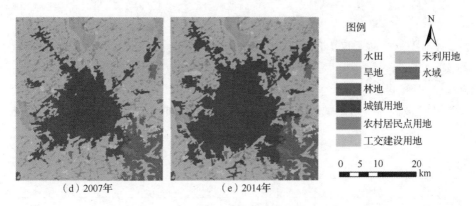

图 9-1　长春市五期土地利用/覆被变化（见书后彩图）

　　城市化扩张使得城镇类型面积不断增大，由 1984 年的 143.51 km^2 扩展到 2014 年 577.45km^2，扩大到原来的 4.02 倍，年均扩展 14.46 km^2。20 世纪 80 年代中期至 90 年代初，以重工业为主要产业的城市发展普遍缓慢。1995 年，长春在其东南部成立净月高新技术产业开发区，从图 9-1 可以看出，1992～2000 年，长春东南部城镇用地扩张明显。2004 年起，在国家振兴东北老工业基地等战略的全力推进下，城市扩展大幅加速，并一直持续到监测期末。其中，2009 年国务院批复国家发改委牵头编制的《中国图们江区域合作开发规划纲要——以长吉图为开发开放先导区》，受此规划纲要的影响，在 2007～2014 年，长春东北部相继成立高新北区等行政单位，城市用地扩张明显。长春市在 2007～2014 年城市面积增加了 185.87km^2，是增速较快的阶段之一。由此看出，国家发展战略对城市发展影响明显，尤其对城市扩张的区位选择起到决定性作用。

9.2.2　地表温度归一化处理

　　地表温度是表征城市热环境的重要参数，是随着时间每时每刻发生变化的环境参数。依据热辐射传输方程，热红外遥感数据可以与地表温度建立直接的联系。根据使用的热红外波段数量，可以分为单通道和多通道方法。本节使用 Qin 等（2001）针对 Landsat TM6 提出的单窗算法进行地表温度反演。

　　直接利用地表温度的绝对值进行城市热环境的年代变化对比研究是不合理的，因为温度会受气候等大背景环境因素年代间的不确定性和变化性的影响。参考前人的研究（Cui et al.，2016），首先对地表温度进行归一化处理，其计算公式如下：

$$\mathrm{NLST} = \frac{T_i - T_{\min}}{T_{\max} - T_{\min}} \tag{9-1}$$

式中，NLST 为像元 i 归一化后的地表温度值；T_i 是像元原始的地表温度值；T_{max} 和 T_{min} 分别为整个研究区内地表温度的最高值和最低值。依据 NLST 的取值范围，在 ArcGIS 软件的支持下进一步将 NLST 划分为极低温、较低温、低温、中温、高温、较高温和极高温 7 个不同温度区域，划分依据见表 9-1，此外本节中将高温、较高温以及极高温三个区域划分为具有城市热岛效应区域（urban heat island region，UHIR）。

表 9-1　NLST 分类依据表

NLST 分类	NLST 取值范围
极低温	NLST<NLST$_{mean}$−1.5S
较低温	NLST$_{mean}$−1.5S ≤ NLST< NLST$_{mean}$−1.0S
低温	NLST$_{mean}$−1.0S ≤ NLST< NLST$_{mean}$−0.5S
中温	NLST$_{mean}$−0.5S ≤ NLST< NLST$_{mean}$+0.5S
高温	NLST$_{mean}$+0.5S ≤ NLST< NLST$_{mean}$+1.0S
较高温	NLST$_{mean}$+1.0S ≤ NLST< NLST$_{mean}$+1.5S
极高温	NLST ≥ NLST$_{mean}$+1.5S

注：NLST$_{mean}$ 为整个研究区域归一化地表温度的平均值；S 为 NLST 的标准差

9.2.3　城市热岛的空间格局及统计特征

图 9-2 展示了长春市五个时期以归一化地表温度表征的城市热环境时空变化特征。利用 ArcGIS 的分级设色工具将不同温度分类区间显示为不同色调，因此，图 9-2 不仅能够表明地表温度的相对强度，同时也能够清晰地表达地表温度在空间分布上的具体特征。地表温度的时空动态表明从 1984 年到 2014 年长春市城市热环境发生了巨大变化。

从城市热环境的空间分布特征来看，建成区的地表温度在各个年份都明显高于周边农村区域。在建成区内，与早期热环境分布不同，2014 年的高温及以上区域的分布特征与城市建筑物的分布特征相似，分布不再整体密集而是形成几个较易识别的热点区域：城市西南部的中国第一汽车集团公司、城市中心的商业密集区域以及城市东部地区的工矿用地，热点的形成可能与城市发展的政策调整有关，建成区被细分为几个不同的功能区。尽管城市区域地表温度值整体较高，但仍然存在部分低温空间，尤其在 2014 年更是如此，表明城市内部的水体以及绿地区域等拥有较低的地表温度。在城市周边区域，东南部的净月潭国家森林公园以及水库等区域的地表温度取值明显低于其他地区。尽管农村地区整体地表温度取值较低，部分乡镇以及农村居民点用地仍然属于高温或更高温度等级分类，但其占地面积比例不大。

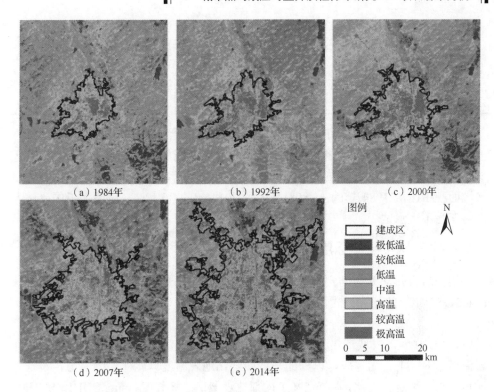

图 9-2　长春市 30 年来热环境时空变化图（见书后彩图）

　　从热环境时间变化规律看，最明显的特征为城市热岛效应区域面积的增长，主要原因是对热环境有重要影响的土地利用/覆被格局发生了重大改变。大量的耕地，包括水田和旱地转变为城市区域，自然表面转变为由沥青、水泥、金属以及其他化学材料构成的人造地表及建筑物，导致高温及以上温度区域面积不断增加。在早期阶段，极高温区域主要分布在城市内部，较高温区域和高温区域在城市外围零星分布，形成独立的孤岛。随着时间的推移，零星孤立的热点区域逐渐融合到城市区域，形成面积更大的城市热岛区域。

　　从数值统计特征看，整个研究区 1984 年、1992 年、2000 年、2007 年和 2014 年 NLST 的平均值分别为 0.51、0.55、0.63、0.62 以及 0.68。表 9-2 统计了研究区不同地表温度等级区域以及 UHIR 在各年份所占的面积比例。

表 9-2　不同地表温度等级和 UHIR 面积占比　　（单位：%）

年份	极低温	较低温	低温	中温	高温	较高温	极高温	UHIR
1984	6.11	9.77	45.89	22.96	10.01	3.17	2.09	15.27
1992	1.66	21.17	35.23	18.97	12.92	7.08	2.97	22.97

年份	极低温	较低温	低温	中温	高温	较高温	极高温	UHIR
2000	4.24	18.49	34.45	20.18	12.48	5.74	4.42	22.64
2007	7.72	25.22	29.71	13.82	11.85	6.46	5.22	23.53
2014	5.36	18.12	26.38	20.52	10.57	10.58	8.47	29.62

从表 9-2 可以看出，UHIR 在 2014 年的面积占比为 29.62%，而在 1984 年该值为 15.27%，表明研究区更多的区域受城市热岛效应的影响。较高温和极高温区域的面积占比一直呈现增加趋势，尤其在 2007 年以后，增长速率明显加快。低温区域面积占比从 1984 年的 45.89% 减少到 2014 年的 26.38%，表明大量的自然表面转变为不透水地表。

9.2.4 城市热岛强度变化特征

根据城市热岛效应的定义，在本节中地表城市热岛强度（surface urban heat island，SUHI）的计算公式如下：

$$SUHI = NLST_{urban} - NLST_{rural} \tag{9-2}$$

式中，SUHI 为地表城市热岛强度；$NLST_{urban}$ 为城市建成区内部的平均归一化地表温度；$NLST_{rural}$ 为建成区以外的平均归一化地表温度。此外，为了与传统地表城市热岛强度进行对比，本节定义了内部地表城市热岛强度（Inner SUHI，ISUHI），其计算公式如下：

$$ISUHI = NLST_{inner\_urban} - NLST_{rural} \tag{9-3}$$

式中，ISUHI 为内部地表城市热岛强度；$NLST_{inner\_urban}$ 为城市内部一环交通路线的平均归一化地表温度；$NLST_{rural}$ 为建成区以外范围平均归一化地表温度。与 $NLST_{urban}$ 相比，$NLST_{inner\_urban}$ 的空间范围在长春市 30 年的城市化进程中并没有发生变化。SUHI 与 ISUHI 的最大区别在于，前者利用整个建成区的温度表征城市热环境，而后者利用城市一环交通路线的地表温度表征城市热环境。

图 9-3 展示了两种不同城市热岛强度在此时间段内的变化情况。从图 9-3 中可以看到一个非常有意思的现象，SUHI 与 ISUHI 呈现出不同的变化趋势。1984 年、1992 年、2000 年、2007 年和 2014 年 ISUHI 的取值分别为 0.341、0.348、0.346、0.359 和 0.374，强度呈现出持续变大的趋势；相比之下，对应年份 SUHI 的取值分为 0.225、0.249、0.252、0.243 和 0.239，在 2000 年以前呈现出变强趋势，而在 2000～2014 年呈现出下降趋势。依据长春市国民经济和社会发展统计公报的统计信息，长春市建成区内部的绿化覆盖面积从 2000 年的 60.58 km^2（38.1%）增加到 2014 年的 182.44km^2（41.5%）（该统计公报中绿化覆盖面积与 3.1.2 章节中的绿地

面积统计方法和内容并不一致，因此数值有差别），面积扩大到原来的 3 倍，城市内部绿地覆盖面积的增加在某种程度上能够解释为什么 SUHI 的强度在 2000 年以后出现下降的趋势。然而如图 9-1 所示，长春建成区面积 1984 年以来经历了快速增长阶段，从 SUHI 强度变化趋势来看，较大的城市区域并不意味着城市热岛强度也在变大。

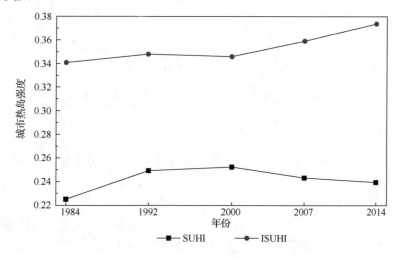

图 9-3 不同城市热岛强度的变化趋势

尽管城市热岛效应的定义是明确的，但是一个基本的问题是如何利用遥感数据来计算城市热岛效应的强度。本节定义了两种不同类型的热岛效应来定量研究其强度的变化情况，但是获得了不同的结果。很难度量哪种方法优于另外一种，同时也很难度量 1984～2014 年长春市城市热岛效应到底是一直增强还是先增强后减弱。然而，合理的城市热岛强度定义研究将帮助读者更好地理解城市热岛效应的特征和度量问题。

9.2.5 讨论

本小节利用热红外遥感数据反演地表温度表征长春市 1984～2014 年城市热环境的时空变化规律，结果表明长春城市热岛区域面积扩张明显，不同方法表征的地表城市热岛强度时间变化趋势有所差异，研究结果与其他城市的热岛效应变化相似。王宏博等（2015）利用 TM/EMT$^+$计算沈阳市 2001 年和 2010 年城市热岛强度变化情况，结果表明沈阳市城市热岛面积扩张明显，扩展方向为沈阳市西南和南部。但 2010 年平均地表热岛强度表现为下降趋势，可能与研究区的选择和热岛效应强度计算的方法有关。受限于气象站点数据的可获得性，本节仅使用了地表温度，然而王郁等（2006）利用 1993～2003 年北京地区气象台站 7 月、8 月的温度资料分析了北京夏季城市热岛效应的变化情况，结果表明北京夏季城市热岛的水平范围扩大到近郊区和远郊区，分布特征也由"单中心"转变为"多中心"。尽管研究区域、时间以及使用的温度数据有所差异，但可以得到相似的结论：在城市化进程下，受城市热岛效应影响的区域面积不断扩大，但热岛强度不一定呈现出持续增强的趋势。

9.3 城市热岛效应季节变化特征

9.3.1 基于地表温度的城市热岛效应季节变化研究

9.3.1.1 地表温度空间分布的季节性变化

城市热环境的时间变化特征是城市气候领域重要的研究主题之一，然而利用地表温度数据开展年内变化的研究相对较少（Shen et al.，2016；Quan et al.，2014）。考虑长春市实际的年内气候变化特征，冬季寒冷漫长，仅选取 12 月份的热红外遥感数据表征冬季热环境。考虑全年气候变化特征以及数据的可获取性，本节共选取了 4～10 月和 12 月共计 8 个月份，时间跨度三年的 Landsat TIR 影像作为主要数据源。在进行城市热环境年内变化研究时，由于年份跨度仅为三年，因此做出以下假设：①在研究时间范围内，不同年份的相同月份具有类似的气候特征；②不同月份的热环境特征差异明显。基于以上假设，利用地表温度绝对值表征的长春市城市热环境年内变化如图 9-4 所示。

从图 9-4 中可以看出，长春市不同月份之间的城市热环境具有明显的差异。从空间特征看，大部分月份（5～9 月、12 月）内建成区温度要明显高于周边区域，但也存在城乡热环境差异不大，甚至出现农村区域地表温度高于城区的现象（4 月和 10 月）。

仅从图 9-4 表征的热环境空间格局特征看，可将 7 月、8 月和 12 月划分为一类，该类特点是：建成区内部地表温度整体取值较高，城区内部低温分布较少，城乡差异非常明显，农村区域高温取值较少。依据气象站点资料，长春多年的 7 月和 8 月的月平均气温取值分别为 23.1℃和 21.7℃，是一年之中仅有的两个平均气温超过 20℃的月份。在炎热多雨的 7 月、8 月，城乡不同地物类型的热力学性质差异较大，因此城乡热环境差异明显。长春多年 12 月份的月平均气温值为-12.3℃，且降雪量大，农村地区常有积雪覆盖，城市内部由于人类社会活动的需要和影响，积雪会及时清理。人类活动导致的城乡地表覆盖类型差异可能是城乡热环境差异明显的重要原因之一。

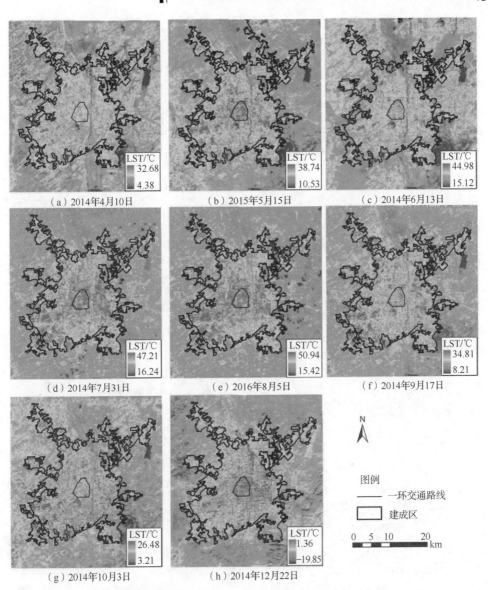

图 9-4　长春市城市热环境三年内变化图（见书后彩图）

可将 5 月、6 月和 9 月归为一类，该类的特点是：建成区内部地表温度相对较高，但是边缘地区出现成片的低温区域，农村地区出现成片分布的高值区域。可将 4 月和 10 月归为一类，该类特点是：城市建成区内部地表温度取值相对较低，零星出现小范围的温度热点区域，农村周边区域出现大片温度高值区域。

9.3.1.2 地表温度的年内变化统计特征

利用 ArcGIS 的统计分析功能，统计研究区、建成区以及一环道路内不同月份的地表温度平均值，如表 9-3 所示。

表 9-3　不同空间范围的地表温度统计平均值　　　　　（单位：℃）

空间范围	4 月	5 月	6 月	7 月	8 月	9 月	10 月	12 月
研究区	19.29	21.73	33.29	31.51	33.96	24.42	15.76	-15.56
农村区域	19.03	21.09	32.69	29.86	32.17	23.74	15.51	-15.89
建成区	19.98	23.56	34.54	36.25	38.87	26.39	16.39	-14.59
一环	20.02	25.76	37.23	38.98	41.81	27.07	16.47	-13.52

从表 9-3 中可以看出，研究区各月份的地表温度取值有较大差异，6~8 月的平均地表温度较高，均超过 30℃，明显高于其他月份；4 月、5 月、9 月以及 10 月的平均地表温度在 15~25℃；12 月份的平均地表温度最低，取值仅为-15.56℃。

依据 9.2.2 节中的温度归一化方法，本节使用地表温度的绝对值替代表 9-1 中的 NLST，利用相同的温度分类方法计算表得到长春市不同月份各温度等级区域的面积比例图，如图 9-5 所示。

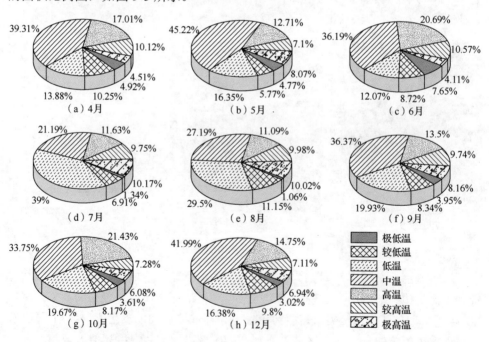

图 9-5　不同温度等级在各月份的面积占比

图 9-5 表明，从单一的不同温度等级的面积占比来看，极低温等级在 7 月和 8 月占比较低，分别为 1.34%和 1.06%，在其余月份占比都超过 3.0%；中温等级在 7 月、8 月之外的其他月份占比均超过 30%，是占比面积最大的温度等级，而在 7 月、8 月的占比分别为 21.19%和 27.19%；从极高温等级来看，只有 7 月、8 月的面积占比超过 10%，分别为 10.17%和 10.02%，其余月份占比都在 10%以下。

从不同温度等级组合来看，将较高温和极高温面积相加，称为强城市热岛区域（urban heat island strong area，UHISA），则 7 月、8 月的 UHISA 面积占比最大，分别为 19.92%和 20.00%，其余月份 UHISA 面积占比从大到小依次排序为：9 月（17.89%）> 5 月（15.12%）> 6 月（14.68%）> 4 月（14.63%）> 12 月（14.05%）> 10 月（13.36%）。将低温和中温等级面积相加称作温和等级，除去 6 月份面积为 48.26%外，其余月份的面积占比超过了 50%，表明温和等级区域在各个月份的面积占比都属于最大值。

如果将 4 月、5 月归为春季，6～8 月归为夏季，9 月、10 月归为秋季，12 月份表征冬季，则 UHISA 面积占比从大到小排序为：夏季（18.20%）>秋季（15.62%）>春季（14.91%）>冬季（14.05%）。

9.3.1.3 城市热岛效应强度季节变化特征

为了进一步清楚展示城市热岛强度数值的年内变化情况，利用 9.3.1 节的方法，计算得到不同定义下城市热岛强度的取值差异。除此之外，为了表征城市内部中心区域与建成区之间的热环境差异，本小节定义了建成区内部城市热岛强度，其公式如下：

$$USUHI = NLST_{inner\_urban} - NLST_{urban} \tag{9-4}$$

式中，USUHI 为建成区城市热岛强度；$NLST_{inner\_urban}$ 为一环交通路线内的平均地表温度；$NLST_{urban}$ 为建成区区域内的平均地表温度。计算结果如图 9-6 所示。

从传统定义的地表城市热岛强度（SUHI）来看，7 月和 8 月取值分别为 6.39℃和 6.70℃，强度较大；其他月份的 SUHI 都没有超过 3℃，其余月份 SUHI 从大到小的排序为 9 月（2.65℃）> 5 月（2.47℃）> 6 月（1.85℃）> 12 月（1.3℃）> 4 月（0.95℃）> 10 月（0.88℃）。

从内部地表城市热岛强度（ISUHI）来看，7 月和 8 月仍然具有最大值，分别为 9.12℃和 9.64℃，取值都高于 9℃；其他月份的 ISUHI 取值均小于 5℃，从大到小排序依次为：5 月（4.67℃）> 6 月（4.54℃）> 9 月（3.33℃）> 12 月（2.37℃）> 4 月（0.99℃）> 10 月（0.96℃）。

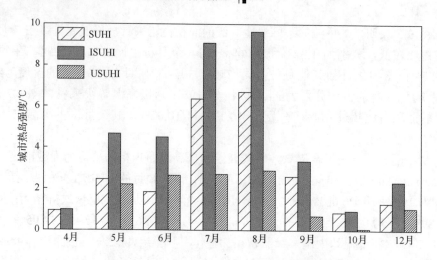

图 9-6 不同城市热岛效应强度的年内变化图

从建成区城市热岛强度（USUHI）来看，5～8 月取值范围在 2～4℃；其次为 9 月和 12 月，取值在 1.0℃左右；4 月和 10 月的取值接近 0℃，表明一环路线内与整个建成区内的热环境几乎没有数值上的差别。

从季节性变化规律来看，对于 SUHI，夏季（4.98℃）>秋季（1.76℃）>春季（1.71℃）>冬季（1.30℃）；对于 ISUHI，夏季（7.77℃）>春季（2.83℃）>冬季（2.37℃）>秋季（2.14℃）。

9.3.2 基于气象站点观测数据的冬夏对比研究

9.3.2.1 气象数据简介与计算公式

利用热红外遥感数据表征城市热环境仍存在一定的局限性，主要受影像时间分辨率的限制，因为地表温度仅仅能够反映某一天某一时刻的热环境特点，而高时间分辨率的气象站点数据则可以弥补该项不足（Xu et al.，2013；Dodson et al.，1997）。从长春市气象局获得的研究区范围内共 42 个气象站点 2016 年 8 月 1 日～31 日以及 2016 年 12 月 1 日～31 日全月逐小时的气温数据，空间分布如图 9-7 所示，其中建成区内共 24 个气象站点，建成区外 18 个气象站点。

利用气象站点逐小时气温数据表征城市热岛效应时，城市热岛强度具体的计算公式如下：

$$\mathrm{UHII} = T_{\mathrm{urban}} - T_{\mathrm{rural}} \qquad (9\text{-}5)$$

式中，UHII 为气象站点数据表征的城市热岛强度；T_{urban} 为建成区气温的平均值；T_{rural} 为建成区以外气温的平均值。T_{urban} 和 T_{rural} 的计算公式如下：

$$T_{\text{urban}} = \sum_{i=1}^{n} T_{\text{urban}(i)} / n \qquad (9\text{-}6)$$

$$T_{\text{rural}} = \sum_{j=1}^{m} T_{\text{rural}(j)} / m \qquad (9\text{-}7)$$

式中，$T_{\text{urban}(i)}$ 和 $T_{\text{rural}(j)}$ 分别为建成区第 i 个和农村区域第 j 个气象站点的温度值；n 和 m 分别为建成区和农村区域气象站点的总数，本小节中分别取值为 24 和 18。

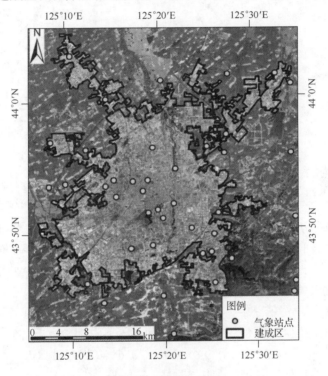

图 9-7 气象站点分布图

对于单个气象站点，每天的平均温度为当地时间 2 时、8 时、14 时和 20 时温度的平均值。每个小时的气温平均值的计算公式为

$$T_h = \sum_{d=1}^{x} T_{h(d)} / x \qquad (9\text{-}8)$$

式中，T_h 为 $h(0,1,2,\cdots,23)$ 整点时刻的小时平均温度值；$T_{h(d)}$ 为 d 日期 h 时刻的气温值；$d(1,2,3,\cdots,31)$ 为月份每天的日期值；x 为总日期数。

9.3.2.2 气温数据的冬夏对比

本小节中，以 8 月份数据表征夏季，以 12 月份数据表征冬季。利用上一小节中介绍的计算方法，得到研究区冬夏两季气温日内变化差异对比图，如图 9-8 所示。

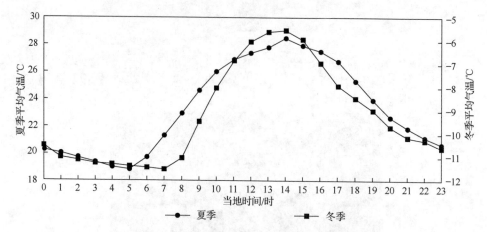

图 9-8　研究区冬夏两季平均气温逐小时变化图

从图 9-8 中可以看出，冬夏两季日内平均气温逐小时变化整体趋势相似，从 0 时开始算起，气温都呈现出"先下降、后上升、再下降"的变化趋势，且都在 14 时左右达到温度的最高值，夏冬的最高温度值分别为 28.47℃和-5.54℃。不同点在于，夏季最低气温出现在 5 时左右，温度为 18.89℃；而冬季最低气温出现在 7 时左右，温度为-11.5℃。夏季平均温度为 23.46℃，冬季为-9.34℃。此外，夏季温度变化的波峰要比冬季波峰宽一些。

通过查询气象资料获得，长春市 2016 年 8 月份平均日出时间早于 5 时，日落时间晚于 19 时，因此 8 月份的白昼时间为 5～19 时，共计 15 个小时，夜晚时间为 20 时～次日 4 时，共计 9 个小时。2016 年 12 月份日出时间为 7 时，日落时间为 16 时左右，因此冬季白昼时间为 7～16 时，共计 10 个小时，夜晚时间为 17 时～次日 6 时，共计 14 个小时。因此得出，冬夏两季的最低温度都出现在日出前后，白昼开始时气温迅速升高，到 14 时左右达到最高值，之后再次下降。

9.3.2.3　城市热岛强度冬夏对比

利用 9.3.1.3 节中介绍的方法计算得到长春市冬夏两季城市热岛强度的变化图，如图 9-9 所示。

对比图 9-9 和图 9-8 可以看出，城市热岛强度的变化趋势与气温的变化趋势有明显的不同。从时间变化趋势来看，冬夏两季城市热岛强度变化趋势基本一致，可分为"缓慢下降、快速下降、相对稳定、快速上升、缓慢上升"五个部分。夏季分别在 6 时和 18 时出现快速下降和快速上升变化状态；冬季则分别在 8 时和 16 时出现快速下降和快速上升状态。整体来看，无论夏季还是冬季，日出以后，城市热岛强度开始迅速下降，在 13 时左右达到最低值；日落以后，强度又开始迅速增强，在 20 时或 21 时达到最高值。需要指出的是，夏季 10~15 时的城市热岛强度非常低，甚至会出现城市平均温度低于周边温度的"逆城市热岛"现象，城市热岛强度呈现为负值。图 9-10 展示了不同时间内城市热岛强度的差异。

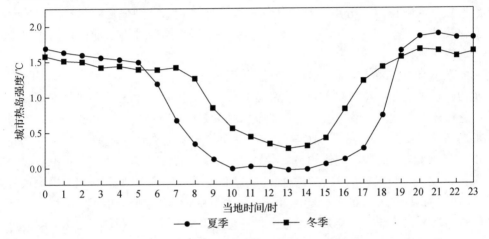

图 9-9 长春市冬夏两季城市热岛强度

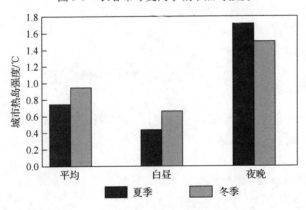

图 9-10 城市热岛强度对比图

从城市热岛强度数值特征看，夏季城市热岛的平均值为 0.75℃，白昼强度为 0.44℃，夜晚强度为 1.72℃；冬季城市热岛强度的平均值为 0.95℃，白昼强度为 0.66℃，夜晚为 1.50℃。从季节对比来看，整体而言，夏季城市热岛强度低于冬季；夏季夜晚强度高于冬季夜晚强度，但其白昼强度低于冬季白昼强度。从日夜对比来看，无论冬夏，夜晚城市热岛强度都要高于白昼。

9.3.3 讨论

本小节综合利用热红外遥感反演的地表温度和气象站点气温数据探究城市热环境年内变化规律。遥感数据空间覆盖率好，能够在像元尺度上同时表征整个研究区的热环境状况，但时间分辨率低，仅能表征某日某一时刻的状态；气象站点气温数据时间分辨率高，数据一致性好，能够精细地反映热环境的时间变化规律，但空间分辨率低。结合两种不同数据源能够较为全面地表征热环境年内变化规律。

本小节的研究结果与其他城市研究结果既有相同之处也有不同之处（张艳等，2012；李丽光等，2011）。李丽光等（2011）利用 1992~2008 年沈阳站和新城子站逐日 4 个时次的平均气温对沈阳的城市热岛效应进行研究，其结果表明冬季城市热岛强度要大于夏季。张艳等（2012）利用气象站点分析了上海市 1960~2006 年四季城郊温差的总体变化趋势，结果表明秋季热岛现象最为明显，夏季热岛效应相对较弱。与气象站点数据表征的热岛强度季节性变化规律不同，杨沈斌等（2010）利用 1988~2006 年 20 景 Landsat TM 和 ETM+数据分析了北京城市热岛的季节性变化特征，其结果表明最大热岛强度出现在夏季，春秋两季热岛强度最小，而冬季呈现为冷岛效应。以上结果表明：地表温度与气温表征的城市热岛效应强度的季节性变化规律有所不同，可能与所选的研究区、研究时间、不同土地类型的地表热力学性质等因素有关。

9.4 城市热岛效应日变化特征

基于热红外遥感数据开展的热环境研究很难对城市热岛效应进行精细时间尺度（逐天、逐小时）上的探索。此外，受气象数据的限制，寒冷地区区域尺度上热环境逐小时变化的研究相对较少（Debbage et al., 2015；Arnfield, 2003）。本小节利用获取的 2015 年 8 月长春市行政区范围内的 195 个气象站点逐小时气温数据（超 14 万条数据记录）为主要数据源，旨在探究区域尺度上气温表征的城市热岛效应在逐小时时间尺度上的变化规律，以及在逐小时分辨率时间尺度上绘制夏季热环境的时空格局，并利用剖面线方法研究城乡热环境差异。本小节研究所用气象站点、样点、剖面线以及土地利用空间分布如图 9-11 所示，其中建成区气象站点数量为 24，农村区域气象站点数量为 171。

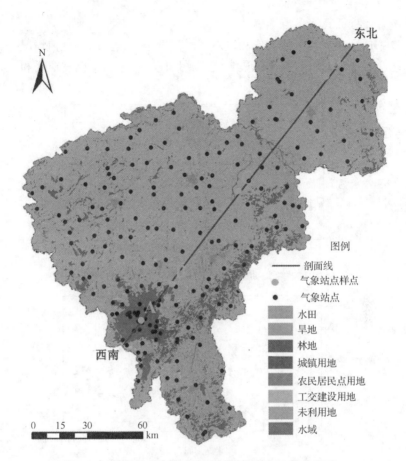

图 9-11 气象站点空间分布及剖面线图（见书后彩图）

9.4.1 气温与城市热岛强度的逐小时变化特征

图 9-12 展示了长春市行政区、农村区域、建成区域逐小时的气温最高值、平均值以及最低值的变化情况，同时展示了 4 个样点气温平均值的小时变化趋势。

从整体变化趋势来看，不同区域以及不同气象站点有着相似的变化特征，与图 9-8 中呈现的趋势一致，都呈现出"先下降、后上升、再下降"的趋势。图 9-12（d）中，A 站点位于建成区内，在 19～8 时范围内，其温度高于其余三个农村站点；但是在 9～18 时，A 站点与其余三个站点的温度差异并不明显。通过对比图 9-12（b）和图 9-12（c）可以发现，相比于城市区域，农村区域温度取值范围较大，随着平均温度的升高，城市区域平均温度的标准差有变小的趋势，而农村区域并没有此特征。

表 9-4 展示了城市区域和农村区域小时尺度平均气温的特征值情况。与农村区域相比，城市区域有着更高的最大值、平均值、最小值，以及白昼和夜晚的平均值。

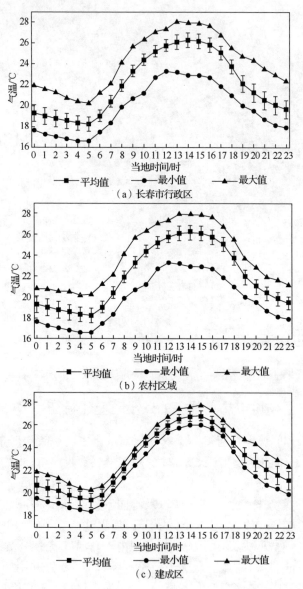

（a）长春市行政区

（b）农村区域

（c）建成区

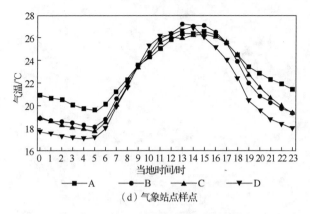

(d) 气象站点样点

图 9-12　不同区域气温逐小时变化特征

表 9-4　城乡小时尺度气温特征值

	最大值		最小值		白昼		夜晚		平均值	
	城市	农村	城市	农村	城市	农村	城市	农村	城市	农村
气温/℃	26.81	26.18	19.27	18.08	24.03	23.49	21.09	19.58	22.85	21.93
标准差/℃	3.89	3.83	2.48	2.14	3.21	3.03	2.68	2.25	2.94	2.65
时间	15:00	14:00	05:00	05:00	05:00~19:00		20:00~04:00		00:00~23:00	

　　城市热岛强度（urban heat island，UHI）的小时变化特征以及不同城市热岛强度在各小时出现的频率如图 9-13 所示。其中热岛强度的变化与之前大多数研究相似，类似一个压扁的"V"形（Doick et al.，2014；Camilloni et al.，2012），但与南半球巴西某东北部城市在雨季呈现的趋势有所不同（da Silva et al.，2010）。

　　从城市热岛效应多日的小时平均值变化情况看，其取值范围为 0.03（10 时）~1.64℃（22 时）。对比图 9-12 和图 9-13 可以看出，城市热岛强度最大值与最小值出现的时间和气温最高值与最低值出现的时间有明显的不同，说明气温高的时候，城市与农村区域温度取值都相对较高，城市热岛效应反而不明显。

　　从每天各个小时城市热岛效应的所有取值来看，其强度范围在-2.97~5.22℃。夜晚出现高强度热岛效应的概率较大。在整个 8 月份共 31 天的时间里，从夜晚城市热岛效应强度看，超过 20%的天数强度高于 2℃，如果将时间缩小到 20~22 时，概率将超过 40%。白昼期间，城市热岛强度绝对值大于 2℃的概率非常小，该结果与 Yow 等（2006）的研究结果类似。平均来说，城市热岛效应强度在 0~2℃出现的概率最大。图 9-13 展现的另一个有意思的现象为极端城市热岛效应（强度大于 4℃），它往往出现在 12~14 时，尽管该时间段内的热岛强度平均值较小。城市热岛效应特征值统计特征如表 9-5 所示。

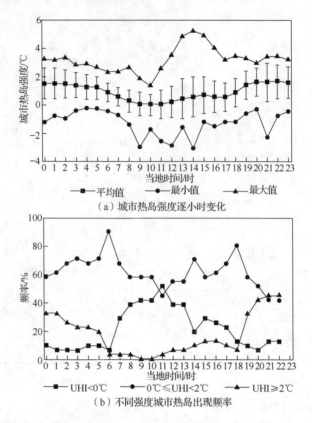

（a）城市热岛强度逐小时变化

（b）不同强度城市热岛出现频率

图 9-13 城市热岛强度逐小时变化图以及不同强度城市热岛出现频率

表 9-5 城市热岛效应强度统计特征值

	最大值	最小值	白昼	夜晚	平均值
城市热岛强度/℃	1.64	0.03	0.49	1.51	0.92
标准差/℃	1.01	0.75	0.65	0.82	0.62
时间	20:00	10:00	5:00～19:00	20:00～4:00	00:00～23:00

9.4.2 热环境逐小时空间格局特征

清晰明了的热环境空间分布专题图对于进一步认识城市热岛效应、制定缓解负面影响的策略等有着重大意义，而空间化制图是实现该目标的有效途径。在拥有足够数量的气象站点基础上，GIS 空间插值技术可以将离散的"点"信息变为"面"信息。本小节中，利用 ArcGIS 的反距离权重（inverse distance weighted，IDW）插值方法将气象站点数据插值成分辨率为 30m 的空间网格数据，与区域土地利用数据分辨率一致。插值完成后，参照表 9-1 的分类方法，用气温数值代替表中的

NLST，温度等级分类方法不变。为了与地表温度表征的城市热岛效应进行区分，将高温、较高温和极高温区域定义为 HTR；低温、较低温和极低温定义为 LTR。分类设色后的气温空间分布图（图 9-14）容易分辨出热点和冷点区域。

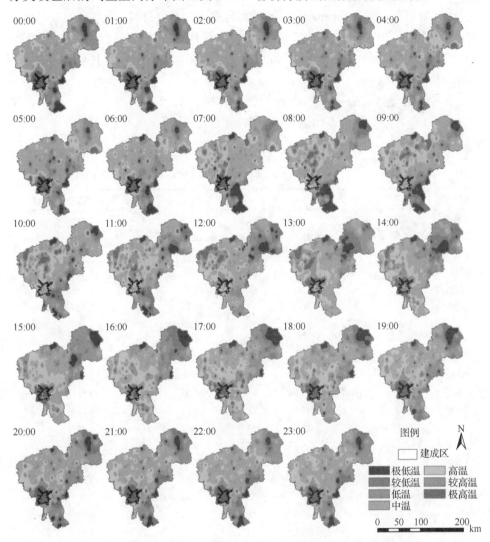

图 9-14　长春市 2015 年 8 月热环境逐小时空间分布图（见书后彩图）

图 9-14 表明长春市热环境呈现出明显的小时变化差异。00:00～06:00，城市区域有着最高的温度，在此时间段内，农村地区有少量的 HTR 分布。在 07:00 出现一个转折点，尽管城市区域仍然属于 HTR 分类，农村区域的西北方向出现了大片的 HTR 温度分类空间。随着时间的继续推移，在 09:00～12:00 出现了有意思的

现象，与农村区域相比，城市不再是温度最高的区域，甚至不再属于 HTR 分类。此时，最高的温度出现在长春市西北区域，该区域中旱地和未利用地是主要的土地利用类型，几乎没有水田、森林等具备降温功能的类型分布，因此，城市热岛效应在该阶段并不明显。13:00 以后，城市再次成为温度最高的区域，但农村地区仍然存在 HTR。15:00～19:00，研究区中部区域开始出现 HTR 分布。在 20:00～23:00，城市是温度最高的区域。研究区东北部和东南部在整个研究时间范围内一直是温度较低的区域。

不同温度等级在各小时内所占的面积比例如表 9-6 所示。对于 HTR，在 20:00～07:00 时，面积所占比例小于 30%，但极高温等级区域占比超过 5.5%，高于其他时间的面积占比。

表 9-6　不同温度等级的面积占比　　　　　　（单位：%）

时间	极低温	较低温	低温	中温	高温	较高温	极高温	HTR
00:00	5.42	7.77	18.47	44.26	13.82	4.54	5.73	24.09
01:00	5.24	6.49	18.34	47.89	11.75	4.12	6.17	22.04
02:00	4.08	7.48	15.31	51.24	11.09	4.20	6.60	21.89
03:00	3.74	7.54	16.19	50.10	11.69	4.33	6.42	22.44
04:00	3.73	8.30	15.42	47.56	14.05	4.19	6.76*	25.00
05:00	3.72**	7.48	16.27	51.85	10.38**	3.95	6.35	20.68
06:00	5.59	6.29	15.14	52.50*	10.85	3.55**	6.08	20.48**
07:00	7.63	5.69**	10.52	46.51	15.21	8.84	5.60	29.65
08:00	9.27*	8.26	8.45**	42.25	16.59	10.80	4.36	31.75
09:00	8.86	8.95	10.48	39.53	19.58	8.68	3.92**	32.18
10:00	4.74	10.30	13.64	40.64	17.06	8.80	4.82	30.68
11:00	5.52	11.71	13.72	31.22	21.84	11.84	4.13	37.81
12:00	5.51	11.65	15.12	35.46	14.52	11.90	5.83	32.25
13:00	4.78	11.86	16.75	32.13	14.57	13.46*	6.44	34.47
14:00	5.16	13.90*	16.47	28.44	17.61	12.05	6.36	36.02
15:00	6.53	5.92	22.78*	28.38**	22.60	8.90	4.89	36.39
16:00	6.10	11.30	16.78	25.28	25.51*	11.33	3.70	40.54*
17:00	6.97	7.90	17.01	31.74	20.94	11.05	4.39	36.38
18:00	6.16	8.56	15.89	37.35	17.61	8.42	6.01	32.04
19:00	4.88	10.43	16.80	37.31	17.82	6.75	6.01	30.58
20:00	4.52	12.07	17.68	40.35	13.90	5.46	6.02	25.38
21:00	4.74	12.09	16.04	39.39	16.70	5.51	5.53	27.74
22:00	4.10	10.75	18.23	43.19	13.18	4.64	5.91	23.73
23:00	4.35	10.42	17.76	40.91	15.95	4.92	5.69	26.56

*表示最高比例；**表示最低比例

　　基于逐小时的气温插值数据，图 9-15 展示了长春白昼与夜晚热环境的差异，其中最大的差异为白昼 HTR 面积的比例要明显大于夜晚。与夜晚相比，白昼建成区南部并不属于极高温区域。LTR 的白昼与夜晚空间分布差异不大，相比来说可能对温度变化影响的敏感性较小。

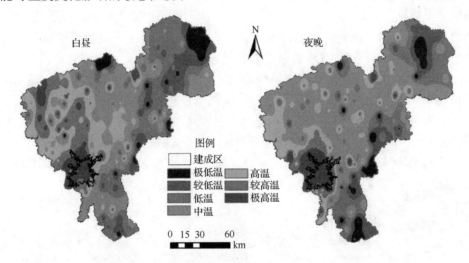

图 9-15　热环境昼夜分布差异图（见书后彩图）

9.4.3　剖面线分析城乡差异

　　在城市热环境研究中，剖面线的方法被广泛用于表征不同空间上的温度差异（Estoque et al.，2017）。横跨城市和农村区域的温度剖面线常常包含较大的波动，拥有多个波谷、波峰等特点。剖面线的波动能够很好地反映农村-城市-农村梯度上的热环境差异。

　　本小节基于逐小时的温度插值图选取了西南—东北走向的温度剖面线（图 9-16），在单张专题图中能够同时展现 24 条剖面线，表征 24 小时的变化情况。同时在最靠近剖面线的距离上选择了 4 个典型气象站点，A 位于城市中心区域；B 位于城乡结合区域；C 位于旱地；D 虽然位于旱地，但周围被水田包围，如之前图 9-11 所示。

　　图 9-16 展示了温度剖面线的变化情况。可以清楚看到在西南—东北走向上存在着明显的城市热岛现象，即城市区域的温度要明显高于农村地区。B 和 C 之间，旱地是占绝对优势的土地利用类型，因此该空间范围的平均温度可以看成旱地的平均气温。C 和 D 之间分布着旱地、面积相对较大的农村居民点以及水田等多种土地利用类型。尽管整体来看，在城乡梯度上呈现出温度逐渐下降的趋势，然而

一些小团簇体现的温度变化特征仍然需要进一步探究，其中 Q1～Q5 是五个特征明显的团簇聚集区域。在 Q1 中，城市内部的温度变化没有一般规律可循，剖面线呈现波浪特征，温度高值与低值交替出现，与基于常识的城市热岛效应认识有所不同。在 Q2 中，城市中心的气温要明显高于城市周边及农村区域温度，是传统意义上的城市热岛现象的体现。在 Q3 中，刚好有气象站点位于农村居民点内，当 B 和 C 之间的旱地温度低于 23℃时，Q3 呈现波峰状态分布；而当 B 和 C 之间的旱地温度高于 23℃时，Q3 内呈现波谷状态分布。Q4 属于水田土地利用类型，其呈现出的波谷波峰分布状态刚好与 Q3 的情况相反，原因可能是农村居民点和水田在不同温度下体现出的热环境特性相反。Q5 位于小块的旱地内，但是周围被大面积的水田所包围，所以其剖面线特征受旱地和水田的综合影响，但更接近于 Q4 水田的变化特征。仅从该图体现的变化特征来看，23℃似乎是一个温度阈值，不同土地利用类型呈现出的热环境特征在 23℃上下有着明显的差异。

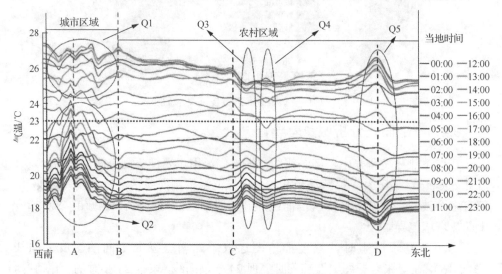

图 9-16 长春市西南—东北方向逐小时的气温剖面线（见书后彩图）

9.4.4 讨论

城市热岛效应的时间变化规律是城市热岛研究的重要主题之一，然而在逐小时变化等精细时间尺度上的研究仍然不够深入。更好地理解城市热岛效应日内变化规律对于研究热疾病发病时间、居民室外活动时间选择等都有积极的促进作用。

本节表明气温的日内变化规律与城市热岛效应的变化规律有明显不同，高气温并不意味着城市热岛效应增强。本节得到的夜晚城市热岛强度大于白天强度的结果与其他城市研究相似（张艳等，2012；李丽光等，2011）。城市热岛强度用城市与农村区域的温度差值进行表征，其日内变化规律受众多因素影响，其中不同时间获得的太阳辐射和不同土地利用类型的升温及降温速率差异是较为重要的因素（Santamouris，2014；Yow et al.，2006）。

9.5 城市热岛效应三维特性表征

本小节采用室外垂直梯度多点观测进行三维温度场模拟。尽管现在出现不少数值三维模拟模型，但是模拟的高度都在千米以上，对近地面百米以内的城市覆盖层和城市边界层下部的研究少之又少，而恰恰数百米高度范围内城市空间结构对城市气候的影响程度是最大的。

9.5.1 城市不同高度温差

在自然环境中，温度随高度的变化大约为海拔每升高 100m，气温降低约 0.61℃。城市环境复杂，下垫面类型多为人造表面，近地面气温受下垫面类型影响，温度相比自然环境要高一些。

对观测的垂直温度数据进行整理，剔除异常值后进行处理和分析。依据采样点获取的不同高度的温度采样值，在 Excel 中计算多个采样点不同高度温度差值和降温速率，结果如表 9-7 所示。从表 9-7 中可以看出，城市范围内，1.5m 与 100m 高度的温度差值可以达到 1.82℃，与自然环境相比有明显差距。从降温速率来看，随着温度的升高，降温速率有所下降，最快的降温速率在 1.5～10m，达到 0.038℃/m，最慢的降温速率出现在 75～100m，仅为 0.013℃/m。从高度超过 30m 开始，降温速率出现一个陡减的转折点，但在 30～100m，降温速率变化相对较小，平均取值为 0.014℃/m，可能与长春市绝大多数的建筑物高度小于 30m 有关，在高于 30m 的空间范围内，温度降低的速率受建筑以及人类活动的影响较小。

表 9-7 城市不同高度差的温差和降温速率表

高度差/m	温差/℃	降温速率/（℃/m）
1.5～10	0.32	0.038
10～20	0.27	0.027
20～30	0.24	0.024
30～50	0.32	0.016
50～75	0.34	0.014

续表

高度差/m	温差/℃	降温速率/（℃/m）
75～100	0.33	0.013
1.5～100	1.82	0.018

假定地面 1.5m 高度的平均气温为 2.00℃，依据表 9-7 统计得到的平均降温速率，得到长春市垂直方向不同高度的平均气温变化图（图 9-17）。

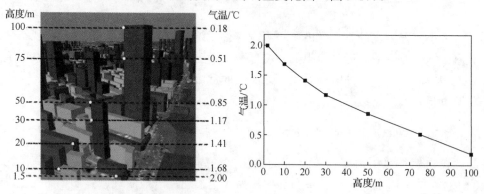

图 9-17　垂直方向不同高度的温度变化示意图

9.5.2　城市不同高度热环境空间格局

由于不同样点的温度采样时间不同，无法直接用绝对测量值进行对比分析。因此本小节利用不同高度温度的差值（相对值）进行空间化处理，探究在同一高度水平面的前提下，温度减小值的空间格局特征。

利用 ArcGIS 里的克里格插值方法得到长春市建成区在 1.5～10m、1.5～20m、1.5～30m、1.5～50m、1.5～75m 和 1.5～100m 高度温度插值的空间分布格局图，如图 9-18 所示。

从空间分布情况来看，城市西部温度减小值在各个高度层面都要大于其他区域，可能与城市西部建筑物分布相对稀疏有关；城市中心区域的温差在不同高度都取值较小，可能因为城市内部建筑物密集且高度相对较高，高建筑释放的热量减缓了温度垂直降低的速率。

从不同高度的温差来看，当高度小于 30m 时，温差的空间分布差异较为明显，可能因为研究区大多数建筑物在此高度范围内，受到树木、楼间风、建筑储存的热量等因素影响，温度变化情况复杂。随着高度的增加，由于长春市高层建筑数量相对较少，且分布稀疏，大气状况变得相对单一，受建筑和人类活动的影响的程度变小，温差剧烈程度有所减弱，温差空间分布趋于均衡。

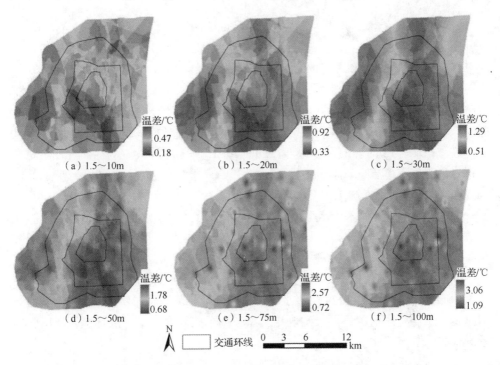

图 9-18　不同高度温差空间分布图（见书后彩图）

9.6　本 章 小 结

本章的主要内容是探究长春市热环境的时空变化规律，主要从水平热环境和垂直高度热环境进行研究。其中在水平方向热环境的研究中，综合利用热红外遥感、气象站点等数据开展了年代变化、年内变化和小时变化特征分析；在垂直方向热环境的研究中，主要利用无人机悬挂温度传感器获得的温度采样值进行特征分析。具体结论如下。

（1）从年代变化看，本章建立了长春市 1984 年、1992 年、2000 年、2007 年和 2014 年五期地表温度数据集，分析表明长春市热环境在 1984～2014 年发生了巨大的变化，最明显的特征为城市热岛效应所占面积比例从 1984 年的 15.27%增大到 2014 年的 29.62%，且各个年份建成区温度都要明显高于周边农村区域。从城市热岛强度看，SUHI 呈现出先增强后减弱的趋势，而 ISHUI 则表现出一直增长的趋势。

（2）从年内变化看，本章构建了长春 4～10 月和 12 月的地表温度数据集用于表征城市热环境年内时空变化规律。从空间分布特征看，除去 4 月和 10 月，其余时间城市地表温度都要明显高于周边农村区域。从地表温度统计特征值看，6～8月研究区平均温度超过30℃，其余月份在15～25℃，12月份取值为-15.56℃。从城市热岛强度看，7月和8月的 SHUI 强度最强，分别为6.39℃和6.70℃，季节变化规律为夏季（4.98℃）>秋季（1.76℃）>春季（1.71℃）>冬季（1.30℃）。从气象站点数据分析来看，冬夏两季气温日内变化趋势大体一致，最低温出现在日出前后，最高温出现在14时左右。从冬夏两季城市热岛效应变化特征看，两者日内变化趋势相似，13时左右强度最低，20时或21时强度最大。从特征值看，夏季城市热岛强度（0.75℃）小于冬季（0.95℃），夏季白昼强度（0.44℃）小于冬季（0.66℃），但夜晚强度（1.72℃）大于冬季（1.50℃）。

（3）从日内逐小时变化情况看，在区域尺度上利用195个气象站逐小时的气温数据表明，城市与农村温度逐小时的变化趋势上类似，呈现"先下降、后上升、再下降的趋势"，而城市热岛强度的变化趋势则完全不同，表明高气温并不意味着高强度的城市热岛效应。从强度特征值来看，0～2℃的城市热岛效应出现的概率最大，强度极大值可达5.22℃，极小值可达-2.97℃。从逐小时温度剖面线看，23℃似乎是一个温度阈值，不同土地利用类型在高于此温度数值时热环境表现出明显差异。

（4）从热环境三维特性看，城市垂直方向1.5～100m的温差可达1.82℃，在低于30m时温度降低速率较快，且不同高度温差空间格局差异明显，可能与城市建筑物的密集分布有关；高于30m时，温度降低速率减缓，温差空间格局分布趋于均衡。

参 考 文 献

韩丽娟, 王鹏新, 王锦地, 等, 2005. 植被指数-地表温度构成的特征空间研究. 中国科学: D 辑, 35(4): 371-377.

胡华浪, 陈云浩, 宫阿都, 2005. 城市热岛的遥感研究进展. 国土资源遥感, 17(3): 5-9.

季崇萍, 刘伟东, 轩春怡, 2006. 北京城市化进程对城市热岛的影响研究. 地球物理学报, 49(1): 69-77.

李俊祥, 宋永昌, 傅徽楠, 2003. 上海市中心城区地表温度与绿地覆盖率相关性研究. 上海环境科学, 22(9): 599-601.

李丽光, 梁志兵, 王宏博, 等, 2011. 不同天气条件下沈阳城市热岛特征. 大气科学学报, 34(1): 66-73.

李延明, 郭佳, 冯久莹, 2004. 城市绿色空间及对城市热岛效应的影响. 城市环境与城市生态, 17(1): 1-4.

林云杉, 徐涵秋, 周榕, 2007. 城市不透水面及其与城市热岛的关系研究——以泉州市区为例. 遥感技术与应用, 22(1): 14-19.

刘凤凤, 闫伟姣, 孔繁花, 等, 2017. 基于气温实地调查的城市绿地降温效应研究现状与未来展望. 应用生态学报, 28(4): 1387-1396.

刘纪远, 邵全琴, 延晓冬, 等, 2011. 土地利用变化对全球气候影响的研究进展与方法初探. 地球科学进展, 26(10): 1015-1022.

刘耀彬, 李仁东, 宋学锋, 2005. 中国区域城市化与生态环境耦合的关联分析. 地理学报, 60(2): 237-247.

刘宇, 匡耀求, 吴志峰, 等, 2006. 不同土地利用类型对城市地表温度的影响——以广东东莞为例. 地理科学, 26(5):

597-602.

盛来运, 2011. 中国统计年鉴. 北京: 中国统计出版社.

寿亦萱, 张大林, 2012. 城市热岛效应的研究进展与展望. 气象学报, 70(3): 338-353.

王宏博, 李丽光, 赵梓淇, 等, 2015. 基于 TM/ETM+数据的沈阳市各区城市热岛特征. 生态学杂志, 34(1): 219-226.

王蕾, 张树文, 姚允龙, 2014. 绿地景观对城市热环境的影响——以长春市建成区为例. 地理研究, 33(11): 2095-2104.

王鹏新, 龚健雅, 李小文, 等, 2003. 基于植被指数和土地表面温度的干旱监测模型. 地球科学进展, 18(4): 527-533.

王郁, 胡非, 2006. 近 10 年来北京夏季城市热岛的变化及环境效应的分析研究. 地球物理学报, 49(1): 61-68.

徐涵秋, 2009. 城市不透水面与相关城市生态要素关系的定量分析. 生态学报, 29(5): 2456-2462.

徐永明, 刘勇洪, 2013. 基于 TM 影像的北京市热环境及其与不透水面的关系研究. 生态环境学报, 22(4): 639-643.

杨沈斌, 赵小艳, 申双, 等, 2010. 基于 Landsat TM/ETM+数据的北京城市热岛季节特征研究. 大气科学学报, 33(4): 427-435.

张新乐, 张树文, 李颖, 等, 2008. 城市热环境与土地利用类型格局的相关性分析——以长春市为例. 资源科学, 30(10): 1564-1570.

张艳, 鲍文杰, 余琦, 等, 2012. 超大城市热岛效应的季节变化特征及其年际差异. 地球物理学报, 55(4): 1121-1128.

周红妹, 丁金才, 徐一鸣, 等, 2002. 城市热岛效应与绿地分布的关系监测和评估. 上海农业学报, 18(2): 83-88.

Arnfield A J, 2003. Two decades of urban climate research: a review of turbulence, exchanges of energy and water, and the urban heat island. International journal of climatology, 23(1): 1-26.

Bonacquisti V, Casale G, Palmieri S, et al., 2006. A canopy layer model and its application to Rome. Science of the Total Environment, 364(1): 1-13.

Camilloni I, Barrucand M, 2012. Temporal variability of the Buenos Aires, Argentina, urban heat island. Theoretical and Applied Climatology, 107(1/2): 47-58.

Cao X, Onishi A, Chen J, et al., 2010. Quantifying the cool island intensity of urban parks using ASTER and IKONOS data. Landscape and Urban Planning, 96(4): 224-231.

Carlson T N, Dodd J K, Benjamin S G, et al., 1981. Satellite estimation of the surface energy balance, moisture availability and thermal inertia. Journal of Applied Meteorology, 20(1): 67-87.

Chang C R, Li M H, 2014. Effects of urban parks on the local urban thermal environment. Urban Forestry & Urban Greening, 13(4): 672-681.

Cohen B, 2006. Urbanization in developing countries: current trends, future projections, and key challenges for sustainability. Technology in society, 28(1): 63-80.

Coseo P, Larsen L, 2014. How factors of land use/land cover, building configuration, and adjacent heat sources and sinks explain urban heat islands in Chicago. Landscape and Urban Planning, 125(6): 117-129.

Cui Y, Xu X, Dong J, et al., 2016. Influence of urbanization factors on surface urban heat island intensity: a comparison of countries at different developmental phases. Sustainability, 8(8): 706-718.

Da Silva V D P R, de Azevedo P V, Brito R S, et al., 2010. Evaluating the urban climate of a typically tropical city of Northeastern Brazil. Environmental Monitoring and Assessment, 161(1/2/3/4): 45-59.

Debbage N, Shepherd J M, 2015. The urban heat island effect and city contiguity. Computers, Environment and Urban Systems, 54(1): 181-194.

Dodson R, Marks D, 1997. Daily air temperature interpolated at high spatial resolution over a large mountainous region. Climate Research, 8(1): 1-20.

Doick K J, Peace A, Hutchings T R, 2014. The role of one large greenspace in mitigating London's nocturnal urban heat island. Science of the Total Environment, 493(1): 662-671.

Estoque R C, Murayama Y, Myint S W, 2017. Effects of landscape composition and pattern on land surface temperature: an urban heat island study in the megacities of Southeast Asia. Science of the Total Environment, 577(1): 349-359.

Feng H, Zhao X, Chen F, et al., 2014. Using land use change trajectories to quantify the effects of urbanization on urban heat island. Advances in Space Research, 53(3): 463-473.

Gallo K, McNab A, Karl T, et al., 1993. The use of a vegetation index for assessment of the urban heat island effect. Remote Sensing, 14(11): 2223-2230.

Goward S N, 1981. Thermal behavior of urban landscapes and the urban heat island. Physical Geography, 2(1): 19-33.

Goward S N, Xue Y, Czajkowski K P, 2002. Evaluating land surface moisture conditions from the remotely sensed temperature/vegetation index measurements: an exploration with the simplified simple biosphere model. Remote Sensing of Environment, 79(2): 225-242.

Gustafson E J, 1998. Quantifying landscape spatial pattern: what is the state of the art?. Ecosystems, 1(2): 143-156.

Hamada S, Ohta T, 2010. Seasonal variations in the cooling effect of urban green areas on surrounding urban areas. Urban Forestry & Urban Greening, 9(1): 15-24.

Howard L, 1818. The Climate of London, Deduced From Meteorological Observations, Made at Different Places in the Neighbourhood of the Metropolis. London: W. Phillips Geogre Yard.

Jenerette G D, Potere D, 2010. Global analysis and simulation of land-use change associated with urbanization. Landscape ecology, 25(5): 657-670.

Kalnay E, Cai M, 2003. Impact of urbanization and land-use change on climate. Nature, 423(6939): 528-531.

Li J, Song C, Cao L, et al., 2011. Impacts of landscape structure on surface urban heat islands: a case study of Shanghai, China. Remote Sensing of Environment, 115(12): 3249-3263.

Li Y Y, Zhang H, Kainz W, 2012. Monitoring patterns of urban heat islands of the fast-growing Shanghai metropolis, China: using time-series of Landsat TM/ETM+ data. International Journal of Applied Earth Observation and Geoinformation, 19(10): 127-138.

Li W, Saphores J D M, Gillespie T W, 2015. A comparison of the economic benefits of urban green spaces estimated with NDVI and with high-resolution land cover data. Landscape and Urban Planning, 133(1): 105-117.

Liu L, Zhang Y, 2011. Urban heat island analysis using the Landsat TM data and ASTER data: a case study in Hong Kong. Remote Sensing, 3(7): 1535-1552.

Lu D, Weng Q, 2006. Spectral mixture analysis of ASTER images for examining the relationship between urban thermal features and biophysical descriptors in Indianapolis, Indiana, USA. Remote Sensing of Environment, 104(2): 157-167.

Madlener R, Sunak Y, 2011. Impacts of urbanization on urban structures and energy demand: what can we learn for urban energy planning and urbanization management? Sustainable Cities and Society, 1(1): 45-53.

Maimaitiyiming M, Ghulam A, Tiyip T, et al., 2014. Effects of green space spatial pattern on land surface temperature: implications for sustainable urban planning and climate change adaptation. ISPRS Journal of Photogrammetry and Remote Sensing, 89(3): 59-66.

Mallick J, Rahman A, Singh C K, 2013. Modeling urban heat islands in heterogeneous land surface and its correlation with impervious surface area by using night-time ASTER satellite data in highly urbanizing city, Delhi-India. Advances in Space Research, 52(4): 639-655.

Manley G, 1958. On the frequency of snowfall in metropolitan England. Quarterly Journal of the Royal Meteorological Society, 84(359): 70-72.

McGarigal K, Cushman S A, Neel M C, et al., 2002. FRAGSTATS: spatial pattern analysis program for categorical maps. Computer software program produced by the authors at the University of Massachusetts, Amherst.

McGarigal K, Marks B J, 1995. Spatial pattern analysis program for quantifying landscape structure. Gen. Tech. Rep. PNW-GTR-351. US Department of Agriculture, Forest Service, Pacific Northwest Research Station.

Owen T, Carlson T, Gillies R, 1998. An assessment of satellite remotely-sensed land cover parameters in quantitatively describing the climatic effect of urbanization. International journal of remote sensing, 19(9): 1663-1681.

Qin Z H, Karnieli A, Berliner P, 2001. A mono-window algorithm for retrieving land surface temperature from Landsat

TM data and its application to the Israel-Egypt border region. International Journal of Remote Sensing, 22(18): 3719-3746.

Quan J, Chen Y, Zhan W, et al., 2014. Multi-temporal trajectory of the urban heat island centroid in Beijing, China based on a Gaussian volume model. Remote Sensing of Environment, 149(7): 33-46.

Rizwan A M, Dennis L Y, Chunho L, 2008. A review on the generation, determination and mitigation of urban heat island. Journal of Environmental Sciences, 20(1): 120-128.

Santamouris M, 2001. The role of green spaces//Energy and Climate in the Urban Built Environment. London: Routledge: 145-159.

Santamouris M, 2014. On the energy impact of urban heat island and global warming on buildings. Energy and Buildings, 82(1): 100-113.

Seto K C, Shepherd J M, 2009. Global urban land-use trends and climate impacts. Current Opinion in Environmental Sustainability, 1(1): 89-95.

Shen H, Huang L, Zhang L, et al., 2016. Long-term and fine-scale satellite monitoring of the urban heat island effect by the fusion of multi-temporal and multi-sensor remote sensed data: a 26-year case study of the city of Wuhan in China. Remote Sensing of Environment, 172(1): 109-125.

Song J, Du S, Feng X, et al., 2014. The relationships between landscape compositions and land surface temperature: quantifying their resolution sensitivity with spatial regression models. Landscape and Urban Planning, 123(1): 145-157.

Un D, 2015. World Urbanization Prospects: The 2014 Revision. New York: United Nations Department of Economics and Social Affairs, Population Division.

Voogt J A, Oke T R, 2003. Thermal remote sensing of urban climates. Remote Sensing of Environment, 86(3): 370-384.

Weng Q, Lu D, Schubring J, 2004. Estimation of land surface temperature–vegetation abundance relationship for urban heat island studies. Remote Sensing of Environment, 89(4): 467-483.

Weng Q, Lu D, 2008. A sub-pixel analysis of urbanization effect on land surface temperature and its interplay with impervious surface and vegetation coverage in Indianapolis, United States. International Journal of Applied Earth Observation and Geoinformation, 10(1): 68-83.

Wu H, Ye L P, Shi W-Z, et al., 2014. Assessing the effects of land use spatial structure on urban heat islands using HJ-1B remote sensing imagery in Wuhan, China. International Journal of Applied Earth Observation and Geoinformation, 32(1): 67-78.

Xu W, Li Q, Wang X L, et al., 2013. Homogenization of Chinese daily surface air temperatures and analysis of trends in the extreme temperature indices. Journal of Geophysical Research: Atmospheres, 118(17): 9708-9720.

Yow D M, Carbone G J, 2006. The urban heat island and local temperature variations in Orlando, Florida. Southeastern Geographer, 46(2): 297-321.

Yuan F, Bauer M E, 2007. Comparison of impervious surface area and normalized difference vegetation index as indicators of surface urban heat island effects in Landsat imagery. Remote Sensing of Environment, 106(3): 375-386.

Zhang B, Gao J X, Yang Y, 2014. The cooling effect of urban green spaces as a contribution to energy-saving and emission-reduction: a case study in Beijing, China. Building and Environment, 76(76): 37-43.

Zhang C, Tian H, Chen G, et al., 2012. Impacts of urbanization on carbon balance in terrestrial ecosystems of the Southern United States. Environmental Pollution, 164(1): 89-101.

Zheng B, Myint S W, Fan C, 2014. Spatial configuration of anthropogenic land cover impacts on urban warming. Landscape and Urban Planning, 130(1): 104-111.

Zhou W, Huang G, Cadenasso M L, 2011a. Does spatial configuration matter? understanding the effects of land cover pattern on land surface temperature in urban landscapes. Landscape and Urban Planning, 102(1): 54-63.

Zhou X, Wang Y C, 2011b. Spatial-temporal dynamics of urban green space in response to rapid urbanization and greening policies. Landscape and Urban Planning, 100(3): 268-277.

彩　　图

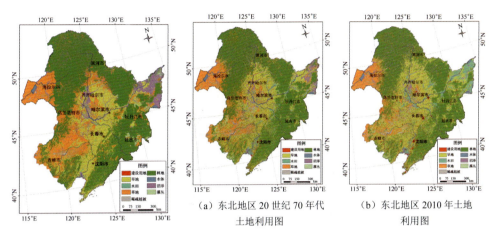

图 2-3　基于地形图的 20 世纪 50
　年代土地利用数据

（a）东北地区 20 世纪 70 年代
　土地利用图

（b）东北地区 2010 年土地
　利用图

图 2-4　基于遥感影像的 20 世纪 70 年代和 2010 年
　土地利用数据

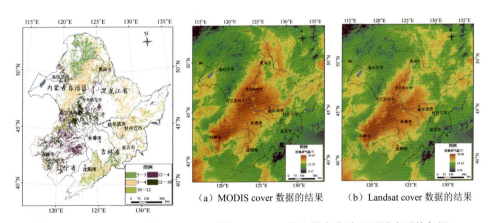

图 3-3　MODIS cover 和
Landsat cover 数据空间对比

（a）MODIS cover 数据的结果

（b）Landsat cover 数据的结果

图 3-7　WRF 输出的东北地区近地表平均气温
（2010 年 7 月 1 日）

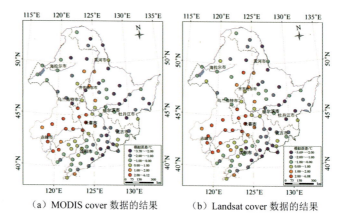

（a）MODIS cover 数据的结果　　（b）Landsat cover 数据的结果

图 3-8　WRF 模拟结果与气象站观测数据差值

负值代表模拟结果小于观测值，正值代表模拟结果大于观测值，区间范围左闭右开

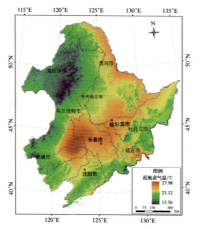

图 3-9　基于局部薄盘光滑样条法的气象
站点日平均气温空间插值

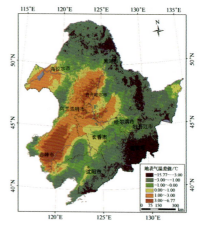

图 3-10　WRF 模拟结果与气象站插值结果的对比

负值代表 WRF 模拟结果小于气象站插值结果，
正值代表 WRF 模拟结果大于气象站插值结果，
区间范围左闭右开

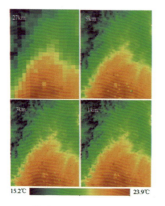

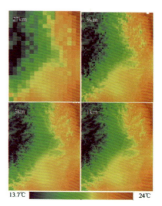

图 3-13　WRF 模式不同分辨率气温模拟结果对比　图 3-14　不同空间分辨率上的气温插值结果

（a）博克图站　　　　　　　　　　（b）富裕站

图 3-15　博克图站和富裕站的栅格嵌套结构

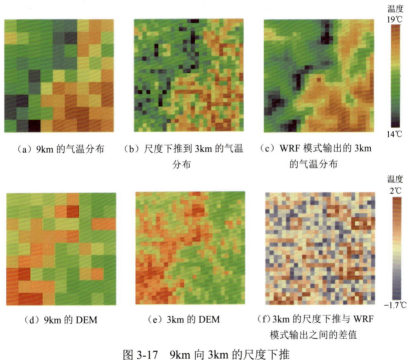

（a）9km 的气温分布　　（b）尺度下推到 3km 的气温　　（c）WRF 模式输出的 3km
　　　　　　　　　　　　　　分布　　　　　　　　　　　的气温分布

（d）9km 的 DEM　　　　（e）3km 的 DEM　　　　（f）3km 的尺度下推与 WRF
　　　　　　　　　　　　　　　　　　　　　　　　　　　模式输出之间的差值

图 3-17　9km 向 3km 的尺度下推

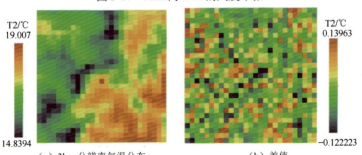

（a）3km 分辨率气温分布　　　　　　　（b）差值

图 3-18　1km 分辨率气温重采样为 3km 分辨率气温分布数据

及其与 WRF 结果差值

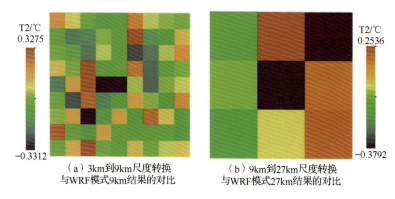

（a）3km到9km尺度转换
与WRF模式9km结果的对比

（b）9km到27km尺度转换
与WRF模式27km结果的对比

图 3-19　3km 到 9km 和 9km 到 27km 尺度转换后的对比

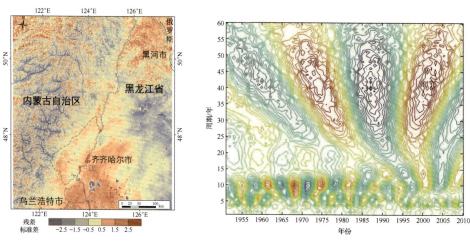

图 3-20　最小二乘回归的残差分布　　　　图 4-3　气温 Morlet 小波变换的实部时频分布

冷色调线表示负值，暖色调线表示正值

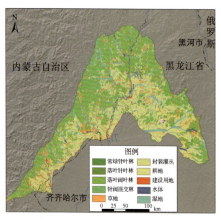

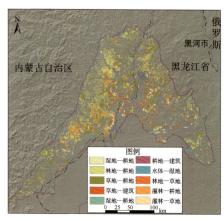

图 4-5　20 世纪 70 年代嫩江流域农林交错带　　　图 4-6　20 世纪 70 年代至 2010 年嫩江流域

土地覆被现状　　　　　　　　　　　　　农林交错带土地覆被主要变化分布

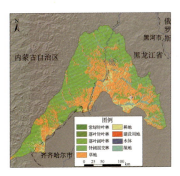

图4-7　20世纪50年代嫩江流域农林
地覆被图

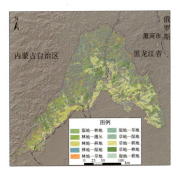

图4-8　20世纪50～70年代嫩江流域农林
交错带土地覆被主要变化分布

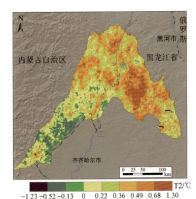

（a）根据20世纪70年代与20世纪50年代
数据模拟结果的差值

正值代表20世纪70年代气温偏高，负值
代表20世纪50年代气温偏高

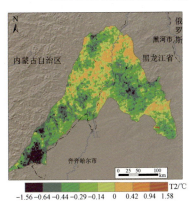

（b）根据2010年数据与20世纪70年代
数据模拟结果的差值

正值代表2010年气温偏高，负值代表
20世纪70年代气温偏高

图4-9　气象场数据相同、土地覆被数据不同模拟近地表气温结果差值

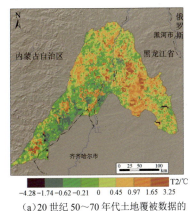

（a）20世纪50～70年代土地覆被数据的
差值

正值代表20世纪70年代地表温度偏高，
负值代表20世纪50年代地表温度偏高

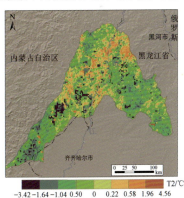

（b）20世纪70年代至2010年土地覆被
数据的差值

正值代表2010年地表温度偏高，负
值代表20世纪70年代地表温度偏高

图4-14　不同土地覆被条件下地表温度的变化

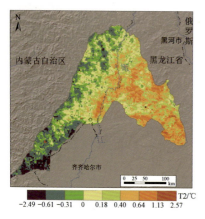

图 4-18　1951 年与 1978 年 7 月平均气温模拟
差值

正值代表增温，负值代表降温

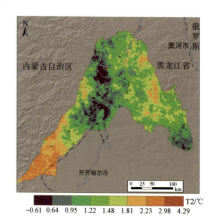

图 4-20　1978 年与 2010 年 7 月平均气温
模拟差值

正值代表增温，负值代表降温

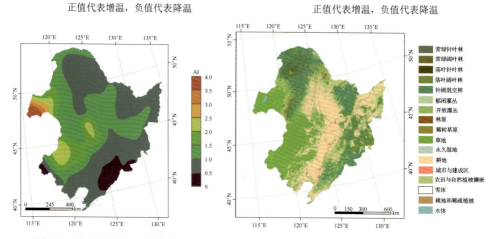

图 5-1　东北地区的干燥度分区　　　　图 5-2　东北地区 2010 年土地覆被图

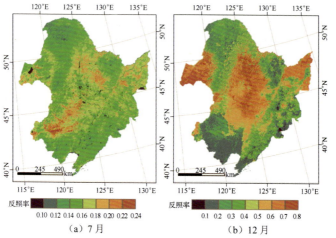

（a）7 月　　　　　　　　　　（b）12 月

图 5-3　东北地区 7 月和 12 月地面反照率空间分布

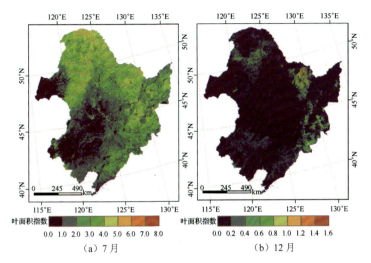

图 5-4　东北地区 7 月和 12 月叶面积指数空间分布

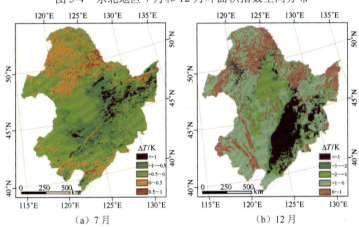

图 5-6　森林砍伐对 7 月以及 12 月气温的影响

气温区间范围左闭右开

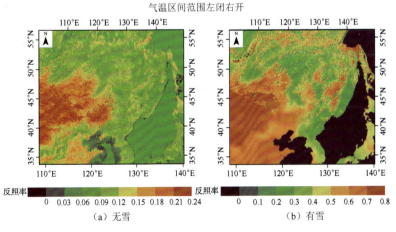

图 6-3　d02 无雪地面反照率和有雪地面反照率空间分布图

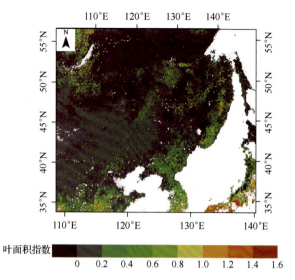

叶面积指数

0 0.2 0.4 0.6 0.8 1.0 1.2 1.4 1.6

图 6-4　d02 LAI 空间分布图

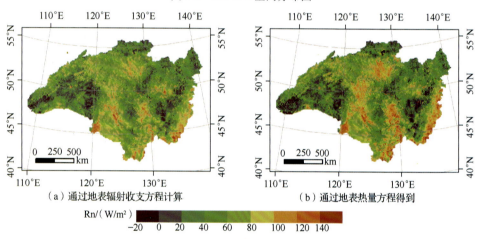

（a）通过地表辐射收支方程计算　　　　　　（b）通过地表热量方程得到

Rn/（W/m²）

−20 0 20 40 60 80 100 120 140

图 6-7　地表净辐射比较图

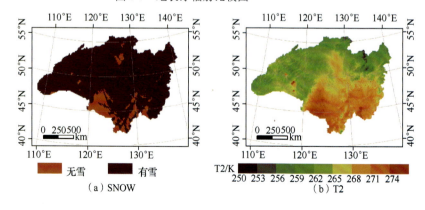

无雪　　有雪

（a）SNOW

T2/K

250 253 256 259 262 265 268 271 274

（b）T2

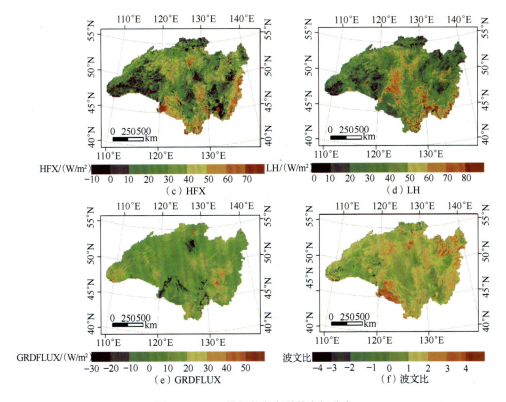

图 6-8　WRF 模拟的各变量的空间分布

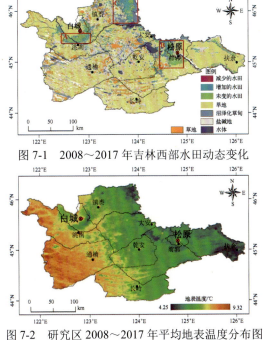

图 7-1　2008～2017 年吉林西部水田动态变化

图 7-2　研究区 2008～2017 年平均地表温度分布图

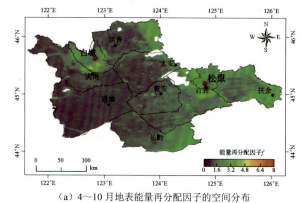

（a）4～10月地表能量再分配因子的空间分布

图 7-5　4～10 月能量再分配因子 f（不包含水体）的空间分布和
不同土地利用类型 f 值的月变化

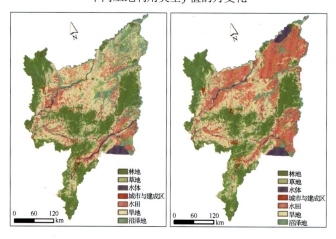

（a）2005 年　　　　　　　　　（b）2015 年

图 7-7　三江平原 2005 年和 2015 年土地利用分布图

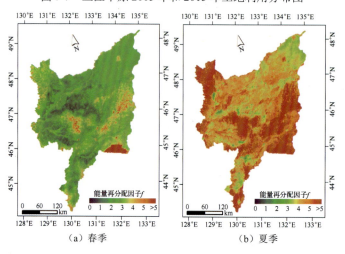

（a）春季　　　　　　　　　　（b）夏季

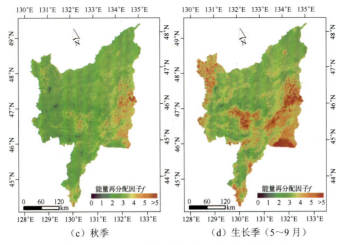

（c）秋季　　　　　　　　　　　　　（d）生长季（5～9月）

图7-10　三江平原能量分配因子 f 的空间分布

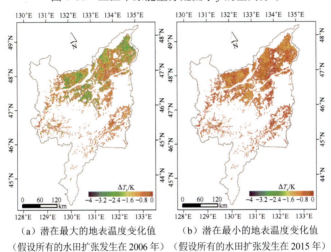

（a）潜在最大的地表温度变化值　　　　（b）潜在最小的地表温度变化值

（假设所有的水田扩张发生在2006年）　（假设所有的水田扩张发生在2015年）

图7-12　三江平原像元尺度上地表温度变化的不确定性分析

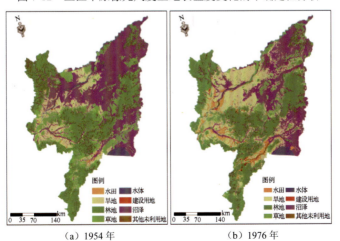

（a）1954年　　　　　　　　　　　　　（b）1976年

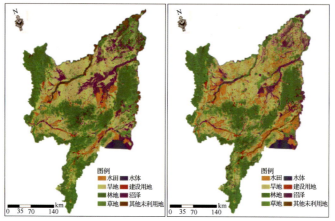

（c）1986 年　　　　　　　　　　　（d）2000 年

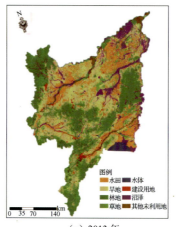

（e）2013 年

图 8-7　不同时期的土地利用/覆被变化图

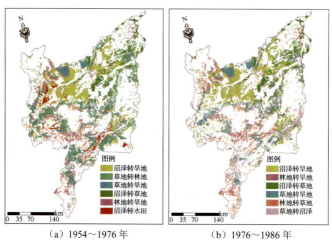

（a）1954～1976 年　　　　　　　　　　（b）1976～1986 年

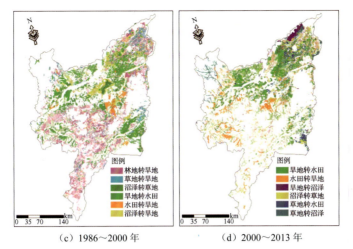

（c）1986～2000 年　　　　　　　　（d）2000～2013 年

图 8-8　不同时期主要的土地利用变化类型

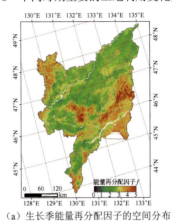

（a）生长季能量再分配因子的空间分布

图 8-13　三江平原生长季能量再分配因子的空间分布和水田、旱地、
沼泽能量再分配因子的时间变化

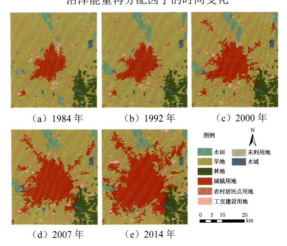

（a）1984 年　　　（b）1992 年　　　（c）2000 年

（d）2007 年　　　（e）2014 年

图 9-1　长春市五期土地利用/覆被变化

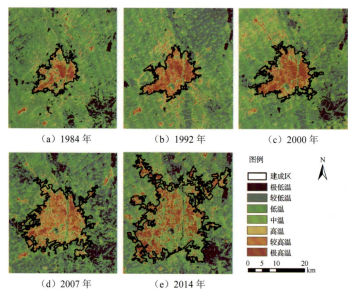

（a）1984 年　　　　（b）1992 年　　　　（c）2000 年

（d）2007 年　　　　（e）2014 年

图 9-2　长春市 30 年来热环境时空变化图

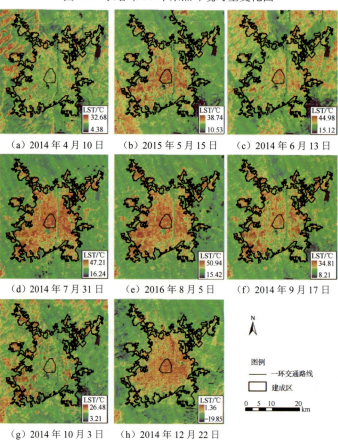

（a）2014 年 4 月 10 日　　（b）2015 年 5 月 15 日　　（c）2014 年 6 月 13 日

（d）2014 年 7 月 31 日　　（e）2016 年 8 月 5 日　　（f）2014 年 9 月 17 日

（g）2014 年 10 月 3 日　　（h）2014 年 12 月 22 日

图 9-4　长春市城市热环境三年内变化图

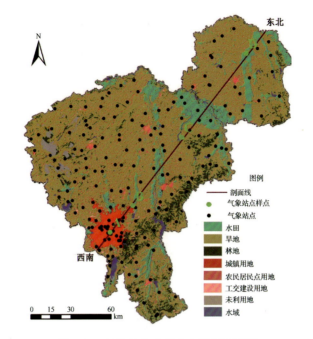

图例

剖面线
气象站点样点
气象站点
水田
旱地
林地
城镇用地
农民居民点用地
工交建设用地
未利用地
水域

0　15　30　　　60
km

图 9-11　气象站点空间分布及剖面线图

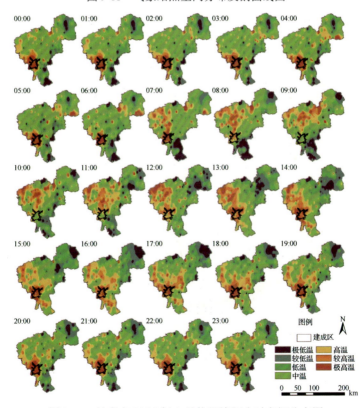

00:00　　01:00　　02:00　　03:00　　04:00

05:00　　06:00　　07:00　　08:00　　09:00

10:00　　11:00　　12:00　　13:00　　14:00

15:00　　16:00　　17:00　　18:00　　19:00

20:00　　21:00　　22:00　　23:00

图例

建成区
极低温　　　高温
较低温　　　较高温
低温　　　　极高温
中温

0　50　100　　　200
km

图 9-14　长春市 2015 年 8 月热环境逐小时空间分布图

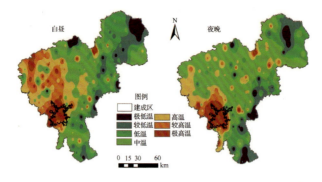

图 9-15　热环境昼夜分布差异图

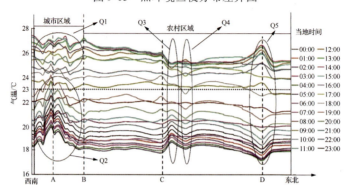

图 9-16　长春市西南—东北方向逐小时的气温剖面线

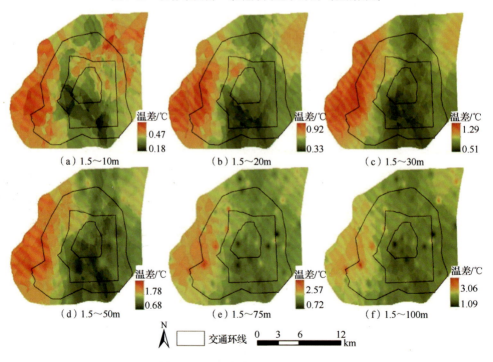

图 9-18　不同高度温差空间分布图